Mahlmann · Konflikte managen

Konzept und Beratung der Reihe Beltz Weiterbildung:

Prof. Dr. Karlheinz A. Geißler, Schlechinger Weg 13, D-81669 München.
Prof. Dr. Bernd Weidenmann, Weidmoosweg 5, D-83626 Valley.

Regina Mahlmann

Konflikte managen

Psychologische Grundlagen, Modelle und Fallstudien

2. Auflage

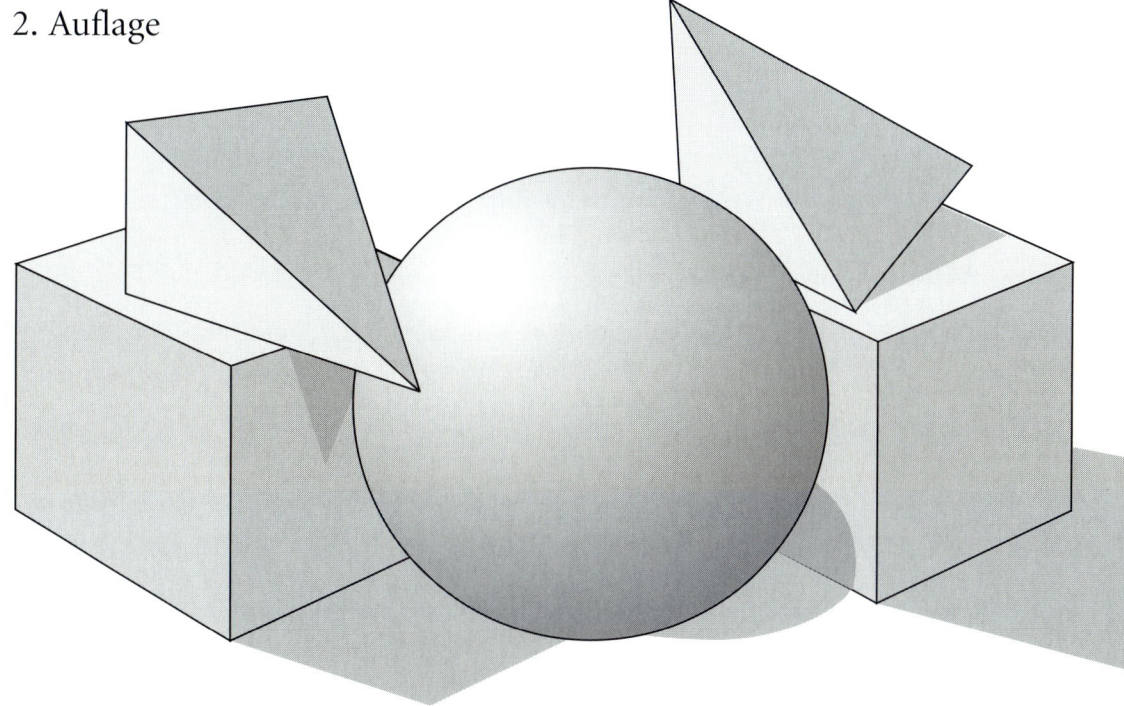

Beltz Verlag · Weinheim und Basel

Über die Autorin:

Regina Mahlmann, Dr., M.A. phil., Dipl.-Soz., Jg. 1959,
arbeitet als Unternehmensberaterin und Trainerin.

Anschrift:
Am Haderner Winkel 1, 82061 Neuried
E-Mail: info@dr-mahlmann.de
www.dr-mahlmann.de

2., aktualisierte und neu ausgestattete Auflage 2001
Gesetzt nach den neuen Rechtschreibregeln

Lektorat: Ingeborg Sachsenmeier

© 2000 Beltz Verlag · Weinheim und Basel
www.beltz.de
Herstellung: Ute Jöst, Publikations-Service, Birkenau
Satz: Media Partner Satz & Repro GmbH, Hemsbach
Druck: Druckhaus Beltz, Hemsbach
Umschlaggestaltung und Grafik auf Seite 3: Bernhard Zerwann, Bad Dürkheim

ISBN 3-407-36389-3

Inhaltsverzeichnis

Einführung

Widmung und Danksagung

Ich widme dieses Buch meinem vierblättrigen Glückskleeblatt. Mit ihm verbindet mich seit vielen Jahren eine »heiße« Streitkultur mit humorvollen Einlagen:

❖ Uwe – für ihn gehört Konfliktvermeidung einem unverständlichen Vokabular an.
❖ Marion – für sie ist Konfliktmanagement ein Appell an sensible Direktheit.
❖ Volker und Bernd – für sie steckt Aufrichtigkeit den Horizont des Streitens ab.

Urs und Ruth zwinker ich zu. Urs quittiert meine Provokationen mit verschmitztem Schmunzeln. Ruth kapituliert öfter lächelnd vor ihren Gefühlen.

Ich möchte mich bedanken: Ein praktisch nutzbares Buch über Konfliktfähigkeit zu schreiben bedarf der Balance zwischen Theorie und Pragmatismus. Wenn Sie, werte Leserinnen und Leser, finden, dass dies im Wesentlichen gelungen ist, verdanke ich das dem herzlichen Engagement und der bewundernswerten Geduld meiner Lektorin, Ingeborg Sachsenmeier. Ihr geübter Blick kleidete manch theorielastigen Absatz in ansprechende Gewänder. Ich möchte ihr aufrichtig danken!

Über theoretisches Wissen und persönliche Erfahrung zu verfügen und von einer kompetenten Lektorin betreut zu werden ist das eine. Das andere ist das praktische Korrektiv. Und das fand ich in Coachings, Trainings und Beratungen, die ich durchführen durfte. Mein herzlicher Dank gilt deshalb meinen Klienten sowie allen Teilnehmern meiner Seminare und Workshops.

Konfliktfähigkeit als Schlüsselkompetenz

Ob privat oder beruflich: Konflikte lauern überall und in jeder Situation. Sie sind allgegenwärtig. Sie sind nicht Gast, sondern Klette. Sie gehen nicht fremd, sondern sind äußerst anhänglich. Eine Anhänglichkeit – wenden Sie vielleicht ein –, auf die Sie gerne verzichten möchten. Eine Treue, die Sie vielleicht als beschwerlich und unheilvoll empfinden. Eine Allgegenwärtigkeit, die Sie vielleicht abschütteln wollen. Der **Konflikt als Feind** *Konflikte lauern überall*

Ich widerspreche!

MARTIN GUHL

Ich möchte Ihnen in diesem Buch ausführen, warum **der Konflikt Ihr Freund** sein kann. Einer, der Ihnen die Wahrheit über Ihr Innerstes sagen kann. Einer, der Sie unterstützt, aber auch korrigiert. Ich möchte Ihnen die Augen dafür öffnen, inwiefern und unter welchen Voraussetzungen er das kann; was Sie tun können, um eine feindliche in eine freundschaftliche Beziehung umzukehren. Ich möchte Sie dafür erwärmen, den Konflikt als reinigendes Gewitter zu betrachten. Ich möchte Ihnen zu einem direkten Blick verhelfen: zu dem, was ich »verstehen« nenne.

Zunächst zur Verdeutlichung einige Beispiele:

Woher kommen die Wolken?

»Ich wollte diesen Konflikt überhaupt nicht! Jedes Mal nehme ich mir vor, mich nicht provozieren zu lassen! Es klappt einfach nicht. Jetzt steh ich wieder einmal im Regen und frage mich, woher die Wolken kommen.«

Wie wird aus Wolken ein Gewitter?

Chef: »Ich hatte in der Gruppe nur zu ihm gesagt, er möge doch das nächste Mal seine Unterlagen besser vorbereiten und sich Rat bei seinen Kollegen holen, wenn er etwas nicht verstehe! Seitdem kriege ich kein Wort mehr aus ihm heraus!«

Mitarbeiter: »Seitdem er mich vor der Gruppe abgekanzelt und bloßgestellt hat, muss ich mich schwer zusammenreißen, wenn ich ihn sehe. Im Projekt sage ich lieber nichts mehr. Ich sehe rot, wenn er mich anspricht!«

Wie kommt es wieder zu einer Schönwetter-Periode?

»Meine zwei besten Mitarbeiterinnen wollen in eine andere Abteilung. Ich kann mir zwar vorstellen warum, da ich nämlich Teil des Konflikts bin. Ich will sie unbedingt behalten, weiß aber nicht, wie ich das anstellen kann.«

»Okay, ich gebe zu, ich habe meinen Kollegen durch meine vorlauten Antworten auf die Palme gebracht. Mich hatte es aber unheimlich überrascht, dass er auf meine Polemik derartig angesprungen ist. Ich wollte das nicht. Die Frage ist jetzt, was kann ich tun?«

In Seminaren werde ich oft gefragt, wie man erklären könne, dass Konfliktfähigkeit ein populäres Thema sei – und Unternehmen Geld dafür ausgäben, um diese Kompetenz zu trainieren.

Konfliktfähigkeit als Schlüsselkompetenz

Wenn wir »**Konfliktfähigkeit**« in einen übergeordneten Zusammenhang einreihen, sehen Sie, dass Sie, liebe Leserin und lieber Leser, sich mit Ihrem Anliegen in erlauchter Gesellschaft befinden. Denn: Anhand von Büchern, Aufsätzen und der Nachfrage nach Workshops, Seminaren und individuellem Coaching zum Thema »Steigerung der Konfliktfähigkeit« wird evident: »**Konfliktfähigkeit**« wird seit einigen Jahren als eine **Schlüsselkompetenz** im Unternehmens- und damit im Arbeitsalltag gefordert und angepriesen. Beschränken wir uns in unserer Betrachtung auf den Sektor Führungsverhalten, so stellt sich (auch) hier die Frage: Warum eigentlich?

Ich möchte Sie nicht mit einer soziologischen Abhandlung in epischer Breite strapazieren. Deshalb reduziere ich die Nennung der Gründe auf jene Faktoren, die mir im Führungsalltag als wesentliche begegnet sind.

Warum wird Konfliktfähigkeit als Schlüsselkompetenz gefordert?
Warum ist sie ein aktuelles und brennendes Thema?

Generationenmix

In den meisten Unternehmen, gleichgültig welcher Größe, sind Personen aus zwei, oft sogar aus drei Generationen gemeinsam tätig: jene Personen, die ihrem Abschied entgegensehen; jene »um die vierzig« und jene, die gern als »Youngster« oder »Newcomer« bezeichnet werden; in Führungsetagen bedeutet das: ab Ende zwanzig. Diese Altersklassen bezeichnen unterschiedliche Generationszugehörigkeit, weil sie sich primär mental: in dem, wie und was sie denken; wie und was sie fühlen und schließlich wie sie sich (aus welchen Motivlagen heraus) verhalten, unterscheiden. Es geht um Werte, Normen und Weltanschauungen und mit ihnen verbundenen Verhaltensbereitschaften.

Verschiedene Generationen arbeiten zusammen

Ich bin sicher, auch Sie haben schon manches Mal den Kopf geschüttelt und sich gefragt, wie »man sich bloß so verhalten kann« – wie ein Kollege, eine Vorgesetzte oder wer auch immer sich eben verhielt.

Veränderungen in der Objekt- und in der Subjektsphäre

Dies betrifft den Umgang mit organisatorischen Strukturen, mit administrativer Technik und Abläufen, mit Kommunikationsmedien und natürlich auch mit Menschen. Sie alle stellen Verhaltensanforderungen an die persönliche Flexibilität. Und nach meinen Erfahrungen führt dies insbesondere zu folgenden möglichen Konfliktpotenzialen:

Häufige Veränderungen fordern uns

❖ Man fragt sich, ob man sich selbst untreu wird, wenn beispielsweise eigene Ansprüche, die man an die Betreuung von Mitarbeiterinnen und Mitarbeitern stellt, im Tagesgeschäft untergehen.

❖ Man fühlt sich überfordert von dem Druck, lebenslanges Lernen täglich am Arbeitsplatz neben dem Tagesgeschäft verwirklichen zu müssen. Denn Lernen heißt immer auch: Verändern.

❖ Man ist verstärkt dem Zwang ausgesetzt, mit häufig wechselnden Partnern (Teammitgliedern, Vorgesetzten und Kunden) zurechtzukommen. Das bedeutet, man muss sich immer wieder neu arrangieren, Rivalitäten austragen, sich profilieren. Es ist psychisch anstrengender geworden, den Zustand des Eingespieltseins herzustellen.

❖ Der Wandel als verlässliches Kontinuum mutet den Betroffenen zu, mit Dissonanzen: mit Ungereimtheiten, Unausgereiftem, Gegensätzlichkeiten und Überschneidungen, fertig zu werden.

❖ Zunehmend arbeiten Menschen aus unterschiedlichen Kulturen und mit verschiedenen Muttersprachen zusammen. Häufig wird als Unternehmenssprache Englisch gewählt. Das bedeutet für einen großen Teil der Mitarbeiter, sich nicht in der Sprache ausdrücken zu dürfen, in der sie sich sicher fühlen und in der sie ein breites Spektrum an Ausdrucksmöglichkeiten haben.

Gewandelte Anforderungen verwirren uns

Innerpsychische Prozesse werden ausgelöst und führen zu Schwierigkeiten im Beruf. Die einzelnen Vorgänge haben eine einzige Zielrichtung: das Selbstwertgefühl, die persönliche Souveränität und Integrität. Diese werden nämlich infrage gestellt durch:

❖ die Furcht, nicht allem gewachsen zu sein,
❖ Selbstzweifel,
❖ Eindruck und Gefühl, allein dazustehen,
❖ Gefühl des Burnouts, des Ausgebranntseins.

Das alles bedeutet: Wir sind heute einer bis dato nicht gekannten Vielfalt an Konfliktquellen und Konfliktanlässen ausgesetzt und »müssen uns arrangieren«. Das heißt im Klartext: Schon um der eigenen Glückseligkeit willen empfiehlt es sich zu lernen, was man tun könnte, um mit konfliktschwangeren Situationen ökonomisch(er) umzugehen.

Warum investieren Unternehmen Geld in Trainings und Coachings, um die Konfliktfähigkeit ihrer Mitarbeiter zu steigern?

Die Antwort fällt kurz aus und hat einen psychologischen und einen soziologischen Aspekt:

❖ Es verbindet sich damit die Hoffnung, Konflikte (und sonstige Probleme) handhaben und lösen zu können.
❖ Das Problem kann personalisiert werden. Das heißt: Da Personen handeln, sollen sie auch Konflikte ausbaden und – wie es so schön heißt – bewältigen. Da das Konfliktmanagement somit auf Menschen abgewälzt werden kann, muss weniger Energie und Sorgfalt darauf verwendet werden, konzeptionelle und strukturelle Vorkehrungen zu treffen, um Konfliktanlässe weniger wahrscheinlich zu machen.

> **Fazit**
> Konfliktfähigkeit ist zu einer Schlüsselkompetenz geworden, weil sie im praktischen Alltag im wahrsten Sinne des Wortes notwendig geworden ist.

Denken Sie sich nur einmal in folgendes Beispiel hinein:

> Zurzeit empfinden Sie Ihre Abteilung als Inferno: Das Unternehmen unterzieht sich einer Reorganisation, von der Ihre Abteilung maßgeblich betroffen ist. Ferner müssen Sie zwei neue Mitarbeiter einstellen und aus einem Bewerberpool auswählen. Außerdem spukt das Gerücht herum, dass Sie in Kürze einen neuen Chef erhalten, von dem Sie bisher nicht gerade Positives gehört haben. Zu allem Überfluss herrscht in einem ihrer Projektteams dicke Luft, weil die Mitglieder um Kompetenzen rangeln.
> Am Montagmorgen laufen Sie den Flur entlang, um in Ihr Büro zu kommen und hören bereits von weitem, dass sich zwei Projektmitarbeiter lauthals streiten.

> »O je«, fährt es Ihnen durch Leib und Seele, »geht das schon am Montagmorgen los!« Sie beschleunigen Ihren Schritt, schlängeln sich an dem Büro der beiden Streithähne vorbei und schließen, einen Seufzer ausstoßend, schnell die Tür Ihres Büros auf.

Diese seit Wochen andauernden Spannungen sind nicht spurlos an Ihnen vorbeigegangen. Im Gegenteil: Sie geben sich selbst gegenüber zu, dass sie Sie belasten. Und natürlich wissen Sie, dass es eine Ihrer Führungsaufgaben ist, in den Dauerkonflikt einzugreifen und zu moderieren oder als Mediator zu wirken. Sie haben das bis heute vermieden und Sie spüren, dass Sie diese Vermeidungsstrategie beibehalten möchten. Sie hoffen, die Zeit möge »irgendwie« für Sie arbeiten.

Zugegeben, ich habe die Situation stilisiert. Aus Gesprächen weiß ich allerdings, dass sie gar nicht so abwegig ist. Wie dem auch sei, das Beispiel zeigt zweierlei.

Erstens: In der Regel lernen wir nicht systematisch, mit Konflikten konstruktiv umzugehen. Wir lernen es eher beiläufig. Die Folge davon ist: Wir verfügen über wenig Wissen und geringe Kompetenz, gerade in konfliktgeladenen Situationen methodisch oder einfach nur wohl überlegt und vernünftig begründet zu agieren. Die Folge hiervon: Wir fühlen uns in solchen Situationen unwohl. Folglich tendieren wir dazu zu flüchten, anzugreifen oder – letzt endlich – nicht tragfähige, sondern so genannte faule Kompromisse einzugehen. Mit anderen Worten: Wir neigen dazu, schnelle Lösungen zu suchen. (Die Frage ist nur: für welches Problem bzw. für wessen Konflikt?) Diese schnellen Lösungen entbehren häufig der Nachhaltigkeit. Sie wirken nur kurzfristig, weil der Mut fehlte, eine intensive »Aus-ein-ander-setzung« zu wagen.

Zweitens demonstriert die beispielhafte Situation, dass es in der Praxis sinnvoll ist, Konflikterleben in dreierlei Hinsicht zu beleuchten:

❖ Was geschieht innerhalb unseres Ichs, wenn sich ein Konflikt anbahnt bzw. ausgebrochen ist? Diese Perspektive wird intrapersonal genannt, weil sie sich mit Prozessen innerhalb der Person beschäftigt.
❖ Was passiert, wenn zwei Personen an einem Konflikt beteiligt sind? Dies bezeichnet den interpersonellen Gesichtspunkt, da das zwischenmenschliche Geschehen fokussiert wird.
❖ Was geht vor, wenn eine Gruppe von einem Konflikt betroffen ist? Hier konzentriert sich die Betrachtung auf die gruppendynamischen Prozesse, da mehr als zwei Personen beteiligt sind.

Aufbau des Buches

Ich lade Sie in diesem Buch zu einer Exkursion ein. Nehmen Sie im Reisezug Platz. Wir werden gemeinsam:

Was wir in dem Buch erarbeiten

- ❖ erforschen, welche verborgenen Kräfte in uns wirken, wenn wir einen Konflikt erleben;
- ❖ aufstöbern, wie Glaubenssätze und Überzeugungen, Gefühle und Wahrnehmungen, Gedanken und Handeln zusammenspielen und sich wechselseitig determinieren;
- ❖ entdecken, welche Prozesse im Innern und in der zwischenmenschlichen Interaktion dazu führen, dass ein Konflikt entsteht und eskaliert;
- ❖ aufspüren, welche Möglichkeiten der Entschärfung und Befriedung wir nutzen können.

Sie werden weder Anleitungen noch Rezepturen noch eine »to-do«-Liste vorfinden, die Sie anweisen, Konfliktsituationen kasuistisch nach präzis vorgegebenen Schritten zu lösen. Stattdessen finden Sie:

- ❖ Perspektiven,
- ❖ Möglichkeiten und Optionen,
- ❖ Vorschläge, manchmal auch Empfehlungen.

So erhöht sich die Wahrscheinlichkeit, dass Sie besser verstehen, was Sie tun und wie andere handeln. Sie steigern so Ihre Konfliktfähigkeit enorm. Im Vordergrund steht die Devise: **»Handlungsfähigkeit sichern bzw. (wieder) herstellen«.** Diese Zielvorstellung benötigt zunächst Grundlagen, an deren Stationen Sie Halt machen können:

Unsere Devise

- ❖ Bedeutsame Erkenntnisse aus psychologischen und sozialwissenschaftlichen Disziplinen: Sie stellen das grundlegende Wissen über seelisch-geistige und soziale Prozesse in Konfliktsituationen dar.
- ❖ Wichtige Strategien, mit Konflikten umzugehen.
- ❖ Fallstudien aus dem Arbeits-, Führungs-, Teamalltag: Mit ihrer Hilfe können Sie das Gelesene beispielhaft anwenden.

Diese dreigliedrige Betrachtung mündet in den folgenden Aufbau des Buches: *Zunächst* gilt es, ein gemeinsames Verständnis der zentralen Begriffe zu legen. Deshalb klären wir zu Beginn die Termini:

❖ Konflikt und
❖ Konfliktfähigkeit.

Im weiteren Verlauf widmen wir uns den genannten drei Dimensionen:

❖ intrapersonelles Konflikterleben,
❖ interpersonelles Konfliktgeschehen,
❖ soziales Konfliktgeschehen.

Jede Dimension erhält ein eigenes *Kapitel*, das folgende *Struktur* aufweist:

❖ Aufbereitung der wesentlichen psychologischen Grundlagen, um nach-vollziehen zu können, welche Prozesse aus welchen Gründen ablaufen (illustriert an Beispielen).
❖ Darstellung und Diskussion möglicher Strategien, um mit Konflikten konstruktiv umzugehen (ebenfalls illustriert an Beispielen).
❖ Skizzierung von Fallstudien, die konflikthafte Situationen im Arbeits-alltag wiedergeben. An diese Fallsituationen schließen sich analytische Fragen und Überlegungen an. Die Fallstudien haben die Funktion, die Erkenntnisse der vorangehenden Ausführungen beispielhaft anzuwenden. Sie können allein oder in der Diskussion mit anderen Vorgehens-und Lösungsvorschläge erarbeiten. Daneben finden Sie dazu Vorschlä-ge von mir.

Am Schluss des Buches erhalten Sie Übersichten, Checklisten und Tipps.

Gemeinsames Verständnis: Konflikt – Konfliktfähigkeit

Der Konflikt-Begriff

Bei zentralen Begriffen lohnt es sich nachzuschlagen, welche Bedeutungsgeschichte sie durchlaufen haben. Der Begriff Konflikt entstammt demnach dem lateinischen Terminus »conflictus« bzw. dem Zeitwort »confligere« und meint »Zusammenprallen«. Folglich stellt sich die Frage, was denn da zusammenprallt. Ich möchte Ihnen nun eine leicht zu merkende und eine differenzierte (wissenschaftliche) Definition anbieten. Beide kennzeichnen den gemeinsamen Nenner unterschiedlicher Versuche zu bestimmen, was unter »Konflikt« verstanden wird. Also noch einmal: Was prallt zusammen?

> »Verständigung ist unwahrscheinlich.«
> *(Niklas Luhmann, Deutscher Soziologe)*

Einfache Bestimmung: Es treten Tendenzen auf, die gleichzeitig in gegensätzliche bzw. unvereinbare Richtungen weisen, deren Verwirklichung aber voneinander abhängt. Sie können nicht zum selben Zeitpunkt realisiert werden. Dies erzeugt eine innere Spannung. Die genannten »Tendenzen« können innere Regungen sein: Gefühle und Gedanken, Wünsche und Ziele, Absichten und Entscheidungen, Bewertungen und Beurteilungen. Ferner kann es sich um Verhaltensweisen und Handlungen, Personen und Gruppen handeln. Es gibt Konflikte, die sich nur in unserem Inneren abspielen: intrapersonale Konflikte. Und es gibt zwischenmenschliche bzw. soziale Konflikte, die sich zwischen mindestens zwei Parteien abspielen. Wenn »Tendenzen« zusammenprallen, fühlen wir einen Handlungs- und Lösungsdruck.

Hier einige Beispiele für *innere Konflikte*:

Wünsche, Bedürfnisse, Ziele: Ich würde gern das Angebot der Firma annehmen und ins Ausland gehen. – Gleichzeitig möchte ich die Geborgenheit und Vertrautheit, die ich in meiner jetzigen Umgebung erlebe, nicht aufgeben.

Gedanken: Mir gelingt es auf jeden Fall, mich in das neue Aufgaben- und Verantwortungsfeld einzuarbeiten, weil ich so etwas bisher immer geschafft habe. – Gleichzeitig denke ich: Diesmal ist die Herausforderung zu groß. Diesmal versage ich.

Gefühle: Ich muss mit einem Kollegen, den ich nicht ausstehen kann, das Projekt erfolgreich durchführen. – Gleichzeitig spüre ich: Es widerstrebt mir ganz erheblich, mich mit dem Kollegen arrangieren zu wollen.

Differenzierte Bestimmung: Diese Definition bezieht sich in der Literatur meistens auf interpersonelle und soziale Konflikte. Ein sozialer Konflikt wird demnach beschrieben als:

❖ eine Interaktion
❖ zwischen mindestens zwei Akteuren (Personen, kleinen oder großen Gruppen), wobei
❖ mindestens ein Akteur Unvereinbarkeiten (im Fühlen, Wahrnehmen, Denken, Wollen) in der Art erlebt, dass
❖ er in der Verwirklichung seiner Interessen eine Beeinträchtigung oder Behinderung durch andere Akteure empfindet, vermutet oder erfährt,
❖ sich in Abhängigkeit vom anderen Akteur glaubt und
❖ er sich (dennoch) bemüht, die erlebte Beeinträchtigung zu beseitigen bzw. seine Interessen durchzusetzen.

Da diese Definition etwas unübersichtlich erscheint, hier einige Beispiele für *interpersonelle bzw. soziale Konflikte*:

Bewertungen: Frau S. hält ihren Vorschlag, der sich auf die Verbesserung des Berichtwesens bezieht, für nötig und sofort realisierbar. – Ihr Kollege, Herr W., glaubt indes, dass der Vorschlag zwar gut ist, aber zu früh kommt und kurzfristig keine Chance hat, umgesetzt zu werden.

Beurteilungen: In der Diskussion, wie die Wirtschaft angekurbelt werden könne, vertritt Herr A. die Auffassung, die Binnennachfrage müsse gestärkt werden, während Frau F. Maßnahmen einleiten möchte, die die Investitionslust der Unternehmen aktivieren.

Interessen: Die Leiterin der Finanzabteilung legt gemeinsam mit dem Controller großen Wert darauf, die einmal zugeteilten Budgets einzuhalten. Während der Leiter der Marketingabteilung dafür plädiert, auf situative Notwendigkeiten Rücksicht zu nehmen und daher das Überziehen von Budgets gleich in die Gesamtplanung miteinzubauen. Und: Er hat bereits überzogen.

In dem Verständnis von Konflikten sind zwei Aspekte besonders wichtig: Erleben unterschiedlicher oder gegensätzlicher Motive, Ziele usw., die nicht gleichzeitig realisierbar bzw. unvereinbar sind.

Ihrer Aufmerksamkeit ist gewiss nicht entgangen, dass von »Konflikterleben« die Rede war. Das hat natürlich seinen Grund. Ein Konflikt ist nämlich nicht objektiv, das heißt unabhängig vom Empfinden der Person, vorhanden, sondern stets ein individuelles Erleben.

Konflikt als ein persönliches Erleben offenbart sich vor allem darin, dass wir Aspekte einer Situation als

❖ störend empfinden, weil sie unseren gewohnten Handlungsablauf unterbrechen und uns zwingen einzuhalten, um uns neu zu orientieren;

❖ belastend empfinden, sodass wir angespannt sind, dringlichen Handlungsbedarf spüren und uns unter Lösungsdruck fühlen;

❖ gefährlich empfinden, weil Konflikte dazu neigen, sich auszuweiten und zu eskalieren und sich die Befürchtung in uns ausbreitet, Gestaltungs- und Kontrollmöglichkeiten zu verlieren.

Wie wir Konflikte erleben

Fazit

In einem Konflikt prallen mindestens zwei Tendenzen bzw. Akteure zeitgleich zusammen, wollen Unvereinbares verwirklichen und erzeugen Handlungsdruck.

Ein Konflikt ist nicht objektiv vorhanden, sondern nimmt in einem subjektiven Erleben seinen Ausgang und zeigt sich als sozialer Prozess im Verhalten.

Schlüsselkompetenz: Konfliktfähigkeit

Vermutlich verhält es sich mit der Konfliktfähigkeit so: Jeder verlangt sie – und zwar vom anderen! Und wenn es »knallt« oder eine angespannte Atmosphäre herrscht (wie beim latenten Konflikt), dann versagen selbstverständlich immer die anderen. Sie sind eben nicht konfliktfähig!

In Beratungs- und Trainingssituationen frage ich oft, was unter Konfliktfähigkeit verstanden wird. Als Antworten erhalte ich vorzugsweise folgende:

❖ Achselzucken in Verbindung mit der Äußerung: »Hm, na ja, eben die Fähigkeit, mit Konflikten umzugehen.«

❖ »Auf einen Konflikt eingehen.« – Ich: »Gut – nur: wie?« – »Indem man miteinander redet.« – Ich: »Okay. Worüber?« – »Eben über den Konflikt.«

❖ »Toleranz und Offenheit! Man muss andere Meinungen respektieren können.« – Ich: »Guter Ansatz. Und wenn die von Ihnen zu respektierende Meinung, der Sie ja offen begegnen, Sie bedauerlicherweise daran hindert, Ihre eigenen Interessen zu verfolgen?« – »Dann muss man eben versuchen, einen Kompromiss zu finden.« – Ich: »Und wenn nach zahlreichen langen und schweißtreibenden Gesprächen kein Kompromiss in Sichtweite ist?« – Oft folgt Schweigen oder: »Ja, gut, ich meine, irgendwann muss man dann eben anfangen zu kämpfen.«

Lassen wir es bei diesen Äußerungen bewenden und widmen uns systematisch der Forderung, Konfliktfähigkeit zu steigern.

Konfliktfähigkeit – Konfliktkompetenz

Als Synonym für Konfliktfähigkeit lesen Sie häufig »Konfliktkompetenz«. Kompetenz bezeichnet in diesem Fall nicht nur ein Vermögen, etwas, das wir prinzipiell können, sondern ein mobilisiertes Können. Kurz gesagt: Konfliktfähigkeit zeigt sich im Prozess der Auseinandersetzung. Sie wird damit zu einer Fertigkeit. Das Ziel von Konfliktfähigkeit besteht in Folgendem:

❖ Konflikte frühzeitig, möglichst im Anfangsstadium, zu erkennen,
❖ Konflikte nach ihrer Art und ihrem Eskalationsgrad zu erfassen,
❖ eigene und fremde Beiträge zum Konfliktverlauf zu erkennen und entsprechend zu handeln.

Diese unmittelbaren Ziele haben ihrerseits ihren Grund. Es sollten

❖ tragfähige Lösungen gefunden,
❖ Loyalität ermöglicht,
❖ Vertrauen als Basis guter Beziehungen und Zusammenarbeit geschaffen,
❖ Toleranz und Offenheit gestärkt und
❖ eine faire Streitkultur ins Leben gerufen werden.

So weit, so gut. Die Ziele klingen hehr und deuten darauf hin, dass Konfliktfähigkeit etwas zu tun hat mit dem, was wir konstruktiv, aufbauend, nennen. Die sich erhebende Frage lautet folglich: Wie funktioniert das grundsätzlich? Und: Was müssten wir fundamental mitbringen, wenn wir uns diesem Zielbündel verschreiben?

Grundlegende Voraussetzungen für Konfliktfähigkeit

Bereitschaft und Wollen

Kommunikation im Sinne von Verständigung bedeutet, »Anschlussverhalten zu ermöglichen«.

*(Niklas Luhmann,
Deutscher Soziologe)*

Ein weiteres Synonym für Konfliktfähigkeit, nämlich »Konfliktvermögen«, impliziert das Verb »mögen«. Dies verweist darauf: bereit zu sein, etwas wirklich (mit Herz und Verstand) zu wollen und das Gewollte zu tun. Dies leitet uns zu vier grundlegenden Bereitschaften:

❖ **Es gilt, mutig zu sein, dem Konflikthaften begegnen zu wollen.** Konflikte berühren uns in der Regel unangenehm. Sie stiften Aufruhr und stören die innere und äußere Harmonie. Je nachdem, wie sehr sie uns belasten, neigen wir dazu, den Kopf in den Sand zu stecken und Vogel Strauß zu spielen, anzugreifen oder zu flüchten. Wir hoffen, die Zeit sorge dafür, dass der Konflikt stirbt. Je bedrohlicher wir einen Konflikt empfinden, desto stärker ist die Angst, mit ihm nicht »klarkommen« zu können. Verdrängung ist eine verbreitete Folge. Wenn Konflikte, die für uns bedeutsam sind und neuralgische Punkte in uns treffen, nicht aktiv bearbeitet werden, entwickeln sie ein Eigenleben. Sie wirken mehr oder weniger unbemerkt weiter. Weil unbearbeitete Konflikte im Verhältnis zum Anlass unverhältnismäßigen und meistens unbeabsichtigten Schaden anrichten können, empfiehlt es sich, Konflikten mit Mut zu begegnen und sich selbst sowie anderen gegenüber offen zu legen, wo wir Konfliktstoff sehen.

»Der Name ist nicht das Ding. Die Landkarte ist nicht das Land.«

(Alfred Korzybski, Gründer der Allgemeinen Semantik)

❖ **Es gilt, neugierig zu sein.** Mut zu entfalten fällt leichter, wenn wir grundsätzlich unterstellen, dass ein Konflikt auch positive Wirkungen zeitigen kann. Um für diese Positiva die Augen zu öffnen, können wir uns Fragen stellen: Welche Erkenntnisse kann der Konflikt zutage fördern? Was kann ich aus ihm lernen? Worin kann die Bereicherung liegen? Friedrich Glasl, ein von mir sehr geschätzter österreichischer Konfliktpsychologe, spricht in diesem Zusammenhang von einem »Forscherinteresse« als Grundhaltung. – Hilfreich ist zudem, sich bewusst zu machen, dass nicht das Auftauchen von Konflikten das eigentliche Problem ist, sondern die Art, wie wir mit ihm und das heißt: mit den Unvereinbarkeiten und Gegensätzlichkeiten umgehen.

- ❖ **Es gilt, offen zu sein, das Konfliktuelle benennen zu wollen.** Hier dreht es sich darum, die eigenen Motive, Ziele und Standpunkte klar auszusprechen und sich simultan für die Anliegen der anderen zu öffnen. Auch das Positive der anderen Seite soll erkannt werden. Aus den Unterschiedlichkeiten kann man lernen und sich bereichern lassen. Erst diese Art von Offenheit stellt in Aussicht, dass wir uns selbst bzw. die anderen verstehen und ihre Interessen nachvollziehen können. Das hat beispielsweise zur Folge, dass wir es nicht als Gesichtsverlust erleben, wenn wir in einem Konflikt nachgeben.

- ❖ **Es gilt, konziliant zu sein.** Das bedeutet: sich selbst und dem anderen entgegenkommen, sich selbst und andere wohlwollend behandeln wollen. Hier ist nicht die Rede von Kompromissbereitschaft, nicht von Lösung, sondern von einer Grundhaltung, die eine tragfähige Lösung erst ermöglicht.

Eigene Motive, Ziele und Standpunkte aussprechen

Fazit

Die Ziele, die Konfliktfähigkeit wertvoll und funktional machen, zu verwirklichen, gelingt am ehesten, wenn wir grundsätzlich bereit sind, mutig, offen, neugierig und konziliant zu sein.

Mentalität, Einstellung, Überzeugung

Es gibt ein zweites Bedingungsknäuel, das es wahrscheinlich macht, die Früchte von Konfliktfähigkeit ernten zu können. Dabei handelt es sich erstens um eine mentale Basisorientierung und zweitens um das Bewusstsein, dass wir es mit einer vernetzten Beziehung von Einstellung, Handlungstendenzen und Handlungsfolgen zu tun haben.

Konflikte sind weder gut noch böse

Beginnen wir mit der **mentalen Ausrichtung**: Ist ein Konflikt »gut« oder »böse«? – Gut und böse (oder: schlecht) sind moralische Kategorien. Damit hängt die Antwort vom individuellen Werte- und Normensystem ab. Die Bewertung des »Konflikts an und für sich« unter dem Gesichtspunkt der Moral hat den Nachteil, dass sich die Auseinandersetzung um die Schuldfrage dreht. Damit wendet der Blick im Konfliktgeschehen nach hinten, weil wir vor allem analysieren, wer den Konflikt heraufbeschworen hat. Moralisierung bringt uns in unserem Anliegen also nicht weiter.

Wenn wir einen Konflikt lösen wollen, ist es fruchtbarer, nach den Wirkungen zu fragen. Und auch danach, ob wir diese Wirkungen wollen. Wenn nicht, müssen wir konstruktiv handeln.

> **Fazit**
>
> Ein Konflikt ist weder gut noch böse, sondern fruchtbar oder unfruchtbar, je nachdem, was die Beteiligten aus der Situation machen. Kurz: Ein Konflikt wirkt als so gut oder böse, wie die Beteiligten seine Chancen nutzen.

Verhalten

Je nachdem, welche Überzeugung wir einnehmen, folgen bestimmte Verhaltenskonsequenzen. Eine Überzeugung hat nämlich eine Filterfunktion. Es ist ein großer Unterschied, ob wir einen Konflikt grundsätzlich als etwas Natürliches oder als etwas Unnötiges beurteilen. Teilen wir die letztgenannte Einstellung, tendieren wir dazu, dem Konflikt auszuweichen, ihn zu leugnen oder zu bagatellisieren. Dies ruft Aussprüche hervor wie: »Was du immer hast!« – »Ist doch alles halb so wild!« Hier scheuen wir uns, den Konflikt für-wahr-zunehmen. Wir können Konflikte auch dramatisieren und uns dazu hinreißen lassen, die anderen als Gegner zu betrachten und sie zu bekämpfen. Die Einstellung bewirkt bei manchen eine Fluchtreaktion. Dieselbe Einstellung kann aber auch das Gegenteil bewirken: nämlich Angriff als beste Verteidigung. In beiden Fällen konzentrieren sich die Betroffenen auf das Negative im Konflikt. Eine konstruktive Konfliktbehandlung wird extrem schwierig.

Die Wechselwirkung zwischen Einstellung und Verhalten bedenken

Herrscht dagegen die Überzeugung vor, ein Konflikt sei grundsätzlich normal, mündet dies in eine »neu-gierige« Haltung. Es liegt uns dann näher, das Anliegen der anderen als gerechtfertigt aufzufassen und nach Lösungen zu fahnden, die alle Seiten zufrieden stellen. Die Auseinandersetzung birgt große Chancen, als fairer Ver- und Aushandlungsprozess zu verlaufen, innerhalb dessen Interessen und Argumente wechselseitig berücksichtigt werden. Diese Grundeinstellung manifestiert sich in Leitsätzen wie: »Jeder Konflikt ist eine Chance!«, »Konflikte zeigen immer, was den Leuten wichtig ist.« Folglich verhalten wir uns so, dass diese Funktionen zum Zuge kommen können: Wir fragen, anstatt zu urteilen; wir offenbaren Motive, anstatt um Positionen zu ringen; wir tauschen Begründungen und Argumente aus anstatt Behauptungen.

> **Fazit**
>
> Wenn wir den Konflikt prinzipiell als eine Möglichkeit, etwas Neues und Besseres zu tun, betrachten, sind wir kommunikations- und streitlustiger, offener im Gespräch und offener für die Bedürfnisse des anderen. Wir sind flexibler im Fühlen, Denken und Handeln.

Beziehungsgeflecht:
Bereitschaft, Einstellung, Verhalten

Es besteht ein innerer Zusammenhang zwischen der Grundeinstellung zum Konflikt, der Bereitschaft, sich auf ihn einzulassen und sich zu verhalten. Hängen wir der Überzeugung an, ein Konflikt sei prinzipiell

* destruktiv,
* vermeidbar,
* trennend,

Ein negativer Wahrnehmungsfilter erzeugt Feindschaften

neigen wir dazu, die andere Partei (innere Stimme, Personen, Gruppen) als Gegner und ihre Aktivität als Anschlag auf unsere Person zu interpretieren. Folglich justieren wir unsere Wahrnehmungsfilter auf alles Negative und beachten vorzugsweise das Unvereinbare und Trennende. Je nachdem, wie stark wir uns fühlen, werden wir so wenig wie möglich mit dem Gegner kommunizieren, sondern wollen den Konflikt dadurch beseitigen oder lösen, dass wir flüchten, kämpfen oder unterdrücken. »Entweder – oder«: »Entweder ich setze mich durch – oder ich verliere«, lautet das innere Programm. Es erzeugt im Konfliktumfeld vor allem Feindschaften.

Sind wir der Auffassung, ein Konflikt berge grundsätzlich die Möglichkeit,

* konstruktiv,
* unvermeidbar,
* verbindend

Eine positive Wahrnehmung fördert integrative Lösungen

zu wirken, glauben wir an sein zusammenführendes Potenzial. Wir verknüpfen mit ihm die Hoffnung oder Erwartung, durch die Auseinandersetzung etwas Neues, Besseres und für alle Beteiligten Akzeptables gewinnen zu können. Infolgedessen stellen wir unsere psychischen und geistigen Antennen so ein, dass sie Gemeinsames und Vereinbares registrieren. Außerdem suchen wir die offene Kommunikation über Motive, Interessen und Zielvorstellungen. Das Ergebnis dieser Sowohl-als-auch-Haltung bildet den Grundstock für tragfähige Kompromisse und integrative Lösungen. Die Brisanz dieser verschiedenen Grundhaltungen wird Ihnen sicher deutlicher, wenn Sie das folgende Beispiel lesen:

Andreas und Bernd: zwei charakterlich sehr unterschiedliche Kollegen, arbeiten seit gut zwei Jahren zusammen. Seit etwa vier Tagen, so empfindet es Bernd, schwelt ein Konflikt. Deshalb geht er auf Andreas zu.

B: »*Du, Andreas, ich würde jetzt wirklich gern erfahren, was mit dir los ist.*«

A: »*Es ist nichts.*«

B: »*Na ja, also seit circa vier Tagen redest du kaum noch mit mir. Vielleicht habe ich irgendetwas falsch gemacht? Wenn dem so ist, dann sag's mir doch bitte. Ich habe nämlich keine Idee.*«

A: »*Ich sagte doch: Es ist nichts! Außerdem hab ich keine Zeit zum Diskutieren. Ich muss meinen Bericht bis morgen fertig kriegen.*«

B: »*Ja ja, schon gut. Aber du könntest mir doch wenigstens einen Wink geben! Falls es dir nicht aufgefallen sein sollte, muffelst du mich nämlich seit bereits vier Tagen an und läufst mit einem langen Gesicht herum. Ich hab wirklich keine Ahnung, was ich getan haben könnte! – Oder ist etwas zu Hause los?*«

A: »*Nein. Und nun lass mich doch bitte arbeiten. Wenn du Zeit zum Diskutieren hast – bitte. Ich habe sie jedenfalls nicht.*«

B: »*Meine Güte! An dich ist ja mal wieder kein Rankommen! Wann kannst du dir denn mal Zeit nehmen, damit wir darüber sprechen können? So kann es ja wohl nicht weitergehen. Ich möchte den Stein des Anstoßes nämlich gern aus dem Weg haben.*«

A: »*Wird ja schon passieren! – Also gut, ich überlege es mir.*«

Hier verlassen wir den Dialog. – Wer gefällt Ihnen, liebe Leserin, lieber Leser, denn besser: Andreas oder Bernd? Ich würde mich keinesfalls darüber wundern, wenn viele von Ihnen auf Andreas deuteten. Denn er scheint etwas zu tun, das sehr verbreitet und hoch angesehen ist, vor allem in Unternehmen: Andreas macht nicht viel Aufhebens von einer kleinen Verstimmung, nicht wahr? Während Bernd schlichtweg als Nervensäge auffällt. Vielleicht erscheint er einigen von Ihnen sogar als typischer »Softie«?

Erhellen wir, was beide Personen dazu bewegt, sich so zu verhalten, wie sie es tun. Andreas fühlt sich unwohl – erstens ist er ohnehin verstimmt, zweitens will er darüber nicht reden und fühlt sich deshalb von Bernd bedrängt. Folglich reagiert er, wie es nahe liegt zu reagieren, sobald wir uns belagert fühlen:

Er weicht aus, wiegelt ab, wird brüsk, um den Plagegeist Bernd loszuwerden und der Situation zu entfliehen. Kurz: Er geht auf Distanz und setzt auf Zeit, zumal für ihn reden ja ohnehin nichts Produktives bringt.

Bernd fühlt sich ebenfalls unwohl – erstens, weil er das beredte Schweigen von Andreas als unangenehme Spannung empfindet, und zweitens, weil er aus Erfahrung weiß, wie schwierig es ist, aus Andreas ein Wort herauszubekommen. Nach Bernds Überzeugung kann nur offene Kommunikation über das, was die Spannung ausmacht, Abhilfe schaffen. Folglich geht er auf Andreas zu, um den Zustand des schwelenden Konflikts aufzubrechen.

Das Problem, genauer: der Konflikt, den Andreas und Bernd haben, besteht nicht nur in einem Ereignis, dem Auslöser, sondern in der Art, wie sie grundsätzlich in konfliktuellen Situationen agieren. Während Andreas Abstand nimmt, sucht Bernd Kontakt. Die Bewegungen divergieren. Diese Reaktionsweisen wurzeln in antagonistischen Auffassungen: Andreas sind Konflikte per se unangenehm. Bernd sieht Konflikte als Signale für die Notwendigkeit einer direkten Verständigung. Dieser Prozess verstärkt sich zunehmend: Je mehr Andreas Abstand nimmt, desto mehr geht Bernd auf Andreas zu, desto mehr weicht Andreas zurück … Es ist logisch unmöglich und nur mit erheblicher Anstrengung zu erreichen, dass sich die beiden Kollegen (solange sie in diesem Zirkel sind) treffen.

Fazit

Je unterschiedlicher die grundlegenden Haltungen gegenüber dem Konflikt an sich ausfallen, desto schwieriger ist es, eine gemeinsame »Wellenlänge« zu finden. Insbesondere entgegengesetzte Grundeinstellungen zum Konflikt erschweren es, gemeinsam eine Lösung zu erarbeiten.

Kognition und Kompetenzen

Ein weiterer Aspekt, der hilft, Konfliktfähigkeit aufbauen, betrifft kognitive (erkenntnis- und wissensbezogene) sowie soziale und methodische Kompetenzen. Damit Sie sich ein klareres Bild machen können, was damit gemeint ist, gebe ich einen Überblick über die wesentlichen Fähig- und Fertigkeiten.

Konfliktfähigkeit: Die wichtigsten Kompetenzen

❖ **Kognitive Kompetenz**
Sie bezieht sich insbesondere auf die Kenntnis psychologischer Grundlagen im Konflikterleben und Konfliktgeschehen, auf das Wissen um sozialpsychologische Dynamiken sowie auf Wirkungen von Interventionen. Diese Kompetenz zeigt sich vor allem in der Art und Weise, wie alle menschlichen und strukturellen Prozesse sowie das Konfliktumfeld analysiert werden (Systematik, Logik, Modelle).

❖ **Methodische Kompetenz**
Sie rückt die Qualität und Stringenz der Moderation oder Mediation in den Vordergrund.

❖ **Soziale Kompetenz**
Sie fokussiert die Gesprächsführung auf der Sach- und der Beziehungsebene.

❖ **Intuitive und emotionale Kompetenz**
Sie ist mit der sozialen eng verwoben. Sie manifestiert sich im Grad von Empathie (Interesse für, Teilnahme am anderen) und im Umgang mit eigenen Gefühlen und selbst erlebten Dissonanzen.

Zusammenfassung

Das Ziel von Konfliktfähigkeit besteht darin, die jedem Konflikt innewohnenden Chancen zu verwirklichen. Wir erhöhen die Wahrscheinlichkeit, dieses Ziel zu erreichen, wenn wir

❖ uns um eine wohlwollende und affirmative Einstellung zu Konflikten und Konfliktparteien bemühen,

❖ uns die Vernetztheit von Grundeinstellung, Wahrnehmung und Bewertung sowie Handlungstendenzen und faktisches Verhalten vergegenwärtigen,

❖ uns Wissen und Können aneignen, um die Auseinandersetzung strukturiert, zielorientiert und mit der Vision allseitigen Gewinns führen zu können.

Innere Konflikte

Was verstehen wir unter einem inneren Konflikt?

»Die wahre Entdeckungsreise liegt nicht darin, neue Länder zu erkunden, sondern die Wirklichkeit mit neuen Augen zu sehen.«
(Marcel Proust, französischer Schriftsteller)

Jeder Konflikt, an dem wir beteiligt oder von dem wir betroffen sind, nimmt seinen Ausgang in uns, in der Person selbst. Kein Mensch kann neutral bleiben, wenn er von einem Konflikt betroffen oder an ihm beteiligt ist. Das Konflikterleben ist primär eine Gefühlsreaktion.

Um die persönliche Konfliktfähigkeit steigern zu können, sollten Sie verstehen, welche Bedingungen und Prozesse an der Konfliktentstehung beteiligt sind. Diese Notwendigkeit erfahre ich immer wieder in meinen Trainings. Teilnehmer und Teilnehmerinnen stellen stets Fragen danach, wie sie sich Entstehung und Verläufe erklären und Umgehensweisen vorstellen können. In diesem Kapitel gehe ich darauf ausführlich ein.

Wir erleben einen inneren Konflikt, wenn sich mindestens zwei »Seelen in unserer Brust« streiten. Sie drängen uns in unterschiedliche, manchmal divergente Richtungen, die wir zeitgleich einschlagen sollen. Aber sie sind unvereinbar: die Torte jetzt verspeisen – und sie nicht essen; der Kollegin den Tratsch über sie mitteilen – und darüber zu schweigen; dem Versetzungsgesuch folgen – und es abzulehnen.

Besonders vertraut sind ethisch begründete Konflikte, oft auch Gewissenskonflikte genannt: Ich sollte dies tun oder sagen oder meinen – tu, sage oder meine aber gleichzeitig auch etwas anderes. In diesem Fall der Gewissenskonflikte versagen wir vor eigenen normativen Ansprüchen oder denen der bedeutsamen sozialen Umwelt. Und das nagt am Selbstbild und Selbstwertgefühl. Hierin liegt eine entscheidende Quelle für die innere Konfliktentstehung.

Ganz im Sinne der Definition des sozialen Konfliktbegriffs tritt ein innerer Konflikt dann auf, wenn

❖ mindestens zwei innere Stimmen sich zur selben Zeit Gehör und Realität verschaffen wollen,
❖ diese Stimmen vom Ich der Person als zeitgleich unvereinbar beurteilt werden,
❖ die Verwirklichung der einen Stimme dem Geheiß der anderen widerspricht oder sie beeinträchtigt,
❖ die Person der Auffassung ist, dass die Entweder-oder-Logik gilt, also das Ausschlussprinzip.

Je stärker dieser Zwist unser Selbstwertgefühl berührt, desto wichtiger ist für uns die Klärung oder Lösung und desto intensiver empfinden wir den Konflikt.

Woran wir innere
Konflikte erkennen

Woran erkennen wir innere Konflikte?

Je bedeutsamer uns ein Votum für die eine oder die andere der gegenläufigen Stimmen ist, desto lebendiger durchleben wir die Merkmale seelischer Konflikte. Wir fühlen uns dann aus dem Gleichgewicht geworfen und verunsichert. Die Störung bestürzt, schreckt auf und irritiert. Häufig sind diese Gefühle begleitet von Anspannung und Disstress (negativer Stress).

Noch bevor wir rational darüber nachdenken, baut sich eine Spannung auf, die wir als belastend und daher unangenehm empfinden. Das drückt sich beispielsweise in Redewendungen aus wie: »die Nerven sind zum Zerreißen gespannt«. Je existenzieller die Konfliktfrage uns erscheint, desto eher fahren wir mit unseren Gefühlen und Gedanken Karussell – bzw. sie mit uns. Denn sie lassen uns nicht zur Ruhe kommen. Das Abschalten fällt uns schwer. Insofern hat der intrapersonale Konflikt uns – und wir nicht ihn (Friedrich Glasl). Je weniger wir bestimmen können, wann wir uns ihm widmen, und je weniger wir seinen Lauf steuern können, desto mehr beherrscht er uns und nicht wir ihn.

Unsicherheit und Anspannung sind Kennzeichen eines inneren Konflikts

Diesem Ausmaß an Dominanz sind wir natürlich nicht in jedem Konflikt ausgesetzt. Die Gefühle der Unsicherheit, Anspannung und Belastung jedoch sind untrügerische Kennzeichen eines seelischen Konflikts. In jedem Fall ringen wir um Präferenzbildung, um eindeutige Plädoyers für die eine oder andere Seite. Wir fühlen also einen Druck, eine Entscheidung treffen zu müssen. Dabei springen wir in unseren Fantasien häufig hin und her: Einmal sprechen mehr Gefühle und/oder Argumente für die eine, dann wieder für die andere Seite; einmal malen wir uns die möglichen Folgen bezüglich der einen Richtung in rosaroten Farben aus – und Augenblicke später versetzt uns die Vision, die wir mit der gegensätzlichen Richtung verbinden, in euphorische Stimmung. Diese Ambivalenz ist also ein weiteres Charakteristikum für intrapersonale Konflikte.

Welche Arten innerer Konflikte können wir unterscheiden?

Der Psychologe Kurt Lewin gliedert innere Konflikte in eine dreiteilige Typologie. Sie ist sehr verbreitet und schält pointiert heraus, wann wir uns innerlich zerrissen fühlen.

Drei Typen innerer Konflikte

Annäherungs-Annäherungs-Konflikt

Stellen Sie sich bitte vor, Ihnen ist glaubhaft eine glänzende und von Ihnen angestrebte Karriere in der Firma, in der Sie arbeiten, in Aussicht gestellt worden und die erste Etappe steht in wenigen Wochen bevor. Sie sind folglich hoch motiviert und fühlen sich blendend. Eines Vormittags werden Sie von einem Headhunter kontaktiert, der Ihnen ein viel versprechendes Angebot unterbreitet. Da Sie neugierig sind, treffen Sie sich mit ihm. Das Gespräch lässt das Angebot äußerst attraktiv erscheinen. Die Verlockung, es anzunehmen, ist groß. Und jetzt? Jetzt sitzen Sie in der Klemme, wenn auch in einer außergewöhnlich komfortablen. Denn Sie müssen sich ja »nur« zwischen zwei sehr positiven Optionen entscheiden.

Fazit

Von einem Annäherungs-Annäherungs-Konflikt sprechen wir folglich dann, wenn wir zwischen (mindestens) zwei Zielen entscheiden müssen, die wir für gleichermaßen wertvoll und erstrebenswert halten, die sich aber eben nicht gleichzeitig realisieren lassen. Die Entscheidung für das eine entspricht folglich dem Verzicht auf das andere.

Wir sehen nur Chancen

Annäherungs-Vermeidungs-Konflikt

Spinnen wir das obige Beispiel weiter: Sie stehen also vor der Entscheidung, in Ihrer Firma zu bleiben oder dem Lockruf des neuen Unternehmens zu folgen. Beide Perspektiven klingen viel versprechend. Jetzt beginnen Sie, sich auszumalen, welche Konsequenzen welche Entscheidung nach sich zöge. Da Sie bestrebt sind, die für Sie richtige Option zu wählen, kreist die innere Diskussion um Vor- und Nachteile, Chancen und Risiken, um begründete Erwartungen und Wünsche, die Sie mit den Möglichkeiten verbinden. Diese Überlegungen und die mit ihnen verschlungenen Emotionen richten sich auf Zukünftiges. Sie können folglich nicht wissen, sondern nur vermuten. Es gibt keine garantierte zukünftige Laufbahn. Beides: das gleichzeitig Erstrebenswerte und das Ungewisse, sind Quellen dieses inneren Konflikts und machen die Wahl zur Qual.

Nach einer Phase innerer Konfusion wägen Sie systematisch ab. Das Fazit dieses Sortierungs- und Gewichtungprozesses kristallisiert heraus, dass Sie Befürchtungen haben. Sie befürchten, sich durch einen Verzicht in jedem Fall (neben Vorteilen) auch Nachteile einzuhandeln. Dies markiert einen Wendepunkt im Konflikterleben. Die vormals luxuriös anmutende Konfliktkonstellation mutiert in einen ernsthaften Konflikt, der Ihnen die Entscheidung zusätzlich erschwert. Dies tut er durch Ihre Furcht, möglicherweise etwas Falsches tun zu können. Es sind diese Befürchtungen, die mit der Weichenstellung in die Zukunft einherlaufen, die Sie in die Bredouille bringen. Jetzt sitzen Sie in der Falle des Annäherungs-Vermeidungs-Konflikts.

Wir sehen Chancen und Risiken

> **Fazit**
>
> Der Annäherungs-Vermeidungs-Konflikt zeichnet sich dadurch aus, dass wir vor einer Entscheidung stehen, die sowohl Angenehmes und Wertvolles als auch Unangenehmes und Nicht-Erstrebtes bringt. Wir befürchten, uns durch ein klares und »maß-gebliches« Votum unrevidierbare Nachteile einzuhandeln bzw. Chancen für immer zu vergeben.

Vermeidungs-Vermeidungs-Konflikt

Um diesen Konflikt-Typus beispielhaft einzuführen, versetzen Sie sich bitte in die folgende Situation: Nehmen wir an, Sie führen eine Abteilung mit fünf Personen. Obwohl die Arbeitsbelastung extrem hoch ist, wird Ihnen keine Neueinstellung zugestanden. Mehr noch: Frei werdende Stellen dürfen nicht neu besetzt werden. Nun befindet sich unter diesen bereits überbelasteten Personen ein Mitarbeiter, dessen Arbeitsleistung derartig niedrig anzusiedeln ist, dass er das Geld, das er kostet, nachweislich nicht erwirtschaftet. Sie (und auch der Kollegenkreis) sind äußerst unzufrieden. Sie überlegen, ihm zu kündigen. Das wäre nur folgerichtig, denken Sie, denn die Abteilung zahlt drauf. Andererseits, überlegen Sie weiter, eignet sich der Mitarbeiter immerhin dafür, anfallende Routinetätigkeiten zu übernehmen. Dadurch entlastet er die anderen. Folglich schließen Sie die Kündigung aus Ihrem Kalkül aus. Entlassen – behalten: Beides gefällt Ihnen nicht. Sie befinden sich somit in der Zwickmühle eines Vermeidungs-Vermeidungs-Konflikts, weil Sie am liebsten nichts von beidem und lieber etwas ganz anderes täten.

> **Fazit**
>
> Für den Vermeidungs-Vermeidungs-Konflikt ist typisch, dass wir uns zwischen Möglichkeiten entscheiden müssen, die wir gleichermaßen als unattraktiv bis unangenehm einschätzen. Wir sitzen in einem negativen Dilemma, weil wir nur das kleinere der Übel (nicht aber eine als positiv empfundene Alternative) wählen können.

Wir sehen nur Risiken

Woher rühren innere Konflikte?

Die Psychologie ist die Wissenschaft, die sich der Erforschung der geistig-seelischen Motive und Motivationen menschlichen Verhaltens verschrieben hat. Wie jede Wissenschaft bringt auch die psychologische Forschung unterschiedliche Antworten hervor. Im Folgenden beschränken wir uns auf jene Aspekte, die für unsere Fragestellung besonders ergiebig sind. Wir befragen Tiefenpsychologien, Verhaltenstheorien, Entscheidungstheorien und kognitive Theorien.

Ursachen innerer Konflikte: Tiefenpsychologien

Heute finden wir den Ausdruck Tiefenpsychologie als Sammelbegriff für drei Psychologierichtungen: die Psychoanalyse Sigmund Freuds, die Individualpsychologie Alfred Adlers und die analytische Psychologie C. G. Jungs.

Erklärungsmodelle psychologischer Theorien

Vielleicht fragen Sie sich an dieser Stelle, warum Sie die wesentlichen Züge dieser Theorien kennen sollten. Wie eingangs erwähnt, werde ich in Seminaren häufig nach möglichen Erklärungen innerer Konflikte gefragt. Die folgenden Theorien bieten Erklärungsmodelle an. Mit ihrer Hilfe können wir »besser verstehen« und folglich »gezielter handeln« lernen. Hinzu kommt, dass die Theorien in unsere Alltagssprache eingeflossen sind. Wer kennt nicht die Begriffe »Es«, »Ich« und »Über-Ich« von Sigmund Freud? Wer hantiert nicht mit dem Begriff des »Minderwertigkeitsgefühls« von Alfred Adler? Wer sucht den Schuldigen für Konflikte nicht schon einmal in der »Midlifecrisis«, die auf Carl Gustav Jung verweist? Meistens werden diese Begriffe gebraucht, ohne dass verstanden ist, was sie genau meinen. Und was wir nicht verstehen, davon sollten wir schweigen – oder uns um Verstehen bemühen. Genau dies tut das vorliegende Kapitel.

Sigmund Freud: Psychoanalyse

Nach Sigmund Freud offenbaren sich in allen Lebensäußerungen unterdrückte Wünsche und unbewusste Konflikte. Nach ihm stehen psychische Vorgänge im Spannungsfeld von einerseits dem Sexualtrieb oder der Libido, dem Streben nach sinnlicher Lust (Lustprinzip) und andererseits der Ichtriebe, dem Streben nach Selbsterhaltung (Realitätsprinzip). Zwischen Lust- und Realitätsprinzip gibt es Konflikte, wenn die Libido die Person zu anderem Handeln motivieren will, als es das Realitätsprinzip für sinnvoll erachtet.

Innere Konflikte: Ausdruck des Kampfs zwischen Über-Ich, Es und Ich

Dies führt uns zu dem Strukturmodell der Persönlichkeit: den Instanzen **Es**, **Ich** und **Über-Ich**. Es handelt sich dabei um ein Denkmodell, das den Aufbau und die Motivation der Person in Bewusstseins-Systeme gliedert. Das Es beherbergt danach das primäre triebhafte Luststreben. Es steuert jene Verhaltensweisen, von denen wir sagen: aus dem Bauch heraus. Das Es überlegt nicht, sondern übersetzt Triebimpulse sofort in Handlungen. In seiner Spontaneität bevorzugt es jene, die ihm Lustgewinn bringen. Das Über-Ich ist dem Lustprinzip abhold. Es hat die Funktion des Gewissens, also des Bewertens und (ethisch, moralisch) des Beurteilens. Es verkörpert die verinnerlichten Normen und Werte in Form von Moralcodices. Seine Bezugsrahmen definieren, was eine Person soll und nicht soll, darf und nicht darf. Das Über-Ich legt normative Messlatten.

Zwischen dem nach Lust strebenden Es und dem normativ geleiteten und pflichtbewussten Über-Ich kommt es häufig zum Streit. Die Person-Instanz Ich tritt deshalb vermittelnd auf. Dem Ich obliegt die Aufgabe, Trieb- oder Lustimpulse des Es in Verhalten zu übersetzen, das für das strenge Über-Ich akzeptabel ist. Solange dem Ich gelingt, Triebe zu domestizieren und sie »gewissenhaft« zu befriedigen, und solange es ihm gelingt, den Aufforderungen des Über-Ichs in einer Weise nachzukommen, die auch Lustgewinn verheißt, vertragen sich Es und Über-Ich. Zur Verdeutlichung folgendes Beispiel:

Schönes Wetter – Lust auf Baden gehen (Es). Schönes Wetter – Erst die Pflicht, dann das Vergnügen (Über-Ich).
Wege der inneren Konfliktlösung: 1. Das Es überredet das Über-Ich: Baden bis 18.00 Uhr, dann Pflicht. 2. Das Über-Ich überredet das Es: Bis Mittag Pflicht, dann bis 18.00 Uhr Baden, dann wieder Pflicht. Gelingt dieses Austarieren dem Ich nicht und die Verhandlung läuft auf eine Patt-Situation hinaus, streiten die beiden Instanzen Es und Über-Ich um die Dominanz. In dem Beispiel könnte das so ablaufen: Das Es versucht die erste Variante, das Über-Ich die zweite. Beide sind uneinig. Das Es: »Nein,

nein! Wer weiß, wie lange die Sonne scheint! Lieber gleich Baden gehen!«
Das Über-Ich: »Wenn du erst beim Baden bist, kriegt man dich vor dem
Abend nicht weg von dort. Dann könnte es für die Pflichterfüllung zu spät
sein. Also erst die Pflicht. Schnell daran und schnell davon.«

Hilfsmittel der
Selbstbehauptung

Der Ich-Instanz gelingt es hier nicht, eine Einigung herzustellen, sodass es zu
einem inneren Konflikt kommt. Das Ich, das im Dienst des positiven Selbstwertgefühls steht, muss zwischen Es und Über-Ich vermitteln. Es steht in dem
Kräftemessen nicht mittellos da. Es verfügt über Hilfsmittel, die Freud **Ab-**
wehrmechanismen nennt. Insbesondere drei von ihnen spielen für das Entstehen innerer Konflikte eine wichtige Rolle. (Sie werden uns beim Thema Eskalation sowie bei den Lösungsmöglichkeiten noch einmal begegnen.)

Wir projizieren

Ein Abwehrmechanismus des in Bedrängnis gebrachten Ichs ist die **Pro-**
jektion. Jene seelischen Regungen, die das Ich nicht akzeptiert, will es bei sich
selbst nicht wahrnehmen, weil dies dem Selbstbild Schaden zufügen würde.
Deshalb blendet es sie aus – und schreibt sie anderen Personen zu.

Im Konflikt mit einer Kollegin ereifern Sie sich über deren Beliebtheit
(Neid), indem Sie ihr unterschieben, sich bei den anderen anzubiedern.
(Somit haben Sie einen moralisch annehmbaren Grund, sich über sie zu
echauffieren; denn anbiedern ist in unserer Kultur ein negativer Wert.)

Wir verdrängen

Ein weiterer Abwehrmechanismus ist **Verdrängung**: Impulse aus dem Es, deren Befriedigung das Über-Ich verbietet, werden vom Ich in das Unterbewuss-
te oder Unbewusste abgedrängt. Die verschmähten Impulse wirken aber
noch, liegen auf der Lauer und müssen ständig in Schach gehalten werden,
damit sie im Dunkeln bleiben. Sie sind latent und halten die Person in einem
permanenten Spannungszustand (Angst oder Aggression). Das Ich braucht
Energie, um die Impulse im Verborgenen zu belassen. Sobald es aber schwä-
chelt, etwa in Zeiten erhöhter Belastung, sehen die Es-Impulse ihre Stunde
gekommen und drängen ins Bewusstsein zurück an die Oberfläche. Dies verunsichert (Angst vor …) oder stimmt gereizt (Aggression gegen …).

Der Chef hat dem Mitarbeiter eine Beförderung versprochen. Weder die Beförderung noch ein weiteres Gespräch folgen. Der Mitarbeiter ist sehr enttäuscht, verdrängt diese Verletzung seines Selbstwertgefühls und »denkt nicht mehr daran«. In einer länger dauernden Phase der Arbeitsüberlastung braucht der Mitarbeiter besonders viel Energie für den Arbeitsalltag. Er muss sozusagen alle Energiereserven mobilisieren. Deshalb bleibt ihm nichts anderes übrig, als Energien, die die Verletzung in der Verdrängung halten, anzuzapfen. Er bezieht von dort Energien – und beginnt, den Chef zu meiden oder ihm patzige Antworten zu geben.

Der dritte Abwehrmechanismus, der uns interessiert, ist die **Sublimierung**: Sozial nicht erwünschte bzw. verachtete Motive oder Handlungen werden in sozial anerkannte Motive bzw. Handlungen umgewandelt.

Wir sublimieren

Ich würde meine Kollegin am liebsten vor Wut anschreien – tue dies aber nicht, sondern verberge meine Wut in zynischen, doppelbödigen oder betont freundlichen Bemerkungen.
Oder: Am liebsten würde ich aus Zorn jemand schlagen – tue dies aber nicht, sondern gebe meinem Zorn darin Ausdruck, dass ich besonders heftig diskutiere.
Oder: Am liebsten würde ich aus Freude auf dem Bürotisch tanzen – unterlasse das aber und reiße stattdessen meine Arme hoch, lache besonders herzlich oder mache Witze.

Zusammenfassung

Auf die Frage »Woher rühren intrapersonale Konflikte?« antwortet die Psychoanalyse: Sie kommen aus dem Kampf zwischen Trieb- und Lustimpulsen des Es einerseits und der Erziehung zu Selbstkontrolle und Disziplin durch Ich und Über-Ich andererseits. Anders gesagt: Das Es stößt auf Verbote des Über-Ichs und die disziplinierenden Wirklichkeitsanforderungen des Ichs. Dieser Grundkonflikt ist Mutter aller inneren Konflikte.

Alfred Adler: Individualpsychologie

Innere Konflikte: Ausdruck des Strebens nach Zugehörigkeit und einem guten Selbstwertgefühl

Alfred Adler verdanken wir die Erkenntnis, dass Verhaltensweisen in Verbindung mit dem Selbstwertgefühl stehen. Von ihm stammen die weitläufig bekannten Konzepte Minderwertigkeitsgefühl und Kompensation.

Adler nimmt an, dass psychische Vorgänge und Handlungen Ausdruck des Strebens nach Zugehörigkeit und Geltung oder Macht sind: Wir wollen Einfluss nehmen, gestalten, auf andere und anderes einwirken. Er geht davon aus, dass es im Leben jedes Menschen Phasen und Bereiche gibt, in denen er sich im Vergleich zu anderen minderwertig fühlt und darunter leidet. Dieses Leidensdrucks wollen sich Menschen über den Mechanismus der Kompensation entledigen. Die Ursache, nämlich das Gefühl der Minderwertigkeit, auszugleichen erfolgt prinzipiell auf zwei Wegen: durch das Erzielen von Überlegenheit und durch das Erzielen von Zugehörigkeit. Zu inneren Konflikten kommt es dann, wenn die Kompensation nicht gelingt und wir uns trotz Mühen minderwertig fühlen.

Beispielsweise möchte ich mich einer Gruppe zugehörig fühlen und bemühe mich so sehr, dass ich eigene Bedürfnisse stark unterdrücke, um sozial erwünscht und ausschließlich im Sinne der Gruppe zu agieren. Indem ich mein Verhalten vorzugsweise auf das abstelle, was die Gruppe vermutungsweise belohnt, überkompensiere ich mein Defizit an Zughörigkeit durch extreme Anstrengungen und Selbst-Vergessenheit.

Das Minderwertigkeitsgefühl führt auch zu sozialen Konflikten, wenn wir überkompensieren, indem wir zu viel des Guten tun. Andere verstehen dann nicht, worin unser eigentliches Motiv besteht. Beispielsweise zeigen wir in unserem Bemühen, fachlich anerkannt zu werden, derartig viel Eifer, dass wir arrogant wirken.

> **Zusammenfassung**
>
> Nach Alfred Adler werden innere Konflikte aus der Anstrengung geboren, das Gefühl der Minderwertigkeit zu kompensieren und einen eigenen Lebensstil zu entfalten, der sowohl die Sehnsucht nach Geltung als auch nach Gemeinschaft befriedigt.

Carl Gustav Jung: Analytische Psychologie

C.G. Jung greift Freuds Begriff der Libido zwar auf, besetzt ihn aber mit einer anderen Bedeutung. Libido meint hier die allgemeine Lebensenergie, die sich gleichermaßen in der Suche nach Lust und Sinnhaftigkeit offenbart. Wie bei Freud und Adler ist es bei C.G. Jung das Unbewusste, das unser Streben und Handeln motiviert. Jung stellt unser Streben nach Selbstentfaltung und Sinn in den Vordergrund.

Innere Konflikte: Ausdruck des Strebens nach Selbstentfaltung

Nach Jung besteht die Aufgabe des Menschen darin, sich selbst zu verwirklichen und den Ausgleich zwischen Bewusstem und (individuellem und kollektivem) Unbewusstem zu finden. Dazu gehört, Einstellungen und psychische Funktionen auszubilden, die unsere Gesamtpersönlichkeit entwickeln. Er nennt dies *Individuation* (Selbstwerdung).

Innere Konflikte haben hier ihre Wurzel. Der Prozess der Individuation erleidet Störungen. Zum einen, in der ersten Lebenshälfte, durch den Widerstreit von Es, Ich und Über-Ich (Freud) und das komplizierte Kompensieren des Minderwertigkeitsgefühls. Zum anderen dadurch, dass wir soziale Rollen zu erfüllen haben. Gleichzeitig dürfen wir nicht in ihnen aufgehen, sondern müssen uns von ihnen distanzieren, um unseren Weg der Selbstwerdung beizubehalten. In der zweiten Lebenshälfte beschäftigen wir uns zunehmend mit Fragen nach dem Lebenssinn.

Als Beispiel kann hier die so genannte Midlifecrisis dienen. Weniger populär formuliert: Wenn wir bemerken, dass uns weniger die Alltagsfragen als das Fragen nach dem »Wofür eigentlich?« beschäftigen – dann befinden wir uns in der zweiten, eher metaphysisch ausgerichteten Lebensphase. Hier erleben wir innere Konflikte, wenn wir meinen, dass wir unser bisheriges Leben »falsch« gelebt haben …

Zusammenfassung

Nach C.G. Jung rühren Konflikte in der ersten, der pragmatischen Lebenshälfte aus dem persönlichen Streben nach Geltung und Zugehörigkeit sowie aus den Zwistigkeiten von Lust- und Realitätsprinzip. In der zweiten Lebenshälfte werden sie durch die Hinwendung zur Suche nach dem persönlichen Lebenssinn ausgelöst und offenbaren sich in einer weniger pragmatischen als metaphysischen Orientierung.

Ursachen innerer Konflikte: Verhaltenstheorien

Im folgenden Abschnitt befassen wir uns mit der grundsätzlichen Logik von Verhaltenstheorien. Auch dieses Wissen ist für die Praxis nützlich. Verhaltenstheorien können verständlich machen, wie wir uns das Entstehen innerer Konflikte auf der Verhaltensebene erklären können. Ferner eröffnen sie uns, wie wir uns verhalten sollten, um mit inneren Konflikten fertig zu werden.

Innere Konflikte entspringen der Vielfalt an Reizeinflüssen

Die Tiefenpsychologien fokussieren die Motive menschlichen Handelns. Sie wollen über Introspektion, also Selbstschau, erklären, warum ein Mensch einen inneren Konflikt hat. Demgegenüber halten sich Verhaltenstheorien an das, was wir beobachten können. Sie lenken den Blick auf das zielgerichtete Verhalten und halten nach Reizen Ausschau, die eine bestimmte Antwort (Reaktion) auslösen. Die Grundlogik aller Verhaltenstheorien nimmt eine Verbindung zwischen Reiz (Stimulus) und Reaktion (Response) an. Diese Verbindung kann direkt oder vermittelt sein. Direkt heißt: Wir können eine klare Verbindung zwischen Reiz und Reaktion ausmachen. Vermittelt bedeutet: Die Reize, die Verhalten auslösen, sind nicht eindeutig zu identifizieren.

Die verhaltenstheoretische Forschung zeigt für unsere Frage vor allem dies: Ursachen für **innere Konflikte** liegen in der Fülle und Unterschiedlichkeit von Reizen, die auf uns einströmen und uns gleichzeitig (!) zu verschiedenen, unvereinbaren Reaktionen anhalten. Wer die Wahl hat, hat die Qual!

Soll ich am Wochenende mein Büro aufräumen (weil das Chaos unübersehbar ist) oder ans Meer fahren (weil die Sonne so hell vom blauem Himmel lacht)? Soll ich direkt sagen, was ich von dem Projektantrag halte (weil die vorliegenden Daten eine abschlägige Antwort prädestinieren), oder soll ich lieber im Strom der Hoffnungen und Meinungen der Kollegen mitschwimmen (weil sie mir anderes übel nähmen)?

Zusammenfassung

Verhaltenstheorien sehen die Entstehungsbedingungen von inneren Konflikten darin, dass unterschiedliche bis gegensätzliche Reize gleichzeitig zu bestimmten – und damit ebenfalls unvereinbaren – Reaktionen auffordern.

Ursachen innerer Konflikte:
Entscheidungstheorien und kognitive Theorien

Wir treffen Entscheidungen im wahrsten Sinne des Wortes am laufenden Band. Die Notwendigkeit, sich für oder gegen etwas zu entschließen, gehört zu unserem Leben. Unterschiedlich allerdings ist, wie intensiv die inneren Konflikte ausfallen, die Entscheidungen vorangehen. Entscheidungen sind Weggabelungen. Wir »scheiden« das Mögliche in ein »jetzt« oder in ein »nie« oder »später vielleicht«. Entscheidungen bedeuten »ja« für die eine und »nein« für alle anderen Möglichkeiten. Deshalb fallen uns vor allem bedeutsame und zukunftsweisende Entscheidungen schwer. Wir werden im Folgenden betrachten, welchen Beitrag

Innere Konflikte entspringen unserem Denk-, Wahrnehmungs- und Entscheidungsverhalten

❖ Prozesse der Wahrnehmung,
❖ kognitive Prozesse und
❖ Einstellungen

zum Entstehen innerer Konflikte leisten.

Prozesse der Wahrnehmung

Die Erforschung der Wahrnehmung begann im 19. Jahrhundert mit der Gestalttheorie und dauert bis heute an. Die Beschäftigung mit Wahrnehmungsprozessen führte unter anderem zu der Erkenntnis, dass wir auf zwei Weisen unsere Wirklichkeit schaffen: Zum einen erzeugen wir sie, indem wir Details zu einem sinnhaften Ganzen (zur Gestalt) ordnen. Zum anderen konstruieren wir unsere Wirklichkeit, indem wir Ganzheiten wahrnehmen und die Details so einordnen, dass sie in die Gestalt hineinpassen. Eine populär gewordene Erkenntnis lautet: *Das Ganze ist mehr als die Summe seiner Teile.* Präziser müsste man sagen: Das Ganze ist etwas anderes als die Summe seiner Teile. So entsteht aus der Zusammenkunft zweier Personen beispielsweise eine Freundschaft. Die Beziehung: Freundschaft ist damit »mehr« als die Anzahl der Personen.

Im Alltag verlassen wir uns häufig auf unsere Wahrnehmungen und auf die mit ihnen verbundenen Beurteilungen: Wir hinterfragen sie nicht, sondern gehen davon aus, dass sie stimmen und »einzig wahr« sind. Darin liegt eine der wichtigsten *Konfliktquellen.* Denn wir machen uns zu wenig bewusst, wie subjektiv unsere Wahrnehmungen und Bewertungen sind und von welchen Faktoren abhängt, was wir »für-wahr-nehmen«. Wissen wir um diese Einflüsse, können wir besser verstehen, warum Konflikte auftauchen. Dadurch gewinnen wir an Handlungsmöglichkeiten, konstruktive Lösungen zu finden. Aus diesen Gründen möchte ich Ihnen die für das Entstehen von Konflikten wichtigsten *Hypothesen der sozialen Wahrnehmungstheorie* vorstellen:

Körperliche Bedürfnisse bestimmen mit, was wir wie wahrnehmen.

Stellen Sie sich bitte vor, Sie sind verantwortlich für die internationalen Produktionsstätten Ihrer Firma. Sie kommen gerade aus den USA zurück, als Sie die Nachricht erreicht, dass Sie sofort (!) nach Japan reisen müssen, weil dort eine katastrophale Panne passiert ist. Völlig erschöpft kommen Sie in Tokio an. Und obwohl Sie wissen, dass Sie als Erstes zur Produktionsstätte fahren sollten, ertappen Sie sich – na, wobei? Dabei, dass Sie leider keine gute Verkehrsanbindung »finden« können, Ihnen dafür umso mehr Hotels auffallen!

Stimmungen und Einstellungen prägen unsere Wahrnehmung in ähnlich selektiver Weise.

Denken Sie an das viel zitierte halb gefüllte Glas: für den einen ist es halb voll, für den anderen halb leer. Sind wir verliebt, erscheint die Welt rosarot und Belastendes ist halb so schlimm. Gehören wir zu der Spezies der positiv Eingestellten (Gustav Gans: Ich habe immer Glück), nehmen wir Fehlschläge eher von der sportlichen Seite und riskieren sie auch, als betrachteten wir uns als chronische Pechvögel (Donald Duck).

Vor- oder Lernerfahrungen formen unsere Wahrnehmung.

Das, was wir kennen und daher erwarten, registrieren wir eher und schneller als Unbekanntes und Unerwartetes. Worauf wir unsere Aufmerksamkeit besonders lenken, hängt davon ab, was uns vertraut und erwartbar erscheint. In Seminaren erziele ich die meisten Aha-Effekte mit dem folgenden Beispiel.

Angenommen, ein Laien- und ein Profifotograf schauen sich gemeinsam die Urlaubsfotos des Laien an. Worauf wird der Laie besonderen Wert legen? – Sicherlich auf den Erlebniswert, den die Bilder symbolisieren. Der Profi wird technisch urteilen: Lichtverhältnisse, Proportionen, Schärfe der Einstellung usw. Folge: Der Laie wird innerlich einen Konflikt spüren: Soll ich dem jetzt meine Fotos weiterzeigen oder nicht? Er wird enttäuscht und verletzt sein, weil er seine Geschichten, die zu den Bildern gehören, nicht loswird. Der Profi wird sich vielleicht fragen, ob es die Zeit wert sei, diese miserablen Aufnahmen anzuschauen …

Bereits diese Gesetzmäßigkeiten der Wahrnehmung verdeutlichen, dass Wahrnehmung nicht nur ein Resultat von Reizstruktur und Sinnesorganen ist, sondern mehr mit der Persönlichkeitsstruktur, persönlichen Erfahrungen und motivationalen Zuständen zu tun hat, als gemeinhin geglaubt wird. Wahrnehmung ist immer subjektiv! Zu *inneren Konflikten* kommt es, wenn mindestens zwei Wahrnehmungen, die für unser Handeln oder Wohlbefinden relevant sind, einander widersprechen.

Um die Prozesse zu begreifen, die bei inneren Konflikten ablaufen, dehnen wir unser Fragen auf ein anderes Feld pychologischer Forschung aus: auf das der kognitiven Psychologie.

Kognitive Prozesse

Der Ausdruck *Kognition* beinhaltet die Prozesse: Wahrnehmen und Erkennen, Denken und Urteilen, Vorstellen und Erfassen sowie Lernen. Außerdem bezeichnet er erlangtes Wissen und Erfahrungen.

Kognition bezeichnet Wissen, Denken, Erkennen

Von kognitiver Orientierung sprechen wir dann, wenn kognitive Elemente das Verhalten steuern und nicht Gefühle. Kognitiv orientierte Menschen richten sich primär nach dem, was ihnen ihre Kognitionen – man kann auch sagen: ihre Vernunft – sagen. Jeder Mensch entwickelt bevorzugte kognitive Stile.

Beispielsweise gibt es Personen, die am Konkreten und Praktischen haften und typischerweise in Kategorien von Beispielen, Erlebnissen und eigener Betroffenheit denken (fachlich: feldabhängig denken), während andere vom Konkreten abstrahieren und vor allem theoretisch an etwas herangehen (feldunabhängig). Oder denken Sie an Personen, die typischerweise reflektieren, bevor sie handeln. Andere dagegen reagieren impulsiv. Oder stellen Sie sich eine Diskussion zwischen einer Person vor, die vor allem nach Gleichheiten, Ähnlichkeiten, Gemeinsamkeiten sucht, und einer Person, die stark pointiert, also das Einzigartige, das Auffällige, das Unterscheidende betont.

Das heißt: Die Struktur der kognitiven Orientierung bestimmt die zielgerichtete Handlungsabsicht (Zielvorstellung) und gibt das Handlungsschema vor. Wenn eine Person also den kognitiven Stil »konkret« verfolgt, wird sie nach Beispielen und Möglichkeiten der Umsetzung ihrer Idee Ausschau halten.

Unverträgliche Handlungspläne führen zu Konflikten

Was hat das alles, werden Sie fragen, mit dem Entstehen innerer Konflikte zu tun? Nun, zu **inneren Konflikten** kommt es dann, wenn gleichzeitig mehrere Strukturen der kognitiven Orientierung aktiviert sind, die sich nicht ohne weiteres vertragen. Es stellen sich die Fragen:

❖ Soll ich konkret an das Problem herangehen oder erst einmal die grundsätzlichen Optionen (also theoretisch) abklären?
❖ Soll ich induktiv (vom konkreten Einzelpunkt) ausgehen oder deduktiv (vom Allgemeinen auf das Konkrete) schließen?

Ferner kommt es zu Konflikten, wenn unterschiedliche Handlungspläne, die für dasselbe Ziel infrage kommen, rivalisieren. Solche inneren Konflikte wurzeln also darin, dass wir viele »Wege nach Rom« einschlagen können, aber leider nicht alle gleichzeitig.

In all diesen Varianten geraten mindestens zwei Kognitionen in Konflikt, weil sie sich gegenseitig stören. Dies führt uns zu einem weiteren Konzept, das in Konfliktsituationen maßgebliche Auswirkungen hat: das Konzept der **kognitiven Dissonanz**. Diesmal beginne ich mit einem Beispiel, das – zugegeben – an Klischees anknüpft.

Stellen wir uns einen jungen Mann vor, der gerade erfolgreich sein Diplom in Wirtschaftswissenschaften absolviert hat. Wie viele Studierende pflegt er bis dato »revolutionäre« Ansichten. Etwa hält er die Globalisierung der Wirtschaft für eine moderne Version von Kulturimperialismus und Ausbeutung der armen Länder. Sein Erscheinungsbild charakterisiert ihn als Anhänger der Öko-Szene. Dieser junge Wirtschaftswissenschaftler tritt nun in den Ernst des Lebens ein, schreibt Bewerbungen und erhält tatsächlich eine Einladung zum Vorstellungsgespräch, und zwar ausgerechnet bei einer der größten internationalen Banken.

Mit ungutem Gefühl und zugleich Hoffnung und ein wenig Stolz (ein innerer Konflikt bahnt sich bereits an!) ringt er sich ein Outfit ab, das eine Art Kompromiss ist zwischen seinen Einstellungen und denen, die er bei den Bankern vermutet. Während des Gesprächs werden ihm einige Aspekte bewusst. In puncto Kleidung heißt es: raus aus den Jeans und hinein in den Anzug. In puncto Habitus bedeutet es: weg vom intelligenten und unverbindlichen Theoretisieren und hinein in pragmatische Gefilde und faktische Verantwortung. In puncto Einstellung ergibt sich: weg vom Gerechtigkeit suchenden Ideologen, hin zum loyalen, die Interessen der Bank vertretenden Funktionsträger.

Können Sie sich annähernd vorstellen, welchen Turbulenzen unser Anwärter innerlich ausgesetzt ist? Dies insbesondere, weil er das Angebot durchaus verlockend findet. Er ist hin- und hergerissen. In seinem Inneren fechten entgegengesetzte Kognitionen und Gefühle (Einstellungen, Normen und Werte, Lebensstil-Vorstellungen und Lebens-Visionen).

Eine solche Situation kennzeichnet eine kognitive Dissonanz. Menschen erleben kognitive Dissonanzen normalerweise als äußerst unangenehm. Denn sie erzeugen Spannung und Druck. Gemeinhin ertragen wir es schwerlich, gegensätzliche Meinungen, Voten, Gefühle gleichzeitig zu haben, weil wir nach Harmonie streben. Der mit der Gegensätzlichkeit verbundene Disstress drängt dazu, die Dissonanz zu vermindern und unser Gleichgewicht wieder zu erlangen.

Kognitive Dissonanz führt zu negativem Stress

Einstellungen

In unserem Beispiel vertritt der Absolvent bestimmte Haltungen oder Grundeinstellungen, die sich aus seinen Wertorientierungen und damit aus dem speisen, was er für gut und richtig, für erstrebenswert und wertvoll hält. Seine Einstellungen definieren, was er schwerpunktmäßig wahrnimmt und wie er urteilt. Beispielsweise verknüpft er Bankenaktivitäten mit der Ausbeutung Mitteloser und mit der Skrupellosigkeit, durch Finanztransaktionen Einzelnen wie ganzen Nationen zu schaden. Der Effekt dieser Einstellungen erschwert es ihm, flexibel zu reagieren, weil er eine Tätigkeit als Angestellter der Bank mit all diesen moralisch verwerflichen Absichten und Handlungen verknüpft. Diese Illustration verdeutlicht:

Konflikte entstehen aus dem Widerspruch zwischen Anforderungen und Einstellungen

Einstellungen sind als **Grundorientierungen** zu verstehen. Sie stellen uns auf etwas ein. Sie prädestinieren unsere Wahrnehmung und Reaktionsbereitschaft. Sie sind quasi das Vorzeichen vor der Klammer, das darüber entscheidet, was mit dem geschieht, was innerhalb der Klammer steht. Sie machen damit das eine wahrscheinlich (für den Absolventen in dem Beispiel das Arbeiten für eine Ökobank) und anderes unwahrscheinlich bis unmöglich (beispielsweise das Arbeiten in einer normalen Bank oder an der Börse).

Einstellungen bezeichnen charakteristischerweise relativ **dauerhafte Handlungstendenzen**. Aufgrund der Verwobenheit mit normativen, affektiven und emotionalen Aspekten erweisen sich Einstellungen als recht widerstandsfähig gegen Veränderungen.

*Jede bedeutsame
Entscheidung ist mit
inneren Konflikten
verbunden*

Zusammenfassung

Jeder persönlich wichtigen Entscheidung gehen innere Konflikte voraus, sobald wir zwischen unvereinbaren Optionen auswählen müssen. Entscheidungen verkörpern Konfliktquellen durch das Ensemble von Grundeinstellungen, der Art, wie wir Informationen aufnehmen und auswerten sowie der Bereitschaft, uns mit divergenten kognitiven Inhalten auseinander zu setzen. Innere Konflikte konstruktiv zu lösen erfordert, Entscheidungen zu treffen, die persönlich stimmig sind. Dies zu leisten, wird erschwert, weil:

❖ die Handlungsmöglichkeiten mit Einstellungen und folglich mit Werten und Gefühlen verflochten sind,

❖ sich Wahrnehmung selektiv so ausrichtet, dass wir Betrachtungsweisen vereinseitigen. Damit formen wir Teile der Wirklichkeit um oder blenden sie gar aus. Die Folge ist, dass unser Bild lückenhafter und parteilicher wird und das Risiko wächst, eine »falsche« Entscheidung zu fällen,

❖ kognitive Dissonanzen unser Selbstbild und Selbstwertgefühl bedrohen,

❖ wir befürchten, eine Entscheidung und damit ihre Wirkungen nicht mehr rückgängig machen zu können. Dies gießt Benzin in das Feuer des inneren Konflikts, weil wir vorwegnehmen, dass wir unsere Entscheidungen bereuen könnten. Dieser Reuefaktor erschwert es uns zusätzlich, uns für etwas zu entscheiden.

In der folgenden Übersicht biete ich Ihnen die wesentlichen Inhalte der einzelnen Theorien in ihrem Bezug auf die Frage nach zentralen Bedingungen für die Konfliktentstehung schematisch an.

Ursachen innerer Konflikte

	Tiefenpsychologie	Verhaltenspsychologie	Entscheidungs-, kognitive-Psychologie
Ausgangs-punkt	Unbewusste versus bewusste Motive	Beobachtbares Verhalten, Reiz-, Reaktions-Logik	Entscheidungen beruhen auf kognitiven Dissonanzen
Modelle und Bedingungen	S. Freud: Lust- versus Realitätsprinzip; Drei-Instanzen-Modell: Kampf zwischen ES, ÜBER-ICH, ICH A. Adler: Kompensation des Minderwertigkeitsgefühls durch Geltungs-, Gemeinschafts-Streben C.G. Jung: Individuation/ Selbstwerdung versus soziale Rollenanforderungen	Die unterschiedlichen Verbindungen zwischen Reiz → Reaktion: Sichtbare direkte Beziehung Sichtbare oder nichtsichtbare vermittelte Beziehung Nicht nachvollziehbare vermittelte Beziehung Konflikte resultieren aus einer Vielzahl an Reizen mit divergenten Handlungs-anforderungen, die nicht gleichzeitig realisierbar oder unvereinbar sind	Enscheidungssituationen sind konfliktbeladen, insbesondere wenn ❖ gegensätzliche, dissonante Kognitionen oder kognitive Stile ❖ mit subjektiv hoher Bedeutung ❖ zu gegensätzlichen Handlungen auffordern, diese ❖ das Selbstwertgefühl bedrohen und ❖ Entscheidungen und ihre Wirkungen als irreversibel betrachtet werden

Wodurch eskalieren innere Konflikte?

In den vorangegangenen Ausführungen haben wir zur Beantwortung dieser Frage bereits viel Vorarbeit geleistet. Deshalb mögen resümierende Hinweise genügen.

Anhand der Typologie von K. Lewin (vgl. Seite 35ff.) sahen wir, wie es dazu kommt, dass ein Annäherungs-Annäherungs-Konflikt in einen Annäherungs-Vermeidungs-Konflikt umschlägt. Das geschieht nämlich dann, wenn sich in die Chancen, die mit der Entscheidung verbunden werden, zunehmend Ereignisse oder Entwicklungen mischen, die es zu vermeiden gilt. Dieser Wendepunkt wird stets als Eskalation empfunden. Das hängt damit zusammen, dass die Furcht vor Folgen zunimmt und uns verunsichert. Das Bestreben, die optimale Entscheidung zu treffen, um die spätere Reue möglichst klein zu halten, geht über in Irritation und Ambivalenzgefühle. Das luxuriöse »Sowohl-als-auch« mutiert in ein flackerndes »Ich-weiß-nicht-recht«. Die darin offenbarte Unsicherheit kann bis hin zur Handlungsunfähigkeit führen. Damit wäre die letzte Eskalationsstufe der inneren Konfliktdynamik erreicht.

Wie es zur Verschärfung innerer Konflikte kommt

Die wesentlichen Aspekte, die innere Konflikte entstehen lassen, treiben auch die Eskalation des Konfliktempfindens voran:

❖ wenn die Verwirklichung unbewusster Motive oder bewusster Bedürfnisse erschwert, beeinträchtigt oder verhindert wird (Lust- versus Realitätsprinzip);

❖ wenn uns Gefühle von Defiziten (Minderwertigkeitsgefühle) Handlungstendenzen abfordern, die auseinander streben und uns emotional in Bedrängnis bringen, weil wir beispielsweise das, was wir »eigentlich am liebsten« täten, unterdrücken;

❖ wenn verschiedene Reize (Wahrnehmungen) zu divergenten Handlungen auffordern, die wir nicht gleichzeitig realisieren können;

❖ wenn wir etwas bei uns selbst oder von außen kommend wahrnehmen, das unser Selbstbild und Selbstwertgefühl bedroht;

❖ wenn unterschiedliche Stimmen mit unterschiedlichen Handlungsplänen gegeneinander kämpfen.

Wir sahen ferner, dass die innere Spannung, Gespaltenheit und der damit verbundene Leidens- und Handlungsdruck sich (annähernd) proportional zur Wichtigkeit des Konflikts bzw. der anfälligen Entscheidungen verhält. Je bedeutsamer ein Konflikt subjektiv ist, desto stärker stört er das Harmoniebedürfnis und desto stärker fühlen wir uns in unserem Selbstbild und seelischen Gleichgewicht beschädigt. Somit fallen die Bemühungen zunehmend engagierter aus, den Konflikt zu lösen.

Erwähnenswert ist, dass sich dieser Eskalationsprozess sowohl in der geistig-seelischen Dimension als auch physiologisch manifestiert. In Redewendungen wie »bebend vor Zorn«, »rot vor Wut«, »blass vor Angst« können Sie das erkennen.

Psychische und biologische Abläufe greifen bei der Eskalation nicht nur ineinander, sondern verstärken sich wechselseitig. Dieser Verstärkungsvorgang verdeutlicht, dass jeder Konflikt in der Person beginnt. Die psychische Erregung geht mit physiologischen Reaktionen einher, die wiederum unser seelisches Wohlbefinden stören. Bei diesen Prozessen nimmt das Gehirn als Übersetzungsinstanz eine zentrale Rolle ein. Das Stammhirn reagiert bei der Wahrnehmung äußerer Reize blitzschnell, indem es Hormone ausschüttet. Bei angenehmen Reizen produziert es Endorphine, bei unangenehmen Adrenalin und Noradrenalin. Diese bereiten uns auf Kampf/Angriff bzw. Flucht/Rückzug vor. Da der Körper in solchen Situationen schnell reagieren muss, werden die Denkfunktionen massiv eingeschränkt. (Das muss so sein; denn stellen Sie sich vor, Sie würden im Fall eines Brandes in Ihrem Büro erst überlegen, welche Akten und Disketten Sie mitnehmen sollten, oder ob es klüger wäre, das Zimmer eiligst zu verlassen, oder … oder …)

Die Eskalation zeigt sich seelisch und körperlich

Stammhirnreaktionen deuten Konfliktfälle als Bedrohung von vitalen Bedürfnissen. Sie sind existenzielle Alarmreaktionen. Da in einer solchen Situation die Bewusstseinsprozesse eingeschränkt sind, ist uns eine realitätsgerechte Prüfung und Bewertung von Sachverhalten erschwert. Wir handeln daher zunehmend affektiv oder emotional. Auch das Denken nimmt ab. Dadurch lassen wir uns verstärkt zu spontanen: un-will-kürlichen Worten und/oder Taten hinreißen, die wir später bereuen, weil wir sie »so nicht gemeint« haben.

Die Parallelität oder Komplementarität physiologischer und geistig-seelischer Prozesse führt somit zu einer zunehmenden Beeinträchtigung der Denkfunktionen. Das Denken wird einseitig und fokussiert die Negativaspekte. Schließlich werden die Denkprozesse binär: schwarz oder weiß, gut oder böse. Selbst ursprünglich neutrale Reize erhalten eine bedrohliche Bedeutung, sodass sich die Person immer mehr in Bedrängnis fühlt (»mit dem Rücken an der Wand«). Ein solcher Teufelskreis löst Handlungen aus, die »unverhältnismäßig« erscheinen. Hier bewirkt der viel zitierte letzte Tropfen das Überlaufen der Regentonne.

Welche Möglichkeiten wir nutzen können, um dies zu verringern, ist das Thema des nächsten Abschnitts.

Wie können wir innere Konflikte konstruktiv nutzen?

Wir haben verschiedene Möglichkeiten, um Konflikte konstruktiv zu handhaben. Die Interventionsmöglichkeiten richten sich nach den verschiedenen Aspekten:

Strategien zur Entschärfung und Lösung innerer Konflikte

❖ Grundhaltung,
❖ Typologie innerer Konflikte,
❖ Tiefenpsychologien,
❖ Verhaltenspsychologie,
❖ Entscheidungs- und kognitive Psychologie.

Grundhaltung

Die grundsätzliche Einstellung zu Konflikten bestimmt zum einen, wie schnell wir in einen Konflikt hineinlaufen, und zum anderen, wie wir ihm begegnen. In einem ersten Schritt hilft es also, erst einmal eine bejahende Attitüde zu entwickeln. Das können wir erreichen, indem wir die möglichen positiven oder fruchtbaren Seiten des Konflikts in den Vordergrund rücken.

Übung

Notieren Sie sich bitte zunächst einige positive Facetten von Konflikten. Ziehen Sie sowohl das innere wie das interpersonelle und soziale Konfliktverständnis in Betracht. Assoziieren Sie frei, unzensiert und ungeordnet. Wenn Sie möchten, können Sie aber auch Ihre Einfälle sofort nach den zwei Verständnisweisen gliedern. Schreiben Sie dann einfach links die »Positiva innere Konflikte« und rechts die »Positiva soziale Konflikte«.

....

....

....

Anregungen Damit Sie sich weitere Anregungen holen können, liste ich nun für Sie einige Ideen auf.

Positiva innerer Konflikte

❖ Bewusstwerden dissonanter Bedürfnisse, Ziele, Wichtigkeiten.
❖ Bewusst unterschiedliche (Handlungs-)Tendenzen spüren.
❖ Relevanzen und Präferenzen herausschälen.
❖ Gezielt mit Unstimmigkeiten auseinander setzen.
❖ Muster, Gewohnheiten, Automatismen aufbrechen.
❖ Neue Optionen eröffnen.
❖ In der Lebensgestaltung sich neu orientieren.
❖ Werte und Ideale, die für das persönliche Leben hohe und weniger hohe Bedeutung haben, identifizieren.

Positiva sozialer Konflikte

❖ Alle genannten Chancen bezüglich der Wahrnehmung innerer Konflikte.
❖ Eigene Gefühle, Gedanken, Wünsche sowie die der anderern kennen lernen.
❖ Die Möglichkeit, alte Verhaltensmuster aufzubrechen.
❖ Die Beziehungen können neu ausgerichtet und redefiniert werden.
❖ Zielprioritäten erkennen.
❖ Allgemeiner Erkenntnisgewinn und Erzielen von Lerneffekten.
❖ Soziale und emotionale Kompetenz durch wachsende Bereitschaft zu Empathie und Verstehenwollen erweitern.
❖ Kreative Lösungsfindung lernen.

Wenn es Ihnen gelingt, Vorbehalte gegenüber Konflikten abzubauen, erschließen Sie sich gleichzeitig ein reichhaltiges Verhaltensrepertoire, um im Konfliktfall zu agieren. Durch die Grundbereitschaft, Konflikte als Chance zu empfinden, wird der Grundstein für persönliche Konfliktfähigkeit sowie für konstruktive, aufbauende Konfliktbehandlung gelegt. Sie haben es selbst in der Hand!

Typologie innerer Konflikte

Der Wille, die positiven Aspekte des Konflikts zu erkennen, führt im Rahmen der Typologie innerer Konflikte dazu, dass wir bereits bei den ersten Anzeichen eines Konfliktes offen für ihn sind. Wir sind für eine »Aus-einander-Setzung« bereit. Innerhalb der Klärungsanstrengung können wir **verschiedene Zielstrategien** verfolgen:

Analysieren Sie systematisch nach Werten, Folgen und Alternativen

- ❖ Wertehierarchie bilden,
- ❖ mögliche Folgen vorwegnehmen und weitere Alternativen suchen.

Wertehierarchie bilden

Der innere Konflikt stellt uns unter Entscheidungsdruck. Um die subjektiv beste Entscheidung zu fällen, lohnt es sich, hinter die Kulisse des Konflikts zu schauen. Zunächst kann man prüfen, welche Wertvorstellungen, Gefühle und Motive den divergenten Stimmen zugrunde liegen sowie welche Hoffnungen und Erwartungen zu erkennen sind. Da Wertfragen letztendlich ausnahmslos gefühlsunterlegt sind, ist es empfehlenswert, jede Stimme mit ihrem Votum sowohl kognitiv als auch affektiv ins Bewusstsein zu überführen. Das heißt: Bei jedem Votum sollten Sie versuchen, bewusst zu spüren, welche Gefühlsregungen ausgelöst werden. Dieser emotionale Check hilft Ihnen, sich darüber klar zu werden, was stimmig (kongruent) und was nicht stimmig (inkongruent) ist. Darauf können Sie dann eine Hierarchie der Werte und Wünsche erstellen. Dies dient Ihnen dann als Entscheidungshilfe.

Machen Sie sich Ihre Werteskala bewusst

Mögliche Folgen vorwegnehmen und weitere Alternativen suchen

Intrapersonale Konflikte sind stets begleitet von Hoffnungen und Befürchtungen, Vorfreude, aber auch Angst vor Reue. Beides drückt aus, dass wir zukünftige Entwicklungen nicht prognostizieren können. Deshalb sind wir »gespannt«. Um das Eintreten der freudvollen Erwartungen wahrscheinlicher zu machen, können wir uns durch eine inspirative Methode Entscheidungshilfe holen. Imagination ist mit Fantasie und Kreativität verbunden. Sie mixt affektive und kognitive Impulse und vereinigt sie in Bildern, also Visualisierung.

Fantasieren Sie, suchen Sie Alternativen

Damit diese mentale Technik Früchte trägt, brauchen wir einen Moment der Ruhe oder Muße, um uns versenken zu können. Wir schalten vom Alltag ab, blenden Ablenkungen aus und widmen uns jeder Stimme einzeln. Wir sehen, hören, spüren (und riechen vielleicht sogar) jedes Detail in der Szenerie, die die Stimme in uns erzeugt. Dabei tun wir so, als hätten wir bereits eine Entscheidung getroffen. Die Logik dieses Vorgehens entspricht dem »Angenommen, ich hätte mich für diese eine Option entschieden … – Was bewirkt sie für mich und für mein persönliches Umfeld? – Mit welchen Wirkungen bin ich einverstanden, welche will ich nicht?« Um diese Fragen nicht nur mit dem nüchternen Verstand zu stellen und systematisch zu deklinieren, kleiden wir sie in eine Geschichte, die wir erleben (!): Wir versetzen uns in jede Sequenz mit allen Sinnen und ganzer Fantasie und durchleben sie. Auf diese Weise täuschen wir unserem Gehirn eine Realität vor, zwingen es, sich damit zu beschäftigen. Somit geben wir uns selbst Entscheidungshilfe.

Lesen Sie dazu auch das Buch von Rolf Kretschmann »Die Kraft der inneren Bilder«

Tiefenpsychologien

Im Sinne der Psychoanalyse vermittelt das Ich zwischen den unreflektierten Bedürfnissen des Es und den disziplinierenden Forderungen des Über-Ichs. Deshalb müssen wir uns anstrengen, eine souveräne Ich-Instanz auszubilden. Dies tun wir, indem wir die (Trieb-)Wünsche anerkennen, grundsätzlich bejahen und gleichzeitig begreifen, dass ihre Verwirklichung zu einem späteren Zeitpunkt angemessener ist als im Hier und Jetzt. Dieser Befriedigungsaufschub trägt dem Es Rechnung. Denn seine Impulse werden berücksichtigt. Auch das Über-Ich ist zufrieden, da die Triebbefriedigung auf eine Gelegenheit verschoben ist, die dem Über-Ich zulässig erscheint. So lauschen wir beispielsweise nicht im Büro unserer Lieblingsmusik, sondern zu Hause.

Eine weitere Option ist die der Sublimierung. Das heißt: Wir überführen die Lust-Impulse in eine vom Ich und von der sozialen Umwelt akzeptierte Form.

Wir agieren unseren Bewegungsdrang am Arbeitsplatz so aus, dass wir mehrere Möglichkeiten des sitzenden und stehenden Arbeitens haben (Lehnstuhl, Drehstuhl, Kniestuhl, Sitzball, Stehpult usw.).

Empfinden wir uns als minderwertig, etwa weil alle Kolleginnen oder Kollegen im Gegensatz zu uns akademisch gebildet sind, können wir Wege suchen, das Minderwertigkeitsgefühl zu reduzieren. Beispielsweise geschieht dies dadurch, indem wir:

❖ uns eigene Stärken und Leistungen bewusst machen;

❖ in den Kategorien von Andersartigkeit anstatt von Unter- und Überlegenheit denken;

❖ Anstrengungen unternehmen, auf einem fachlichen Teilgebiet besonders zu glänzen und als Expertin bzw. Experte zu gelten;

❖ kritisch den fachlichen und sachlichen Stellenwert der akademischen Bildung im Zusamenhang mit der Aufgabe betrachten.

Suchen Sie nach Stärken und Potenzialen

Die Individualpsychologie C.G. Jungs macht uns darauf aufmerksam, dass es klärend sein kann, die pragmatischen Gefilde des Alltags zu verlassen und nach dem subjektiv höheren Sinn des Lebens zu fragen. Diese Befragung gibt an, welche Werte und Handlungen persönlich von besonderer Bedeutung sind. Sie unterstützt das Bemühen, den Alltag und innere Konflikte durch Präferenzbildung zu bewältigen und letztlich das höhere Selbst zu entfalten. Dabei können uns beispielsweise Tagträume genauso assistieren wie private Rituale oder die Mitgliedschaft in metaphysischen Zirkeln.

Verhaltenspsychologie

Eine beliebte, weil nahe liegende Intervention ist das Vermeiden: Wir setzen uns erst gar nicht der Versuchung aus, zwischen unvereinbaren Reizen und Handlungstendenzen entscheiden zu müssen. Dieser Strategie wohnen jedoch maßgebliche Nachteile inne. Erstens: Das Vermeiden oder Ausweichen ist nicht immer möglich. Zweitens: Die Angst, der Versuchung zu erliegen, lässt die Kreise und Situationen anwachsen, die wir meiden. Die Vermeidungsstrategie führt folglich dazu, unseren Bewegungsraum sukzessiv einzugrenzen. Wenn überhaupt, hilft sie nur dann, wenn es sehr seltene und eingeschränkte Szenen sind, die hohe Verführungskraft und damit großes Konfliktpotenzial in sich bergen. Empfehlenswerter sind daher zwei andere Strategien. Die eine bezieht sich darauf zu lernen, Interferenzen zu erkennen. Das bedeutet, sich eines inneren Konfliktes dadurch bewusst zu werden, dass wir die eigene Verhaltensweise als Resultat gegenläufiger Neigungen entlarven.

Vermeiden Sie das Vermeiden!

Ein alltägliches Beispiel ist das halbherzige oder gebremste Engagement. Beispielsweise kann es sein, dass wir »eigentlich« die Aufgabe in einem Projekt als persönliche Herausforderung betrachten und sie gern ausführen. Gleichzeitig aber hegen wir gegen die Projektleitung ungute Gefühle und mögen sie nicht. Resultat: halbherziger Einsatz als Zusammensetzung aus innerer Motivation und Antipathie.

Die zweite Strategie bezieht sich auf den Umstand, dass Reizeindrücke und die ihnen zugeschriebene Bedeutung nicht nur von außen, sondern auch von innen, nämlich von Wünschen, Stimmungen, Launen, spontanen Assoziationen usw. herrühren. Dieses Wissen um die exo- und endogene Bedingtheit können wir nutzen. Die grundlegende Idee lautet: Wir suchen nach Chancen (etwa am Arbeitsplatz), wo wir sowohl inneren Bedürfnissen als auch äußeren Anforderungen gerecht werden. Wir versuchen, das Verhältnis zwischen beiden Realitätsmodalitäten subjektiv »stimmiger« zu machen.

Der Wunsch, an Souveränität zu gewinnen, kann im Berufsumfeld zum Zuge kommen, indem wir entsprechende Foren suchen. Etwa: eine Diskussion zu moderieren, Vorträge zu halten oder sonst an die Öffentlichkeit zu treten.

Entscheidungs- und kognitive Psychologie

Prüfen Sie Ihre Anliegen

Prinzipiell haben wir folgende **Optionen**, innere Konflikte zu entschärfen bzw. zu lösen. **Erstens**: Wir können eigene Ansprüche und Ziele, persönliche Wünsche und Prioritäten, Einstellungen und Verhaltenorientierungen ändern.

Eine Chefin, die gerade eine neue Abteilung übernommen hat, steht in dem inneren Konflikt: Sie möchte sofort und ohne Absprache mit ihren neuen Mitarbeiterinnen und Mitarbeitern eine neue Marktstrategie umsetzen, um der Geschäftsleitung schnell Erfolge zu zeigen. Die Zeit drängt, Diskussionen aber kosten Zeit. Also keine Diskussion in der Abteilung! – Gleichzeitig möchte sie, dass die neue Crew hinter ihr und der neuen Strategie steht. Also: Doch Diskussion! – Die Marketingchefin kann nun ihren Anspruch an das Tempo der Umsetzung der Strategie korrigieren und statt drei beispielsweise sechs Wochen ansetzen. Diese Änderung bedingt eine Korrektur ihrer Präferenzen, präziser gesagt: ihrer Erstpräferenz, nämlich der Geschäftsleitung zu beweisen, dass diese die richtige Personalwahl getroffen hat.

Zweitens können wir prüfen, ob wir Elemente im Umfeld unseres Handelns zu ändern vermögen.

Der Chef eines Teams bemerkt seit einigen Wochen, dass sich Teammitglieder zunehmend über ihre Büros beklagen. Die Klagen beziehen sich darauf, dass sich die Büros im Kellergeschoss des Gebäudes befinden, dunkel sind und den Kontakt zu anderen Abteilungen und Teams erschweren. Der innere Konflikt im Chef wird durch die verschiedenen Interessen erzeugt.

Einerseits eröffnet die Lage der Büros ein selbstständiges Arbeiten ohne Versuche »von oben«, hineinregieren zu wollen, da der Kontakt gering ist. Andererseits ist er verantwortlich dafür, dass seine Mitarbeiter sich wohl fühlen und effizient arbeiten können. Dazu gehört aber auch der Kontakt zu anderen Abteilungen und Teams. – Er kann den inneren Konflikt beispielsweise dadurch entschärfen, dass er sich um andere Büroräume bemüht. Oder er kann dafür sorgen, dass zumindest das Kontaktbedürfnis realisiert wird, etwa indem er regelmäßige Diskussionsrunden ins Leben ruft.

Drittens: Wir können in einem inneren Konflikt neue kognitive Elemente hinzufügen, um das Gewicht der dissonanten zugunsten der konsonanten Elemente zu verschieben.

Die Marketingleiterin im ersten Beispiel könnte sich gruppendynamische Erkenntnisse ins Gedächtnis rufen, um ihre Entscheidung zu treffen. Beispielsweise könnte sie der Erkenntnis folgen, dass eine Machtentscheidung (Durchsetzen ihrer Strategie ohne Abstimmung mit den Mitarbeitern) kurz- wie langfristig Konflikte programmiert. Daher ist es klüger, zunächst Vertrauen und Akzeptanz aufzubauen.

Alle drei Strategien wirken »heilend«: Sie helfen, in einem Konflikt wieder handlungsfähig zu werden – und zwar in einem gewollten, anvisierten Sinn.

Ein Appell an Sie!

Zusammenfassung

Die resümierenden Bemerkungen formuliere ich in diesem Fall als *Appell*:

❖ Rufen Sie sich die positiven Seiten eines inneren Konfliktes ins Bewusstsein und konzentrieren Sie Ihre Energien auf diese.

❖ Halten Sie eine Art Konferenz der divergenten Stimmen ab (Schulz von Thun). Lassen Sie jedes innere Votum ausführlich zu Wort kommen und befragen Sie jede innere Partei nach deren grundlegenden Motiven. Legen Sie eine Präferenzfolge fest.

❖ Lernen Sie, Ihre Befürchtungen der etwaigen Konsequenzen von Entscheidungen zu beherrschen. Schreiben Sie zu jeder inneren Tendenz eine Zukunftsgeschichte, visualisieren Sie diese und durchleben Sie sie mit allen Sinnen.

❖ Prüfen Sie, welche Möglichkeiten Sie haben, um Handlungstendenzen (Motive, Bedürfnisse, Interessen) zu verwirklichen. Seien Sie dabei fantasievoll und kreativ. Beleuchten Sie die Konfliktsituation aus den unterschiedlichsten Perspektiven.

❖ Reflektieren Sie, welche Bedeutung die Faktoren, die zu dem inneren Konflikt führen, für Sie, Ihr Selbstwertgefühl und Ihren Lebensentwurf haben. Richten Sie Ihre Entscheidung an dieser Vision aus.

❖ Nutzen Sie Ihr Wissen um die endo- und exogenen Einflüsse, die zu inneren Konflikten führen. Rufen Sie sich in Erinnerung, dass Stimmungen, Launen, Tagesform und Wünsche, Einstellungen, Erfahrungen einerseits und Regeln sozial erwünschten Verhaltens andererseits innere Konflikte erzeugen. Analysieren Sie das Verhältnis zwischen den Einflüssen und wählen Sie Ihren Schwerpunkt.

❖ Überlegen Sie gründlich, welche Änderungen in Ihren Einstellungen, Ansprüchen, Zielen die Wahrscheinlichkeit erhöhen, die von Ihnen gewünschten Wirkungen zu zeitigen.

❖ Suchen Sie nach neuen Impulsen, Informationen oder Perspektiven, um die Argumente für oder gegen innere Voten zu stärken, um mutiger und sicherer in der Entscheidungsfindung zu werden.

❖ Betrachten Sie innere Konflikte als normal. Anerkennen und bejahen Sie, dass Kopf und Herz, Verstand und Seele nach differenten Logiken leben. Forsten Sie nach Synergien – und ertragen Sie es mit hoffnungsfroher Gelassenheit, wenn die Gegensätze bleiben. Erleben Sie sie als Bereicherung. Entscheiden Sie sich durchaus einmal für das Risiko, sich emotional verleiten zu lassen.

Fallstudien

Da in den vorangegangenen Abschnitten jede wichtige Erkenntnis zu Konfliktgenese, -art, -eskalation und Intervention mit Beispielen unterlegt ist, mögen zwei Fallsituationen genügen, um den Zusammenhang der Erkenntnisse und ihre Anwendung zu illustrieren.

Ich werde Ihnen jeweils eine Fallsituation schildern und nahe liegende Fragen formulieren. Zu diesen bitte ich Sie, sich jeweils übungsweise Notizen zu machen, bevor Sie meine Stichworte dazu lesen. Ich möchte betonen, dass die analytischen, diagnostischen und therapeutischen Schritte eine Auswahl aus einem vielfältigen Repertoire möglicher Umgehensweisen und daher keineswegs erschöpfend sind. Sie sollen Initialzündungen entfachen und Möglichkeiten des Übens oder Experimentierens bieten. Schlagen Sie also durchaus die vorangegangenen Abschnitte zu den Stichworten der Fragestellungen nach, damit sich einige Erkenntnisse im Repertoire verfügbaren Wissens niederlassen können.

Als Bezugsrahmen für die Auswahl von Fragen, Aspekten, Perspektiven und Antworten dient mir die Praxis in Coaching, Beratung und Training. Insofern gehen wir den Mittelweg: Wir speisen theoretische Erkenntnisse in pragmatisches Umgehen mit praktischen Konflikten ein.

Experimentieren Sie mit Ihrem Wissen: Fallstudien

Fallstudie: Gratwanderung

Vor vier Jahren trat Herr L. ins obere Management einer mittelständischen Firma (1.500 Mitarbeiter) ein. Er gilt als ausgewiesener Experte auf seinem Fachgebiet und als gutmütige Führungskraft. Er ist aufgrund seines eher introvertierten und sachlichen, gleichzeitig sehr freundlichen Auftretens und seiner Hingabe an die Arbeit außerordentlich beliebt.

Als Herr L. in das Unternehmen eintrat, wusste er um dessen prekäre Situation. Er wusste ferner, dass die Abteilung, die er führen sollte, personell unterbesetzt ist und daher überdurchschnittliches Engagement erforderlich sein würde, um mit dem Team erfolgreich zu sein. Er hatte sich darauf eingelassen, weil ihm das Entwicklungsprojekt die Möglichkeit bot (und bietet), eine andernorts begonnene Forschung fortzusetzen.

Herr L. hatte sich bei der Zusage also darauf eingestellt, hohen Anforderungen, Leistungs- und Zeitdruck ausgesetzt zu sein. Aber was seit zweieinhalb Jahren mit wachsender Tendenz geschieht – das überstieg sein Vorstellungsvermögen. Unter der Devise »Mehr Produktivität mit weniger Mitarbeitern« stiegen Druck und Arbeitsbelastung stetig an. Dennoch ist er »eigentlich« entschlossen durchzuhalten.

Herr L. lebt seit sechs Jahren mit seiner Partnerin zusammen und ist Vater eines dreijährigen Kindes. Für beide findet er immer weniger Zeit. Ihm wird zunehmend bewusst, dass er beide, Frau und Kind, sträflich vernachlässigt. Herrn L. belastet, dass die Stimmung zwischen seiner Frau und ihm immer gereizter wird und Entfremdungszeichen zunehmen. Schmerzvoll registriert er, dass er die Fortschritte seines Kindes kaum miterlebt. Ebenso leidet seine Beziehung zu seinem Freundeskreis.

Herr L. bemerkt sehr wohl, dass der Leidensdruck – er äußert sich inzwischen auch körperlich – ein Ausmaß erreicht hat, das es ihm unmöglich macht, ihn abzuschütteln, zu übergehen oder sich ihm zu entziehen. Hinzu kommt, dass in ihm die Furcht wächst, seine Frau könnte eine ultimative Forderung an ihn richten: Firma oder Familie.

Übung

1. Bitte beleuchten Sie die zentralen Aspekte dieses intrapersonalen Konflikts: Was gerät in Herrn L. in Konflikt und warum?

....

....

....

....

....

Welche Grundannahmen und Überzeugungen, welche Motive, Gefühle und Kognitionen spielen eine wichtige Rolle?

....

....

....

....

....

2. Nach der Analyse widmen Sie sich bitte der Frage, zu welchen Strategien Sie Herrn L. raten würden. Bitte beachten Sie dabei, dass es um die Handhabung des **inneren** Konflikts geht!

....

....

....

....

....

Anregungen

Im Folgenden formuliere ich einige, meines Erachtens wesentliche Stichworte, die im Rahmen der Analyse und Handhabung zu bedenken sind.

Zur 1. Fragerichtung:
Man kann sagen, dass sich Herr L. in einem Annäherungs-Vermeidungs-Konflikt befindet. Er möchte sowohl Freude mit seiner Familie haben als auch sich in der Arbeit engagieren. Beide Pro-Gesichtspunkte haben negative Konsequenzen: Mehr Zeit und Hingabe an die Familie geht zulasten des Arbeitseinsatzes. Sein überdurchschnittliches Engagement im Projekt geht zulasten der Familie. Insofern kann man auch formulieren: Das Lustprinzip (Frau und Kind genießen, sich im Projekt entfalten) wirkt sowohl privat als auch beruflich.

Das Über-Ich nimmt gleichzeitig seine Pflichten ernst: gegenüber der Familie wie auch der Arbeit. Daher bahnt sich das Dilemma an, das auch als Gewissenskonflikt definiert werden kann; denn Herr L. hat sowohl Ansprüche an Familien- als auch an Arbeitswerte.

Offensichtlich hat Herr L. diesen inneren Konflikt einige Zeit durch Verdrängung im Verborgenen gehalten. Das Verdrängen – und damit der Versuch, den Konflikt nicht an die Oberfläche kommen zu lassen, bezieht sich auf mehrere Aspekte: auf eigene Wünsche oder Sehnsüchte nach einem glücklichen Familienleben und freundschaftlicher Geselligkeit; auf die Brisanz, die den Stand seiner Ehe als krisenhaft bezeichnen lässt; auf die Tendenz, der Konfrontation mit seiner Frau auszuweichen; auf seinen angeschlagenen Gesundheitszustand; eventuell auf Veränderungen in seiner Arbeitsorganisation oder seinen Einsatz im Projekt.

Die Neigung zu verdrängen, wurde gefördert durch seine Introvertiertheit und sein Bemühen, ihn beschäftigende Dinge mit sich allein auszumachen. (Introvertiertheit kann dazu führen, den kommunikativen Austausch mit anderen zu vermeiden.)

Die Eskalation des inneren Konflikts rührt zum Teil von innen, zum Teil von außen. Von innen: körperliche Symptome und gesundheitliche Beeinträchtigungen; Grad der inneren Anspannung und Belastung sowie der Furcht, seine Ehefrau könnte ihn vor ein Ultimatum stellen. Kurz gesagt: Die Krisenhaftigkeit und der Leidensdruck lassen sich nicht mehr verdrängen.

Das hat vermutlich dazu geführt, dass sich neben der emotionalen Belastung auch kognitive Elemente in den Vordergrund geschoben haben, nämlich die Einsicht, an der Grenze der Leistungsfähigkeit und der Spannung in der ehelichen Beziehung angekommen zu sein. Dies mündet in die Erkenntnis, seinen ethischen Ansprüchen, seiner Pflichterfüllung weder im Beruf noch in der Familie optimal nachkommen zu können. Damit verknüpft sind Wünsche: nach einem harmonischen Eheleben und nach dem Miterleben, welche Fortschritte das Kind macht.

Zur 2. Fragerichtung:

Das primäre Ziel, einen intrapersonalen Konflikt zu »lösen«, liegt darin, innere Klärung zu erhalten und bewusst Präferenzen zu bilden, um Handlungsfähigkeit zu gewinnen. Die Präferenzbildung entscheidet darüber, worin die praktische und nach außen wirkende Zieldefinition besteht sowie darüber, welche Maßnahmen zu ergreifen sind. Mögliche Empfehlungen wären:

Herr L. sollte sich die Positiva seines inneren Konflikts bewusst machen, sodass sein Mut zu einer offenen inneren Auseinandersetzung wächst.

Die Manifestation des Konflikts (also seine Offenlegung) ermöglicht es ihm, seine Situation und seine Werthaltungen bezüglich Arbeit und Familienleben bzw. die Rollen als Vater und Ehemann kritisch zu reflektieren; ferner seinen Lebensentwurf zu betrachten; seine Werthaltungen und das, was ihm sinnhaft und erstrebenswert erscheint, an dem zu spiegeln, wie sich seine Situation darstellt und was er faktisch tut; Interferenzen zu erkennen (also »Halbherzigkeiten«, »innere Bremsen«), somit seinen »eigentlichen« Gewichtungen auf die Schliche zu kommen und eine Werte- und Handlungshierarchie zu entwerfen.

Danach gilt es, die skizzierten Gewichtungen und Rangfolge in der konkreten Vorstellung zu überprüfen. Mit anderen Worten: via Imagination bzw. Visualisierung oder Sich-Versenken mit der ganzen Vielfalt der Sinne die Zukunft mental zu durchleben. Herr L. sollte jedes Szenario gesondert durchspielen (»Was würde passieren, wenn ich …?«), weil nur die isolierte Betrachtung zur Klärung führt und innere spontane Reaktionen sich besser zuordnen lassen. Herr L. sollte bei dem inneren Erleben genau auf dissonante Gefühlsreaktionen achten und ihnen sofort nachgehen: Wo tauchen sie auf? Was signalisieren sie? – Gegebenenfalls muss er seine Wertehierarchie und Präferenzbildung noch einmal überprüfen.

Am Ende dieser Bemühungen, deren Ziel es ist, sich selbst klar(er) zu werden über das, was ins Dilemma geführt hat und über das, was Herr L. »wirklich« möchte, ist das Fundament für die Zieldefinition gelegt und es können praktische Konsequenzen überlegt werden.

Mit der erfolgreichen, sprich: subjektiven Überzeugung, den Klärungs- und Hierarchiesierungsprozess abgeschlossen zu haben, ist der Hauptteil des inneren Konflikts gelöst. Denn das Essenzielle dieses Konflikts zeigt sich in der vermeintlich gleichwertigen Bedeutung unterschiedlicher Willens- und Handlungsimpulse. Der Abschluss des Klärungsprozesses ist der Schlusspunkt im Hin- und Hergerissensein in dem Sinn, dass die Dissonanz aufgelöst, zumindest aufgeweicht und Erleichterung zu spüren ist.

Im nächsten Schritt geht es darum, das Resultat der Klärung zu definieren, das heißt: das Ziel, das Herr L. erreichen möchte, um im weiteren Verlauf die damit verknüpften Handlungsstrategien oder Maßnahmen zu bestimmen.

❖ Dieser Prozess beginnt mit dem inneren Dialog. Nehmen wir an, dass Herr L. die Entscheidung trifft, sein Familienleben habe oberste Priorität. In seiner Imagination sollte er jetzt die Vorwegnahme möglicher Folgen erproben. Er sollte sich jedes Mal fragen, ob die in der Fantasie eintretenden Konsequenzen für ihn »stimmen« oder nicht, ob er mit ihnen einverstanden ist oder nicht und welchen Preis er bereit ist, für sie zu zahlen. Sobald sich über diese inneren Feedbackschlaufen emotionale und/oder kognitive Unstimmigkeiten einstellen, sollte er seine Entscheidungen überprüfen und gegebenenfalls Alternativen durchspielen.

❖ Nachdem er für sich selbst (relativ klar) weiß, was für ihn erstrebenswert ist, hat sich der innere Konflikt entschärft. Um den sozialen Anteil des Konflikts behandeln zu können, muss er nach außen treten und das Gespräch mit seiner Frau ebenso suchen wie das Gespräch mit Vorgesetzten und seinen Mitarbeitenden. Diese Gespräche können der Beginn eines leichteren Lebens sein, aber auch eines interpersonellen bzw. sozialen Konflikts sein.

Fallstudie: Beförderung

Vor gut drei Jahren fusionierten die traditionsreichen Firmen A und B. Die Fusion bedeutete das Ende einer langjährigen Geschichte enger Zusammenarbeit der Firmen und lag nahe, weil A und B zwar unterschiedliche Produkte, allerdings für dasselbe Endprodukt herstellen (das andere Firmen produzieren).

Die Fusion zum Unternehmen AB führte zu zahlreichen Umstrukturierungen und Personalabbau sowie zu Zusammenlegungen von Abteilungen und Teams. Offensichtlich war, dass die Firma B bei diesen Veränderungen schlechter abschnitt als A.

Frau S. arbeitete im Alt-Unternehmen A sieben Jahre lang. Das Team, in dem sie aktuell mitwirkt, zählt acht Personen. Die Gruppe gehört zur Abteilung X, die 23 Mitarbeiterinnen und Mitarbeiter, darunter mehrere Teamleiter, umfasst. Vor einigen Stunden bat der Abteilungschef Frau S. um ein Gespräch, in dem er ihr anbot, Leiterin einer in den nächsten zwei Monaten neu zu gründenden Abteilung zu werden. Er gab ihr eine Woche Bedenkzeit.

Die Abteilung in spe wird aus den Mitgliedern des Teams, dem Frau S. bereits seit zwei Jahren angehört, und Kolleginnen und Kollegen aus dem Alt-Unternehmen B zusammengestellt. Die Zusammenlegung dieser Teams wird seit Monaten diskutiert, sodass Frau S. davon nicht überrascht ist. Überrascht ist sie allerdings von dem Angebot, die Abteilung zu führen.

Frau S. ist hocherfreut, diese Funktion zu erhalten. In ihrer Freude über das Vertrauen in ihre Führungskompetenz hat sie sich innerlich ganz spontan bereits für ein Ja entschieden. Seit dem Gespräch kreisen ihre Gedanken um ihre zukünftige Arbeit und malt sie sich aus, was sie alles verändern will. Frau S. ist sehr ehrgeizig und das Angebot passt gut in ihre persönliche Karriereplanung.

Einerseits also vollführt sie innere Luftsprünge und erzählt am Abend ihren Freunden und ihrer Familie stolz und begeistert von dem Angebot. Während im vertrauten Kreis beim Abendessen die neue Funktion gefeiert wird, ertappt sich Frau S. dabei, wie sich in ihre Vision der zukünftigen Abteilungsführung leise Zweifel einschleichen. Zunächst schiebt sie sie weg. Aber die skeptischen Stimmen in ihr werden immer lauter und eskalieren in einem Streit mit den zuversichtlichen Voten: »Chefin zu sein ist gut und schön. Aber wie soll ich meinen ehemaligen Kollegen und Kolleginnen entgegenkommen? – Ach komm, das schaffst du doch mit links! – Außerdem sind vier darunter, die schon viel länger in der Firma sind als ich! – Na und? Seit wann ist das ein Qualifikationsmerkmal? – Und was ist mit den neuen Leuten? Einige sind ebenfalls älter als ich! – Und dann die unterschiedlichen Kulturen! Bei uns herrschte immer ein salopper und kollegialer Stil, auch Improvisationen waren erlaubt. Bei B weiß ich, dass die Leute patriarchalisch geführt wurden, sich streng an Regeln orientierten, also unselbstständiger und hierarchiegläubiger sind. Zu allem Überfluss kommen sich die Leute von B sowieso einverleibt von uns vor! – Dann wendest du eben all deinen Charme und deine Überredungskünste an. Außerdem: Wenn du locker mit denen umgehst und die merken, dass sie selbstständiger arbeiten dürfen, werden die schon ganz von selbst mitziehen! Sind ja schließlich erwachsene Menschen! – Ach du meine Güte, die Vorzeichen stehen wirklich denkbar schlecht! – Ob ich das Angebot wirklich annehmen soll? Aber was, wenn nicht? Schließlich will ich ja vorankommen. Und ich habe bisher immer alles geschafft, was ich mir vorgenommen habe! Also muss ich's versuchen! Andererseits: Vielleicht warte ich noch auf eine zweite Gelegenheit. Bei uns wird ja ständig umstrukturiert. Da werde ich nicht lange warten müssen. Das heißt: Kommt drauf an, wie ich meine Ablehnung begründen würde. Es darf ja nicht der Eindruck entstehen, ich traute mir den Job nicht zu! …«

Mit diesem Hin und Her an Gefühlen und Gedanken verbringt Frau S. die Nacht. Sie beschließt, in spätestens zwei Tagen, vor Ablauf der offiziellen Frist also, die Entscheidung zu fällen.

Übung

1. Bitte notieren Sie, wie sich Ihnen die innere Konfliktlage von Frau S. darstellt. Greifen Sie bei Ihrer Beschreibung und Analyse insbesondere auf folgende Aspekte zurück:

    -   Anzeichen des intrapersonalen Konflikts,
    -   Überzeugungen, Hoffnungen, Wünsche, Ängste,
    -   Selbstbild, Selbstwertgefühl, Minderwertigkeitsgefühl,
    -   Lust-, Realitätsprinzip/Ich-Instanzen,
    -   Lernvergangenheit,
    -   Reue,
    -   Emotionen und Kognitionen,
    -   Eskalationsdynamik.

    ....

    ....

    ....

    ....

    ....

    ....

2. Danach entwerfen Sie bitte Empfehlungen, die Sie Frau S. geben würden, um mit dem inneren Konflikt konstruktiv umzugehen. Beachten Sie, dass Sie dafür jeweils Ziele definieren müssen.

    ....

    ....

    ....

    ....

    ....

    ....

Anregungen

Im Folgenden erhalten Sie wieder von mir zentrale Aspekte, um den intrapersonalen Konflikt analytisch zu beleuchten und lösen zu können. Das primäre Ziel ist es, Präferenzen zu klären. Das darauf aufbauende Handlungsziel ist dann die Entscheidung. Ich wähle in diesem Fall die Zieldefinition: Angebot annehmen, um so dem Karriereplan näher zu rücken.

Zur 1. Fragerichtung
Anzeichen des intrapersonalen Konflikts: Innere Verwirrungen; Hin- und Hergerissensein im Für und Wider; Mischung von Freude, Stolz, Mut mit Angst, Verunsicherung; innerer Unruhe, Unsicherheit, Selbstzweifel.
Überzeugungen, Hoffnungen: Selbstbild/Selbstwertgefühl/Minderwertigkeitsgefühl; Lust-, Realitätsprinzip/Ich-Instanzen: Freude und Stolz sind primär affektiv besetzt. Das heißt: Es-Impulse nach Prestige, Einfluss, Kreativität, Lust an Gestaltungsmacht. Damit ist die Option gegeben: Es- und Ich-Impulse zu vereinigen. Das Selbstbild und Selbstwertgefühl (»Ich bin kompetent und eine geeignete Führungskraft.«) werden sowohl bestätigt als auch bestärkt (Eustress-Hormone, also Endorphine, Abbau von Negativstress). Ferner ist ein Arrangement von Lust- und Realitätsprinzip bzw. der Impulse der drei Ich-Instanzen möglich: Einflussstreben (Es, Über-Ich) plus Bereitschaft, Verantwortung zu übernehmen und soziale Anerkennung zu erhalten (Über-Ich) durch die Führungsfunktion (Ich-Leistung).
Angst und Unsicherheit: Selbstbild und Selbstwertgefühl als kompetente, durchsetzungsfähige Mitarbeiterin sind bedroht durch Überlegungen wie: ältere Kollegen; zum Teil länger in der Firma (»alte Hasen«). Dies lässt befürchten, den Anforderungen der Mitarbeiterführung nicht gewachsen zu sein. Zudem Furcht: das Bedürfnis nach Zugehörigkeit nicht leben zu können, weil der Rollenwandel von der Kollegin zur Chefin die Gefahr der Isolierung in sich birgt. Außerdem ängstigen die Gedanken an die unterschiedlichen Unternehmenskulturen, eventuell das »Zusammenführen der Kulturen« nicht zu schaffen. Unsicherheit ferner durch die Vision, das Angebot abzulehnen, da davon das Signal ausgehen könnte: »Ich bin zu schwach, eine solche Herausforderung anzunehmen.« Zu den Themen Außenwirkung, Imagebildung, Zutrauen in ihre Kompetenz tritt das Thema Laufbahnplanung.
Reue: Offensichtlich befindet sich Frau S. in einem Annäherungs-Vermeidungs-Konflikt: Das Verbleiben im Team befreit sie von den Ängsten, steht aber dem Karriereziel im Wege. Gleichzeitig ist die Annahme des Angebots befrachtet mit der geschilderten Ambivalenz und den skizzierten Ängsten.

Andererseits eröffnet sich die Verwirklichung der angestrebten Karriere. – Der Reuefaktor ist hoch, weil sich konsonante und dissonante Faktoren (Argumente, Gefühle) fast gleich verteilen. Eine Präferenzbildung wird verhindert. Damit sind Selbstbild und Selbstwertgefühl bei einer »falschen Entscheidung« in akuter Gefahr (= große Reue).

Lernvergangenheit: Hier geraten unterschiedliche Schlussfolgerungen aus bereits Erlebtem in Konflikt. Einerseits das Bewusstsein, in der Vergangenheit alles geschafft zu haben, was sie sich vorgenommen hat. Dies ruft angenehme Gefühle der Souveränität hervor. Andererseits weiß sie, dass sie es mit zahlreichen neuen, also unbekannten Variablen zu tun haben wird (ältere, erfahrenere Mitarbeitende, Rollenwechsel, differente Kulturen, Führungsverantwortung). Dies fördert die Vorstellung und das Gefühl des Anwachsens von Ungewissheit, Unplanbarkeit, unbeabsichtigten Ereignissen. Dies charakterisiert die Angst vor dem Verlust an Steuerungs- und Kontrollkompetenz.

Eskalationsdynamik: Diese ist erkennbar an dem Spannungsbogen: helle Freude, Stolz, Gestaltungsfantasien und spontane Affirmation (Angebot annehmen) über zunehmende Verunsicherung durch kritische innere Stimmen, wachsende Beunruhigung bis hin zum Szenario, das Angebot abzulehnen.

Zur 2. Fragerichtung

Werte- und Sinnreflexion, Präferenzbildung: Gedanken und Gefühle werden sortiert, indem Gefühle und Kognitionen pro Verbleib im Team bzw. pro Angebotsannahme notiert werden, ebenso Auflisten der Kontra-Seite. *Innere Konferenz abhalten*: Jede Seite erhält die Chance, ihr Plädoyer zu formulieren und zu begründen. *Reflexion*, welche Bedeutung oder welchen Stellenwert die Vorteile für den Verbleib im Team in Selbstbild und Selbstwertgefühl und im Lebensentwurf haben. Das gleiche Verfahren der Gewichtung sollte Frau S. auf die Wahrnehmung der Führungsfunktion anwenden. Überprüfen des Resultats durch die imaginierte Reise anhand der Fragen: »Was würde passieren, wenn …?«, und »Was würde passieren, wenn nicht …?« *Wiederholen der Sinnfrage* und anschließend Festlegen der Wert- und Präferenzfolge.

Grundsatzentscheidung: Damit fällt die Grundsatzentscheidung, der essentielle Anteil des inneren Konflikts ist gelöst. Jetzt folgt die Wende: Definition des Ziels, Bestimmen der Maßnahmen, die das Ziel verwirklichen helfen.

Umgang mit innerern Konflikten: Gemäß dieser Festlegung entwickeln wir das Verfahren im Umgang mit inneren Konflikten an dem Ziel: »Angebot annehmen«. Um damit eine Hürde in der persönlichen Laufbahnplanung zu überwinden, gilt es für Frau S., das Risiko, das sie eingeht, zu minimieren.

Folglich sollte sie klären, welche Emotionen, Kognitionen und Handlungsbereitschaften es erleichtern, das Risiko des Scheitern zu reduzieren.

Innere Einstellung: Grundsätzlich gilt: »Wer wagt, kann gewinnen.« Bezogen auf das Selbstbild und das Selbstwertgefühl heißt das: »Der Wert meiner Person hängt nicht an der gelungenen Ausübung der Führungsfunktion. Dass ich den Mut habe, ins kalte Wasser zu springen, zeichnet mich schon aus.«

Mut: Die Devise sollte lauten: »Blamiere dich täglich mindestens einmal« und »Fehler sind Chancen«. Selbstdistanz, über sich selbst lachen und aus Fehlern gern lernen zu können sind Elemente, die den Mut zum Risiko fördern.

Lernbereitschaft: Grundsätzlich gilt, dass Fehler als Chance für Verbesserungen zu begreifen sind. Entsprechend zeichnet sich das Selbstbild als Lernende ab. Gepaart mit dem Gedanken, dass Lernen ohne Fehler unmöglich ist, wird Lernfreude mobilisiert. Speziell und konkret für Frau S. heißt das: Sie sollte sich über das neue Team und dessen Kultur informieren. Sie sollte alle zukünftigen Mitarbeiter im Vorfeld aufsuchen, Fragen stellen, zuhören und so Befürchtungen und Hoffnungen aufnehmen. Ferner könnte sie nach Mentoren Ausschau halten und diese kontaktieren. Außerdem sollte sie Literatur zu den Themen Führung und Unternehmens- bzw. Teamkulturen lesen, um sich Fachwissen anzueignen. Schließlich könnte sie einen Kennlern-Workshop außerhalb der Firma organisieren und Wünsche und Hoffnungen sowie Befürchtungen sowie auch ihre Führungsphilosophie diskutieren lassen.

Abschlussphase: Frau S. sollte sich in die verschiedenen Szenerien hineinversetzen, alles genau sehen, hören, fühlen. Dabei sollte sie auf dissonante Gefühle achten (»Wo stimmt etwas für mich nicht?«) Diesen sollte sie nachgehen (»Was verunsichert mich? Womit bin ich nicht zufrieden?«). Danach sollte sie anhand der Frage: »Was müsste der Fall sein, damit die Verunsicherung, Furcht etc. verfliegen und Optimismus Platz machen?«, prüfen, welche Faktoren sie realistischerweise beeinflussen kann. Stößt sie dabei an Grenzen muss ein erneuter Klärungs- und Priorisierungsprozess gestartet werden, verbunden mit der Suche nach Alternativen. Diese entscheidende Phase ist erst abgeschlossen, wenn sie eine Geschichte (in ihrer Imagination) durchlebt hat, zu der sie Ja sagen kann. Da Frau S. so diverse Szenarien durchgespielt und sich mit Maßnahmen beschäftigt hat, die sie ergreifen müsste, wenn sie das Angebot annimmt, weiß sie jetzt, was sie tun muss. Mit diesen Handlungsplänen ist der innere Konflikt, der zur Diskussion stand, gelöst.

Zwischenmenschliche Konflikte

Was verstehen wir unter einem zwischenmenschlichen Konflikt?

Der interpersonelle Konflikt ist eine Spielart des sozialen Konflikts. Normalerweise werden sie nicht differenziert. Ich treffe diese Unterscheidung insofern, als ich die zwischenmenschlichen Konflikte für solche Zusammenstöße reservieren möchte, die zwischen zwei Personen stattfinden. Von sozialen Konflikten soll hingegen dann die Rede sein, wenn mehr als zwei Personen betroffen sind.

Von einem **interpersonellen Konflikt** sprechen wir folglich dann, wenn von zwei Akteuren mindestens einer Unvereinbarkeiten im Fühlen und Denken, Wollen und Handeln erlebt, indem er sich durch den anderen beeinträchtigt fühlt.

Woran erkennen wir zwischenmenschliche Konflikte?

Zwischenmenschliche Konflikte zeigen sich in kommunikativen Zusammenhängen, also in der Art, wie wir miteinander reden und umgehen. Aus der Spannung lassen sich Verhaltensweisen beobachten. Wir reagieren dabei sowohl auf nonverbale als auch auf verbale und behaviorale (verhaltenmäßige) Eigentümlichkeiten.

Übung

Bevor Sie weiterlesen, notieren Sie bitte, welche nonverbalen Zeichen (Mimik, Gestik, Körperhaltung, Tonlagen etc.) für Sie eine konflikthafte Spannung signalisieren.

....

....

....

....

....

....

....

....

....

....

Anregungen   Vielleicht haben Sie beispielsweise die folgenden – häufig beobachtbaren – Anzeichen zu Papier gebracht:

- ❖ auffällig leise oder laute, hohe oder tiefe Stimmlagen,
- ❖ auffällige Blässe oder Röte,
- ❖ auffällig seltener Blickkontakt oder Anstarren (mit Blicken durchbohren),
- ❖ auffällig lange Reaktionszeiten,
- ❖ auffällig weite Körperdistanz beim Kommunizieren,
- ❖ auffällig abgewandte Körperhaltung,
- ❖ zugekniffene Augen,
- ❖ nach unten gezogene Mundwinkel, »gerade« oder zusammengepresste Lippen,
- ❖ Vermeiden, Aus-dem-Weg-Gehen.

Alle diese und weitere nichtsprachliche Verhaltensweisen drücken Affekte oder Gefühle aus. Sie haben Hinweischarakter auf einen (sich anbahnenden, noch latenten oder bereits offenen) Konflikt und sollten in das subjektive Frühwarnsystem eingespeist werden. Allerdings möchte ich betonen: Nonverbales Verhalten ist vieldeutig! Wir können ihm folglich nicht eindeutig Gemütslagen oder Haltungen entnehmen. Eine auffällig leise Stimme oder Blässe etwa kann einfach ein Anzeichen physischer Erschöpfung sein. Daher ist es nötig, dass wir zusätzlich verbale und behaviorale Merkmale wahrnehmen und in unsere Deutung einflechten.

Übung

Auch hier gibt es typische Merkmale. Bitte notieren Sie wieder, welche verbalen und verhaltensbezogenen Merkmale für Sie eine konfliktschwangere Spannung anzeigen.

....

....

....

....

Hier wieder einige Beispiele, an denen Sie sich orientieren können.   *Anregungen*

- ❖ Wortwahl: fremdwortreicher oder -ärmer als gewöhnlich, ausgefeilter oder einfacher, nüchterner oder emotionaler.
- ❖ Satzbau: länger, komplizierter, kürzer oder einfacher als normalerweise.
- ❖ Beides kann Mittel einer Gewichtsverlagerung sein, nämlich weg vom Bemühen um Verständlichkeit und hin zum Bemühen, sich als klüger, erfahrener, überlegener zu profilieren. Das gilt auch für die folgenden Merkmale.
- ❖ Pausen: kürzere oder längere Gesprächspausen als üblich.
- ❖ Redequalität: ausladendere oder kürzere, präzisere Beiträge als gewöhnlich.
- ❖ Diskussionsverhalten: Rückzug oder Angriff, Hinnehmen oder scharfzüngige Widerlegung.
- ❖ Kontaktfrequenz: abnehmend oder zunehmend (beides in provokativer Absicht); umgangssprachlich: nervend oder wie Luft behandelnd, ausweichend.
- ❖ Informationsverhalten: zurückhaltend oder streuend, bewusste Verzerrung bis hin zu Täuschungen.
- ❖ Kommunikations-und Kontaktqualität: Zunahme von Desinteresse, Gereiztheit, Festhalten an Formalismen, Sturheit, Unnachsichtigkeit, Ablehnung und Widerstand: alles Zeichen der Abnahme von Empathie und Zunahme von Abkapslung; Gerüchte, Intrigen in Umlauf bringen.

Allgemein können wir sagen, dass die Interaktion im Konflikt von Misstrauen oder Argwohn bis hin zu Feindseligkeit gekennzeichnet ist und wir uns zunehmend seelisch und oft auch körperlich unwohl fühlen. Fast proportional wächst das Bedürfnis, diesem Disstress ein Ende zu setzen, das heißt, wir spüren Leidens- und daher Handlungsdruck.

Welche Konfliktarten treffen wir typischerweise an?

Der Nutzen verschiedene Konfliktarten zu unterscheiden

Das Bemühen, Ideengebäude zu entwerfen, die helfen, mit Konfliktsituationen konstruktiv umzugehen, hat zahlreiche Einteilungen ins Leben gerufen. Die Konfliktarten sind *modellhaft* zu verstehen: Sie lenken unsere Aufmerksamkeit auf ausgewählte Aspekte und setzen Akzente in der Betrachtung. Fast jeder Konflikt ist vielschichtig: Einstellungen und Überzeugungen, Bedürfnisse und Wünsche, Interessen und Ziele, Sach- und Beziehungsaspekte spielen eine Rolle. Aus diesem Grund sind sämtliche Konfliktarten verwandt und zum Teil aufeinander rückführbar. Deshalb wirken Differenzierungen häufig künstlich. Ihr Sinn liegt in der *pragmatischen Absicht*, die Vielschichtigkeit zu reduzieren.

Es geht also um Vereinfachung im Dienste der praktischen Handhabung. Insofern können in Konflikten häufig thematische Schwerpunkte identifiziert werden. Das äußert sich in Stellungnahmen wie: »Mir geht es vor allem um …«, »Zentral ist doch hier …«, »Der Punkt ist doch …«. Der Katalog von Konfliktarten ist eine Antwort auf die Frage nach dem Kardinalpunkt in einem Konflikt. Demzufolge bündelt er Energien und lenkt die Konzentration auf das, worum es in der Auseinandersetzung vor allem gehen soll. Die Benennung der Konfliktart definiert, kurz gesagt, sowohl Konfliktanlass als auch das Thema. Die **geläufigsten Konfliktkategorien** sind:

Konfliktarten

- ❖ Interessenkonflikt,
- ❖ Zielkonflikt,
- ❖ Beurteilungskonflikt,
- ❖ Verteilungskonflikt,
- ❖ Rollenkonflikt,
- ❖ Strukturkonflikt,
- ❖ Beziehungskonflikt,
- ❖ Wertkonflikt.

Interessenkonflikt: Das Thema eines Konflikts liegt hier in unterschiedlichen Wünschen oder Bedürfnissen.

Beispielsweise gilt das Hauptinteresse des Abteilungsleiters Produktion standardisierten Abläufen, während die Verkaufschefin Sonderwünsche von Kunden jederzeit erfüllen will.

Zielkonflikt: Er folgt dem Interessenkonflikt meistens auf dem Fuße, indem die Interessen auf verschiedene, unvereinbare Ziele verweisen.

Der Produktionschef deklariert beispielsweise das Ziel, möglichst kostengünstig zu produzieren, während die Verkaufsleiterin Kundenzufriedenheit anvisiert.

Beurteilungskonflikt: In diesem Konflikt besteht zwar ein Konsens über das Ziel, aber über den Weg dahin ist man sich uneinig.

Um mit dem Beispiel fortzufahren: Selbstverständlich möchte auch der Produktionschef zufriedene Kunden. Denn diese versorgen die Abteilung mit neuen Aufträgen. Um gleichzeitig das Budjetziel zu erreichen (Zielkonflikt innerhalb der Produktionsabteilung!), soll »der Verkauf gefälligst dafür sorgen, dass er dem Kunden anbietet, was von der Stange möglich ist«. Er soll die Kunden entsprechend »erziehen«. Die Verkaufschefin präferiert den anderen Weg: Die Produktion soll flexibel sein, um Kundenwünsche zu erfüllen. Denn nur, wenn die Bedürfnisse des Kunden getroffen und befriedigt werden, bleibt er treuer Kunde. Sie verfolgt die Strategie der Nachhaltigkeit. Sie möchte langfristig die Kundenbindung sichern, indem Kundenwünsche realisiert werden.

Verteilungskonflikt: Anlass und Thema kreisen um knappe Ressourcen. Bei diesen kann es sich um Positionen (eine Führungsposition ist zu besetzen; es bewerben sich vier Anwärter), um Geld und Material, aber auch um Anerkennung handeln.

Beispielsweise können Produktionschef und Verkaufschefin um die Anerkennung der Geschäftsleitung buhlen und jeder empfinden, dass der je andere mehr Zuwendung erhält.

Rollenkonflikt: In einem Rollenkonflikt befinden wir uns, wenn Rollen (Funktionen und Zuständigkeiten mit ihren Erwartungen, Rechten und Pflichten) uns dissonante Verhaltensweisen abfordern.

Beispielsweise sind Produktionschef und Verkaufschefin privat befreundet. Beide können in ein Dilemma geraten, indem sie fragen: »Soll ich als Freund bzw. Freundin reagieren oder als Repräsentant der Abteilung?«
Ein anderes Beispiel ist die Besetzung unterschiedlicher Positionen mit einer Person. Wenn etwa die Verkaufschefin neben dieser Funktion noch Mitglied der Geschäftsführung ist (und entsprechende zusätzliche Kompetenzen und Macht innehat), kann sie in den Rollenkonflikt geraten: »Soll ich mich als gleichwertig zum Produktionschef verhalten, also als eine Kollegin mit anderer Interessenausrichtung, oder mein Gewicht als Geschäftsführungsmitglied in die Waagschale werfen?«

Strukturkonflikt: Anlass und Thema von Strukturkonflikten sind formale, organisatorische Festlegungen oder Prozeduren. In Firmen finden wir meistens Matrixorganisationen vor. Populär ist auch die Linienorganisation neben der Projektorganisation.

Beispielsweise entzündet sich häufig der Zwist zwischen Projektleitern und Linienvorgesetzten darum, wer die Mitarbeiterbeurteilungsgespräche durchführen soll. Die Projektleiter machen geltend, dass die zu beurteilenden Mitarbeitenden vor allem in Projekten arbeiteten und zum Linienvorgesetzten weniger Kontakt hätten, sodass diesem die Beurteilungsgrundlagen fehlten. Linienvorgesetzte führen ins Feld, sie seien nun einmal die hierarchisch Höheren, trügen offiziell Führungsverantwortung und müssten über die weiteren Karriereschritte der Mitarbeitenden entscheiden. – Dieser Konflikt könnte über strukturelle Veränderungen (Organisation, Zuständigkeiten) entschärft werden.

Beziehungskonflikt: Während bei den genannten Konfliktarten der Sachaspekt im Vordergrund steht, liegt hier der persönliche offen zutage. Anlass und Thema ist die Beziehung.

Wenn sich beispielsweise der Produktionschef und die Verkaufschefin bei allen Gelegenheiten wechselseitig provozieren und vielleicht gar persönliche Attacken fahren, um den anderen zu blamieren, lohnt es sich, die Beziehung genauer zu untersuchen. Denn auf der Beziehungsebene transportieren wir, wie wir den anderen empfinden und betrachten und gleichzeitig, wie wir von ihm betrachtet werden wollen. Selbstbild, Fremdbild und Selbstwertgefühl sind die Themen.

Wertkonflikt: Sie werden auch als ideologische Konflikte bezeichnet, weil sie sich an Anschauungen, an Werten und Normen entzünden. Sie werden oft als Zielkonflikte getarnt. Diese Tarnkleidung kommt nicht von ungefähr; denn normative Überzeugungen bilden das Fundament für Zieldefinitionen. Das heißt, sie bestimmen, was persönlich »wertvoll« und »erstrebens-wert« ist. Wie Beziehungskonflikte basieren sie maßgeblich auf Gefühlslagen und Gefühlsentscheidungen. Für moralische Anschauungen existiert kein rein rationaler, bestenfalls ein zweckrationaler Grund. Weil sie auf Gefühl basieren, haben Wertkonflikte den Charakter von Konflikten um den guten Geschmack: Sie können ein Leben lang dauern, und sie sind nicht (rational) entscheid-, weil nicht objektivierbar.

Fazit

Die Unterscheidung von Konfliktarten dient dem praktischen Zweck, den Konfliktschwerpunkt zu definieren und damit die Energien in eine Richtung zu lenken. Sie unterstützt die Anstrengung, die Auseinandersetzung gezielt und konstruktiv zu führen.

Woher rühren zwischenmenschliche Konflikte?

*Ursachen zwischen-
menschlicher Konflikte*

Wenn wir nach den Ursachen oder Begründungen interpersoneller Konflikte fragen, müssen die Kenntnisse über die Genese innerer Konflikte stets mitlaufen. Die dort skizzierten Logiken und Mechanismen begleiten jede Person, die sich im Konflikt befindet, wenn auch mit individuellen Schwerpunkten und Ausdrucksweisen.

Eine *andere Qualität* des Konfliktgeschehens gewinnen interpersonelle Konflikte dadurch, dass zwei Personen aufeinander reagieren. Das Geschehen ist mehr als die Summe zweier Akteure: 1 plus 1 ist mehr als zwei – die Logik der Synergie wirkt auch im Konflikt.

Zunächst lassen wir Revue passieren, welche Faktoren das Auftreten zwischenmenschlicher Konflikte begünstigen. Ich setze dabei die Kenntnis der individualpsychologischen Bedingungen, die wir im vorangehenden Kapitel behandelt haben, voraus. Folgende Faktoren begünstigen das Auftreten eines Konflikts:

- ❖ Grundeinstellung zum Konflikt und entsprechende Verhaltensbereitschaften,
- ❖ Grundmotivation in der Gefühlsausrichtung,
- ❖ Grundeinstellung in der sozialen Beziehungsdefinition,
- ❖ situative Variablen.

Grundeinstellung zum Konflikt und entsprechende Verhaltensbereitschaften

Den Zusammenhang von Grundeinstellung und Verhalten haben wir im Kapitel »Grundlegende Voraussetzungen für Konfliktfähigkeit« (s. Seite 21ff) ausführlich beleuchtet, sodass an dieser Stelle eine knappe Erinnerung genügen mag. Die grundlegende Einstellung zum Konflikt entscheidet darüber:

Unverträgliche Grundhaltungen münden im unvereinbare Handlungsbereitschaften

- ❖ Wie ich Konflikte betrachte. Als destruktiv oder konstruktiv, als Vernichtung oder Chance.
- ❖ Wie ich mein Gegenüber sehe. Als Gegner/Feind oder Partner.
- ❖ Welche Erwartungen ich ihm gegenüber und im Verlauf des Konflikts hege. Ob er alles ihm Mögliche gegen mich mobilisiert oder mit mir eine Win-Win-Lösung anstrebt.
- ❖ Worauf ich meine Wahrnehmung fokussiere. Auf Trennendes und Feindseliges oder Verbindendes und Partnerschaftliches.
- ❖ Zu welchen Strategien ich neige. Kampf bzw. Rückzug oder Kompromiss und Integration.

Die Wahrscheinlichkeit, dass ein Streit zu einem Konflikt mutiert, wächst, je polarer die Grundeinstellungen ausfallen bzw. wenn diese inkompatibel sind.

Grundmotivation in der Gefühlsausrichtung

Grundmotivationen zeigen sich in dem persönlichen Stil, mit anderen Menschen umzugehen. Da ich in meinem Buch »Selbsttraining für Führungskräfte« (Beltz 1998) ausführlich und mit Selbsttests auf der Grundlage der vier Kategorien des Tiefenpsychologen Riemann gearbeitet habe, greife ich an dieser Stelle die drei Kategorien der Psychoanalytikerin Karen Horney auf.

Drei Grundtendenzen in der Beziehung zu anderen Menschen

Sie unterscheidet in der persönlichen Gefühlsausrichtung drei Grundtendenzen, die Menschen (oft unbewusst) in ihrer Beziehung zu anderen verfolgen:

❖ Hinwendung,
❖ Abwendung,
❖ Gegenwendung.

Hinwendung

Menschen, die von **Hinwendung** im sozialen Kontakt getrieben werden, tragen das ausgeprägte Bedürfnis in sich, von anderen angenommen und geliebt zu werden. Oft plagen sie Minderwertigkeitsgefühle, sodass sie glauben, andere zu benötigen, um existenzfähig zu sein. Selbstsicherheit beziehen sie vornehmlich aus dem Eindruck und Gefühl, von anderen akzeptiert zu werden. Diese Abhängigkeit von äußerer Zuwendung macht sie zum einen empfindsam gegen Kritik. Kritik, und sei sie noch so sachlich vorgetragen, deuten sie als Anschlag auf ihre Person. Zum anderen führt die Sensibilität dazu, Konfrontationen zu verhindern. Ist das nicht möglich, neigen sie dazu, den Konfliktanlass zu bagatellisieren und dabei eigene Bedürfnisse zurückzustellen. Sie tun dies, um schnellstmöglichst die erstrebte Harmonie wieder herzustellen.

Abwendung

Ganz anders verhalten sich Menschen, die durch **Abwendung** angetrieben werden. Sie halten Distanz und orientieren sich vor allem kognitiv. Wir nehmen sie häufig als »unterkühlt«, auffallend sachlich und nüchtern und egozentriert wahr. Unter ihnen finden wir die typischen Einzelgängerfiguren. Selbstgenügsamkeit scheint ihnen eine erstrebenswerte Lebensform zu sein. So ausgerichtete Menschen bemühen sich in Konflikten vor allem um einen sachlich bezogenen und »vernünftigen« Stil und legen Wert auf Argumente, nicht auf Gefühle – die offenbar aus ihrem Gesichtsfeld verschwunden sind.

Gegenwendung

Menschen, deren Gefühlsorientierung der **Gegenwendung** angehört, scheinen das Leben als Dschungel zu begreifen, in dem es täglich darum geht, den Überlebenskampf zu gewinnen. Sie kombinieren Gefühl und Kognition in ihrer eher aggressiven Lebensauffassung, indem sie Mittel anwenden, um zu siegen. Die Angriffe können offen sein (heißer Konflikt) oder sich darin verbergen, dass diese Personen darauf beharren, Formalismen, Prozeduren, Regularien eingehalten zu wissen (kalter Konflikt).

Die *Wahrscheinlichkeit, dass Konflikte entstehen*, steigt im Rahmen dieser Typologie, sobald Personen schwerpunktmäßig unterschiedlichen Extremen zuneigen.

Individualismus

> Person A ist vor allem distanzorientiert, während B Zuwendung und Bestätigung sucht. A tastet im Konflikt alle Verhaltensweisen von B auf Indizien ab, die das Attribut »aufdringlich« verdienen, weil sie As Wunsch nach Distanz verletzen. Unternimmt Person B Anstrengungen, A näher zu kommen, wird A zurückweichen und Bs Verhalten auf der Skala »nervend – aufdringlich – belästigend – bedrohlich« einordnen und sich entsprechend abweisend verhalten. Person B interpretiert die Distanzierung von Beginn an als Ablehnung ihrer Person. Sie nimmt also das Distanzbedürfnis persönlich, fühlt sich verletzt und wird (zumindest eine ganze Weile) keine Mühe scheuen, um von A Zuwendung zu erhalten. Dies braucht B, um ihr Selbstbild und Selbstwertgefühl zu reparieren.

In diesem Beispiel verengen sich auf beiden Seiten die Wahrnehmungsfilter und Deutungsoptionen im Konfliktverlauf darauf, Bedrohlichkeiten zu erkennen und abzuwehren. Jeder lebt zunehmend in der eigenen Welt, verliert immer mehr den Zugang zur Welt des anderen. Fehldeutungen und Missverständnisse, Misstrauen und Antipathien nehmen zu. Eine konstruktive Lösung rückt damit in weite Ferne.

Grundeinstellung in der sozialen Beziehungsdefinition

Es gibt Menschen, die wir als kooperativ wahrnehmen. Sie bemühen sich stets, Ziele gemeinsam zu definieren und zu erreichen, Konflikte zur Zufriedenheit aller Beteiligten zu lösen und partnerschaftlich mit anderen Menschen umzugehen. Sie legen die Beziehung symmetrisch an. Die Psychologie spricht hier von der **kooperativen Grundeinstellung**.

Kooperation

Ihr Antagonist wird als konkurrierende oder **rivalisierende Grundeinstellung** deklariert. Eigene Interessen verfolgen, Vorteile für sich nutzen oder Chancen und Gelegenheiten ergreifen, um persönliche Bedürfnisse zu saturieren – dies scheint Personen mit dieser Beziehungsdefinition prinzipiell nur gegen andere und auf deren Kosten möglich. Für sie gilt die Devise: Mein

Rivalismus

Vorteil ist des anderen Nachteil, und umgekehrt: Ihr Nachteil ist mein Vorteil. Die Beziehung zu anderen Menschen wird damit von Machtkategorien diktiert. Es gibt nur Über- und Unterlegenheit. Die Beziehung ist asymmetrisch angelegt.

Die **individualistische Grundeinstellung** erkennen wir gewöhnlich daran, dass es einer Person gleichgültig ist, was andere denken, fühlen und tun. Dies gilt so lange, wie eigene Interessen nicht tangiert werden. Im Mittelpunkt der Aufmerksamkeit und Handlungen steht das Ego der Person. Sie konzentriert sich auf die Verwirklichung persönlicher Ambitionen. Sollte das zulasten anderer gehen, wird das achselzuckend hingenommen. Sollte es auch so klappen, ist es ebenso gut. Die Beziehung ist, je nach Lage der Dinge, mal symmetrisch, mal asymmetrisch angelegt.

Die **Konfliktwahrscheinlichkeit** nimmt mit dem Grad der einseitigen Ausrichtung der Kontrahenten zu.

Der Lieferant zieht alle ihm verfügbaren Register, in einer partnerschaftlichen Verhandlungsführung einen tragfähigen Kompromiss mit dem Kunden herzustellen. Der Konflikt entzündet sich an einer Reklamation, an der der Kunde eine Teilverantwortung trägt. Der Kunde spielt hingegen das Spiel: »Einer wird gewinnen – und das bin ich.« Ein Spiel, an dem alle kooperativen Bemühungen scheitern. Denn die rivalistische Strategie fordert, ausschließlich eigene Vorteile zu verfolgen, und verengt daher die Perspektive auf die Interessen einer Partei.

Situative Variablen

Ob konträre Ausrichtungen Konflikte provozieren hängt von der Situation ab

Die vorhergehenden Ausführungen legten Grundmuster dar. Sie zeigten modellhaft auf, nach welchen Logiken die individuelle Psyche und soziale Kontakte, also Kommunikation und Interaktion, funktionieren. Ein Resultat bestand darin festzustellen, dass je nach Konstellation die Wahrscheinlichkeit der Konfliktgenese größer oder kleiner ausfällt. Wie diese allgemein gültigen Determinanten wirken, hängt im praktischen Leben von situativen und individuellen Faktoren ab. Da sich Menschen nämlich in verschiedenen **Stimmungslagen** befinden können, wird natürlich auch die konfliktprovozierende Wirkung unterschiedlich wahrgenommen.

Je unbelasteter wir uns fühlen; je optimistischer wir in die Welt blicken; je weniger Bedeutung oder Wichtig- und Dringlichkeit wir etwas zuschreiben – desto generöser und toleranter können wir uns verhalten. Das heißt, desto weniger haben Konfliktpotenziale eine Chance, heftige Konflikte zu entfachen. Der Konfliktgenese wird – zugespitzt gesagt – der Boden völlig entzogen, wenn beide Parteien gelassen sind. Schwieriger wird es, wenn eine Partei sich großzügig zurücklehnt (»Ist doch alles nicht so dramatisch«), während sich die andere echauffiert.

Ein weiterer situativer Faktor entscheidet darüber, ob wir einen Konflikt wagen, nämlich unsere **Einschätzung, erfolgreich sein zu können**. Je aussichtsreicher die Zielerfüllung scheint, desto eher riskieren wir die Konfrontation. Inwiefern wir den Einsatz als Erfolg versprechend einstufen, hängt ab von:

Vom Glauben zum Erfolg

- ❖ dem Selbstwertgefühl,
- ❖ Erfahrungen,
- ❖ Kompetenzen (eigene und des Gegners),
- ❖ Einflussoptionen (eigene und des Gegners),
- ❖ Einschätzung der Gestaltungsmacht des Gegners.

Wie wir uns selbst sehen, also unser **Selbstbild**, hängt ebenso wie unsere **Erfolgseinschätzung** von unserer **Stimmungslage** ab. Bei guter Gestimmtheit und optimistischem Lebensgefühl schätzen wir uns selbst stärker, intelligenter, fähiger ein. Anders ist dies bei pessimistischer oder trauriger Verfassung. Die positive Stimmung und damit verknüpfte Selbsterhöhung münden ferner in das Gefühl, dem Kontrahenten gewachsen, sogar überlegen zu sein. Beide Auswirkungen der »Hoppla, hier komm ich«-Stimmung machen uns, wenn wir in einen Konflikt eintreten, streitlustiger, risikofreudiger und zuversichtlicher, was den Ausgang der Konfrontation betrifft. Sinken wir durch eine defätistische Stimmung in unserer Selbstachtung, werden Gefühle der Minderwertigkeit aktiviert – und die Vorzeichen kehren sich um: Dann schätzen wir die Erfolgswahrscheinlichkeit eher gering ein und überlegen uns sehr genau, ob sich das Austragen des Konflikts für uns »lohnt«. Sprich, ob wir uns zutrauen, ihn durchzustehen, ohne uns zu blamieren.

Zusammenfassung

❖ Mit Arthur Schopenhauer gilt: Die Welt existiert als Wille und Vorstellung. Jeder hat aufgrund genetischer, biografischer und situativer Faktoren eine individuelle Weltsicht. Wahrnehmung und Deutung sind stets subjektiv. Die Konfliktwahrscheinlichkeit wächst, sobald es den Kontrahenten darum geht, die »wirkliche« oder »wahre« oder »objektive« Wirklichkeit zu identifizieren – und selbstverständlich deckt sich die objektive mit der eigenen Wirklichkeitsauffassung.

❖ Durch divergente bis rivalisierende Grundtendenzen ergeben sich bei verschiedenen Menschen unterschiedliche Relevanzen und Verhaltensweisen. Die Konfliktwahrscheinlichkeit nimmt – grob formuliert – proportional zur Verschiedenheit der Betroffenen zu.

❖ Situative Faktoren können die Proportionalität durchkreuzen und die Auswirkungen der Dissonanzen entschärfen. Eine maßgebliche Rolle spielt hierbei die subjektive Stimmungslage, die die Bedeutung des Konfliktanlasses sowie das Selbstbild und folglich die Konfliktfreudigkeit beeinflusst. Je weniger wichtig uns etwas anmutet, desto eher können wir loslassen. Wir nehmen Distanz ein, die uns tolerant und großzügig stimmt, sodass wir dem anderen seinen Willen lassen können. Je bedeutsamer uns etwas ist, desto mehr engagieren wir uns für unsere Ziele. Dies setzt, wie gezeigt, ein »gesundes Selbstwertgefühl« voraus sowie die persönliche Kalkulation, etwas gewinnen (nicht unbedingt siegen) zu können. Andernfalls, bei einem geringen Selbstwertgefühl und geringer Erfolgseinschätzung, treten wir in den depressiven Teufelskreis ein und verlagern den Konflikt nach innen.

Wodurch eskalieren zwischenmenschliche Konflikte?

Gewiss kennen Sie den Überraschungseffekt: Eine Diskussion beginnt ganz harmlos und entpuppt sich plötzlich als hitziges Wortgefecht, in dem jeder dem anderen Feuerpfeile zuschießt. Und in dem Augenblick, in dem Sie dies erkennen, wissen Sie bestenfalls vage, um was »es eigentlich geht«. Ich nenne dieses Erlebnis: *in einen Konflikt hineinschlittern.* Ein weiteres Erlebnis kennen Sie sicher auch, nämlich dass wir uns in der konflikthaften Auseinandersetzung zu Worten und/oder Taten hinreißen lassen, die wir »so nicht meinen«, deren Auswirkungen wir nicht wollten oder die wir bereuen.

Wie geraten wir in Konflikte, was führt zur Eskalation?

Die folgenden Erörterungen erhellen, wie es zu solchen Verhaltensweisen und Resultaten kommen kann. Dazu bedienen wir uns drei Zugangsweisen und betrachten:

- ❖ die vier Ebenen der Konfliktentwicklung,
- ❖ die psychischen Mechanismen,
- ❖ die häufigsten Eskalationsstufen.

Die vier Ebenen der Konfliktentstehung

1. Ebene: Dissonanzen in der Sache

Heftige Konflikte fallen nicht aus heiterem Himmel auf uns nieder, sondern bahnen sich an. Wenn wir vom Ausbruch eines Konflikts überrascht werden, spricht viel dafür, dass unser Frühwarnsystem versagt hat.

Wir vermischen vier Ebenen im Konflikt

Konflikte beginnen in der Regel mit Meinungsverschiedenheiten und bewegen sich zunächst schwerpunktmäßig auf der sachlichen Ebene. Es wird um Argumente gerungen. Die eigenen Vorstellungen und Ziele werden als legitim, sinnvoll, richtig dargestellt. Man versucht, den Partner für das eigene Interesse zu gewinnen.

2. Ebene: Dissonanzen in der Beziehung

Irgendwann empfinden die Parteien die Debatte als mühsam. Spannungen treten auf, weil es immer anstrengender und aufwendiger wird, Anerkennung und Verständnis herzustellen. Folglich nehmen Ungeduld und Gereiztheit zu. Die Gereiztheit der einen wird von der anderen Partei mit mindestens der gleichen Aggressivität zurückgegeben. Negative Gefühlslagen verstärken sich wechselseitig, weil sie als Provokationen gedeutet werden. Für den Übergang von der ersten auf diese zweite Ebene ist es typisch, dass die sachlichen Unvereinbarkeiten zunehmend in den Hintergrund, die Beziehungsaspekte aber in den Vordergrund treten.

Das Urteil »der andere versteht mich nicht« (1. Ebene) wandelt sich zur Unterstellung »der andere weigert sich, mich zu verstehen. Er will es gar nicht«. Diese Verlagerung der Wahrnehmung und damit des Streits auf die persönliche Ebene erkennen wir daran, dass Ungeduld und Zweifel zunehmen. Sie verändern sowohl die Tonalität, als auch die Inhalte, mit denen wir argumentieren. Zwischentöne, Anspielungen und versteckte Provokationen schleichen sich ein.

Spannungen auf der Beziehungsebene verstärken die Tendenz, dem Kontrahenten mit Vorbehalten und Misstrauen entgegenzutreten. Auf dieser zweiten Ebene differenzieren wir immer weniger nach Sach- und Beziehungsaspekten. Wir mischen beide Dimensionen, sodass es zu Wertungen kommt wie: »Ist ja klar, dass der andere mich nicht unterstützt. Der hat mich noch nie gemocht und schon immer versucht, mich auszubooten!« Damit ist der Feind identifiziert – und das berechtigt uns dazu, stärkere Geschütze aufzufahren. An dieser Schwelle angelangt, bewegen sich die Kontrahenten auf die Ebene drei zu.

3. Ebene: Konflikt über den Konflikt

Die sachlichen und interpersonellen Differenzen münden jetzt in weitere Polarisierungen. Jede Partei deutet die Uneinigkeiten auf der Sach- und der Beziehungsebene anders. Dies signalisiert, dass sie einen Konflikt über den Konflikt haben. Gemäß ihrer unterschiedlichen bis antagonistischen Interpretationen konstruieren sie verschiedene Welten und somit unterschiedliche Gründe für den Konflikt.

Das fördert das Risiko, dass die Konfliktparteien vom Boden der Tatsachen abheben und sich in Reaktionen versteigen, die gleichsam ungewollt passieren. Neben der Kontrolle verlieren die Kontrahenten den Überblick und damit die Option, gezielt Einfluss zu nehmen. Gleichzeitig nehmen die unbeabsichtigten Wirkungen zu, die Wahrnehmung wird zunehmend verzerrt, Lösungsvorstellungen werden eingeengt und das Verhalten wird unflexibel. Hinzu kommt: Die Kontrahenten haben sich von dem Bemühen um Verständigung inzwischen so weit entfernt, dass jede Partei ihre eigenen Deutungen für bare Münze nimmt. Persönliche Einschätzungen und Unterstellungen werden nicht mehr hinterfragt, sondern als Fakt genommen. Die Folge ist, das Differenzen zunehmen und die Einigung immer schwieriger wird. Damit erklimmen die Beteiligten die vierte Ebene.

4. Ebene: Konflikt über die Konfliktlösung

Da die Streitenden kaum noch voneinander wissen, was dem je anderen wichtig ist und wie er aus welchen Gründen die Lage beurteilt, fallen die Vorschläge zur Konfliktlösung unterschiedlich aus. Jede Partei verschmäht die Ideen der anderen als unbrauchbar. In diesem Stadium haben sie einen Konflikt darüber, wie die Konfliktlösung herbeigeführt werden und aussehen soll.

Zusammenfassung

1. Ebene: Dissonanzen in der Sache.
2. Ebene: Dissonanzen in der Beziehung.
3. Ebene: Konflikt über den Konflikt.
4. Ebene: Konflikt über die Konfliktlösung.

Auf der ersten Ebene der Konfliktentwicklung liegt der Akzent auf den sachlichen Meinungsverschiedenheiten und die Kontrahenten haben den Konflikt. Auf der zweiten Ebene geht es um Beziehung. Man kann sagen, es geht um persönliche Differenzen – und noch immer haben die Kontrahenten den Konflikt. Ab der dritten Ebene hat der Konflikt uns, weil die Eskalation zu Feindbildern und Unverstehen führt, die Kontrahenten dies aber nicht berücksichtigen und so tun, als wüssten sie, um was es dem anderen geht. Insofern tragen sie (oft nicht bewusst) einen Konflikt über den Konflikt (über dessen Inhalte) aus. Dies verlängert sich auf die vierte Ebene, in der sie um die Art der Konfliktlösung streiten.

Fallbeispiel: Projekttod

Der Projektleiter des Entwicklungsprojekts »Simulatoren« streitet mit der Geschäftsführerin darüber, dass sein Projekt gestoppt werden soll. Zunächst tauschen die beiden Argumente aus.

Die Geschäftsführerin hebt beispielsweise hervor, der Markt sei für das Produkt zu klein, zumal ein finanzstarkes Konkurrenzunternehmen ebenfalls an der Entwicklung arbeite. Das Risiko einer Fehlinvestition sei zu groß.

Der Projektleiter hält dagegen: Prototypen seien bereits auf dem Markt, die Resonanz sei viel versprechend. Die Entwickler seien zudem kurz vor dem Durchbruch für eine außergewöhnliche Nutzung des Geräts. Die Konkurrenz stehe auf verlorenem Posten. Die Nachfrage nach dem Gerät könne gar nicht ausbleiben. Die Kundengruppe sei bereits informiert, die Bedarfslage eruiert und unbestritten vorhanden. Außerdem habe das Unternehmen bereits so viel Geld in das Projekt investiert, dass es den Rest auch noch aufbringen müsse.

In diesem Tenor geht es hin und her – bis die Geschäftsführerin beginnt, auf die Uhr zu schauen, tief durchzuatmen, den Blickkontakt aufzugeben. Das bemerkt der Projektleiter, der zunächst verständnisvoll reagiert: »Sollen wir einen neuen Termin ausmachen? Ich habe den Eindruck, Ihre Zeit drängt.« »Nein«, lautet die Antwort, »ich denke, es ist kein weiterer Termin nötig; denn die Entscheidung der Geschäftsleitung ist klar: Das Projekt wird gestoppt.«

Damit ist die zweite Ebene eingeläutet und die dritte folgt auf dem Fuße: Der Projektleiter fühlt sich hintergangen, verletzt und in seiner Argumentation nicht ernst genommen: »Ach so ist das! Eine Alibiveranstaltung also, dieses Gespräch hier, ja? Da wird in der Geschäftsleitung einfach etwas beschlossen! Selbstverständlich wird der Projektleiter mit Fakten konfrontiert und mit einem geheuchelten Gesprächsangebot geködert. Genau genommen haben Sie ja gelogen, als Sie sagten, wir wollten über zukünftige Perspektiven des Projekts sprechen!« »Nun mal nicht so hitzig! Sie wissen ja gar nicht, welche Informationen wir eingeholt haben, um die Entscheidung zu treffen. Sie wären von der Entscheidung übrigens nicht so überrascht, wenn Sie sich stärker um die Marktforschung gekümmert hätten!« – »Ach, jetzt bin ich auch noch schuld daran, dass das Projekt ermordet wird! Womöglich soll ich die Todesurkunde unterschreiben und selbstverständlich meinen Leuten gut begründet verkaufen!« Damit tritt der Konflikt auf die Ebene vier:

Geschäftsführerin: »Sie sind Projektleiter eines der wichtigsten Projekte – und haben selbstverständlich die Pflicht, das Interesse der Geschäftsleitung und des Unternehmens auch nach innen zu vertreten. Sie haben dafür zu sorgen, dass unangenehme Entscheidungen von Ihren Mitarbeitern akzeptiert werden und diese nicht in die Demotivation abdriften.« – Projektleiter: »So so. Was Sie nicht sagen. Sie haben ja überhaupt keine Ahnung von der Stimmung im Betrieb! Die ist wegen der Geschäftslage, aber vor allem wegen der miesen Informationspolitik seitens der Geschäftsführung schon länger im Keller. Sie können froh sein, dass die Leute so loyal sind und ihre Arbeit mehrheitlich gern machen. Und jetzt betrügen Sie sie auch noch um diese Freude! – Ich (!) werde das Ende der letzten Hoffnung meinen Leuten gewiss nicht mitteilen. Das machen Sie gefälligst selbst!«

Mit diesem Appell verlassen wir das Wortgefecht. Führen Sie ihn, liebe Leser, gemäß Ihrer eigenen Erfahrungen zu Ende.

Die psychischen Mechanismen

Mit den psychischen Mechanismen werden jene geistig-seelischen Abläufe bezeichnet, die bewirken, dass nicht wir den Konflikt haben, sondern der Konflikt uns. Sie umfassen die Veränderungsprozesse im

Oft nehmen wir Veränderungen gar nicht wahr

❖ Fühlen,
❖ Wahrnehmen, Vorstellen, Denken,
❖ Wollen,
❖ Verhalten.

Ihre (selten bewussten) Veränderungen geben den Ausschlag dafür, ob und inwieweit ein Konflikt eskaliert. Sie definieren die Richtung, in die sich der Konflikt entwickelt. Der Überblick über die Beiträge, die die Mechanismen am Teufelskreis oder Zirkelprozess (F. Glasl) leisten, ermöglicht es, sowohl die beschriebenen Phasen in der Konfliktgenese und im Konfliktverlauf als auch die Eskalationslogik besser nachvollziehen zu können. Außerdem verdeutlicht er, wie es kommt, dass wir in einen Konflikt hineinschlittern – und warum es so schwer fällt, den Weg hinaus zu finden.

Veränderungprozess im Fühlen

Unser Fühlen wird einseitig

Im Konflikterleben nimmt die eigene Empfindlichkeit zu. Wir achten auf Zwischentöne. Gleichzeitig streben wir danach, uns nicht verunsichern oder aus der Fassung bringen zu lassen. Allmählich entwickeln sich emotionale und kognitive Dissonanzen: Fanden wir den Kontrahenten zu Beginn noch recht sympatisch, schleichen sich in diese Gefühle allmählich negative ein. Dies verwirrt uns zusätzlich und beeinträchtigt unsere Handlungsfähigkeit.

Folglich wollen wir Ordnung schaffen und wieder handlungsfähig werden. Das tun wir, indem wir polarisieren. Polarisieren bedeutet, in gut und böse zu trennen. Die Vielfalt der Gefühle wird auf diese zwei Varianten reduziert. Dabei reservieren wir die angenehmen Gefühle für uns selbst, die unangenehmen für den Kontrahenten. Damit ist die Gefühlswelt wieder eindeutig.

Der Preis ist hoch: Wir verlieren das Gefühl und den Blick für den anderen. Empathie geht verloren. Dieser Verlust hängt mit dem Zusammenspiel von Fühlen und Denken zusammen. Denn der gleiche Prozess findet im kognitiven Bereich statt. Wir tendieren dazu, eine Art Monopol für Wahrheit zu besetzen: Was wir als Wirklichkeit annehmen, ist für uns die Wirklichkeit. So entstehen Wahrnehmungslücken und Wahrnehmungsverzerrungen. Wir entfernen uns immer mehr vom anderen und sind auf unsere eigenen Vermutungen angewiesen. An diese pflegen wir zu glauben. Da dies beide Parteien tun, kapseln sie sich voreinander ab. Am Ende dieses Abkopplungsprozesses steht, dass jede Partei ein Bild von der anderen hat und folglich Bilder von Personen, nicht mehr die realen Personen aufeinander reagieren.

Veränderungsprozess im Wahrnehmen, Vorstellen, Denken

Unser Wahrnehmen und Denken verengt sich

Im Zuge der emotionalen Erregung stellen sich unsere Wahrnehmungsfilter um. Wir nehmen zunehmend selektiv wahr. Unsere »Antennen« empfangen vor allem das, was unseren Erwartungen und Vorstellungen von dem entspricht, was wir dem Gegner zutrauen oder nicht. Auf diese Weise verstärken sich negative Bilder und Vorurteile. Wir finden unsere Annahmen und Vorhersagen bestätigt (Self fulfilling prophecy). Mit der Zeit bildet sich ein »Röhrenblick« (F. Glasl) aus: Die Wirklichkeit, die wir wahrnehmen, nimmt an Komplexität und Differenziertheit ab, an Einfachheit und Einfältigkeit zu. Auch die mittel- und langfristigen Folgen des eigenen Tuns werden immer weniger überlegt und in das eigene Verhalten eingebaut.

Veränderungsprozesse im Wollen

Die Einseitigkeit im Fühlen und Wahrnehmen sowie Denken wirkt sich darauf aus, was wir wollen. Die Vorstellungen sowohl von dem Lösungsweg als auch vom Ziel selbst lassen immer weniger Spielraum und Varianz zu. Der Wille tendiert dazu, sich auf bestimmte Vorstellungen zu versteifen. Er beharrt darauf, ein Ziel ausschließlich auf dem und dem Weg zu verfolgen. Als Ziel oder Lösung kommt nur das und das infrage. Der Wille verengt sich also, wird absolut, radikal und ultimativ.

Das Wollen wird ultimativ

Veränderungsprozesse im Verhalten

Die Logik der Egozentrik pflanzt sich im Repertoire der Verhaltensoptionen fort. Zum einen nimmt ihre Vielfalt ab. Zum anderen decken sich die Absichten immer weniger mit dem, was durch Worte und/oder Taten angezettelt wird. Der Konflikt ist im Anmarsch, die Kontrolle zu übernehmen. Denn: Worte und Taten rufen zunehmend Wirkungen hervor, die wir nicht beabsichtigen. Erkennen wir dies, sind wir über uns selbst wütend – und bestrafen den anderen, weil »der Schuld« sein muss. Diese Projektion dient der eigenen Entlastung und dem Schutz des Selbstwertgefühls. Bemerken wir den Fauxpas nicht, interpretieren wir die aggressivere Gegenreaktion als verstärkte Feindschaft. Deshalb reagieren wir mit einem Gegenangriff massiverer Art. Es entstehen »dämonisierte Zonen« (F. Glasl): Der Gegner wird durch mein Handeln zu Reaktionen veranlasst, deren Folgen er nicht wollte. Ich schlage mit geballter Kraft zurück und rufe damit meinerseits unbeabsichtigte Wirkungen hervor. Die jeweiligen Konsequenzen sind unleugbar. Trotzdem übernimmt keine Partei die Verantwortung für diese Dynamik. Damit berauben sie sich der Möglichkeit, diese Logik zu unterbrechen und das Steuerrad wieder zu übernehmen.

Der Verhaltensspielraum nimmt ab

Die häufigsten Eskalationsstufen

Die umrissene Eskalationsdynamik hat F. Glasl in neun Stufen und drei Phasen abgebildet. Jeder Stufenwechsel gleicht dem Überschreiten einer Schwelle und jedes Überschreiten bezeichnet eine neue Qualität im Konflikt. Diese ist identisch mit der Verschärfung und diese wiederum meint, dass konstruktive Lösungen in wachsendem Maße in weite Ferne rücken.

Die Eskalationsdynamik in ihren drei Phasen und neun Stufen

Die **Phase 1** weist **drei Stufen** auf: 1. Stufe Verhärtung; 2. Stufe Debatte und Polemik; 3. Stufe Taten statt Worte.

1. Stufe: Verhärtung

Merkmale: Aus Interessen werden Standpunkte. Diese prallen aufeinander. Zeitweilige Ausrutscher bewirken Irritationen und Verunsicherung, sodass die Parteien sich gegeneinander zu verschließen beginnen. Vorbehalte nehmen zu und die Kommunikation leidet unter der zunehmend einseitigen selektiven Filterung der Wahrnehmung. Es entsteht ein Bewusstsein der bestehenden Spannung. Noch herrscht aber die Überzeugung vor, die Spannung in gemeinsamen Gesprächen lösen zu können. Die Bereitschaft zur Kooperation ist noch stärker als das Rivalitätsdenken.

2. Stufe: Debatte und Polemik

Merkmale: Gegensätze werden durch Debattieren und Polemisieren ausgetragen. Polarisierungen und Schwarzweißdenken prägen die Auseinandersetzung. Entsprechend nimmt das wechselseitige Zuhören und Aufeinandereingehen ab. Polemik bricht durch. Es werden trickreiche verbale Taktiken gefahren. Argumente werden genutzt, um die eigene Überlegenheit zu sichern und um den anderen zu verunsichern. Zwischen Fakten werden kausale Verknüpfungen behauptet. Anspielungen, Seitenhiebe, vordergründige Höflichkeit – das alles sind Züge im Kampf um Überlegenheit. Allianzbildung setzt ein: Unter Einbezug von Dritten will man sich Anerkennung holen. Noch wechseln Haltungen der Kooperation und Konkurrenz ab. Es dominiert der Wunsch, durch Diskussion zur Lösung zu kommen.

3. Stufe: Taten statt Worte

Merkmale: Das Gefühl herrscht vor, Reden hilft nichts mehr, also müssen Taten beweisen, worum es geht. Es kommt zur Konfrontation. Diskrepanzen zwischen verbalen Aussagen und nonverbalem Verhalten nehmen zu. Pessimistische Erwartungen, die aus gewachsenem Misstrauen resultieren, bewirken, dass sich die Parteien zunehmend abgrenzen. Eine rivalistische Haltung dominiert.

Die Erfahrung zeigt, dass in dieser ersten Phase die Möglichkeit besteht, die Wende zum Konstruktiven zu bewerkstelligen, weil noch kein irreversibler Schaden angerichtet ist.

Die **Phase 2** durchläuft die Stufen: 4. Stufe Images und Koalitionen; 5. Stufe Gesichtsverlust; 6. Stufe Drohstrategien.

4. Stufe: Images und Koalitionen

Merkmale: Vorurteile verdichten sich zu Stereotypen und Klischees. Es werden Image-Kampagnen initiiert und Gerüchte in die Welt gesetzt, die die Auseinandersetzung beherrschen. Dadurch manövrieren sich die Gegner in negative Rollen und bekämpfen diese. Der Prozess der Selffulfilling Prophecy wird eingeleitet durch die Fixierung auf einseitige und verzerrte Feindbilder, die durch neue Erfahrungen nicht mehr korrigiert werden. Es wird mit den Mitteln des kalten Konflikts operiert: mit nicht nachweisbaren Böswilligkeiten.

5. Stufe: Gesichtsverlust

Merkmale: Kränkungen und Beleidigungen werden als Anschläge auf den Kontrahenten interpretiert und nicht mehr als versehentliche Übergriffe. Die Parteien sind jetzt der Überzeugung, die destruktiven Motive des Feindes zu durchschauen. Deshalb wird die gemeinsame Geschichte rückwirkend neu geschrieben: Alle Erlebnisse werden jetzt »passend« interpretiert. Die verwerflichen, feindseligen Absichten werden als von Beginn an vorhanden unterstellt. Das legitimiert rücksichtslose Attacken.

6. Stufe: Drohstrategien

Merkmale: Die Spirale von Drohung und Gegendrohung dreht sich immer schneller, die Parteien wollen sich so zum Nachgeben zwingen. Da Drohungen nur dann wirken, wenn der Gegner glaubt, dass der Drohende seine Ankündigung realisieren kann, muss der Drohende seine Entschlossenheit demonstrieren. Drohungen zwingen zu Selbstbindungsaktivitäten; denn sie erzeugen auch beim Drohenden Handlungszwang. Dadurch besteht die Gefahr, dass ihm die Zügel aus den Händen gleiten und eigene Initiativen unmöglich werden. Beide Parteien stehen unter enormer Anspannung. Dieser Stress wird durch ultimative Forderungen und Gegenforderungen laufend gesteigert.

In dieser zweiten Phase ist eine konstruktive Wende ohne externe Beratung oder Mediation erschwert. Ab Stufe 5 ist es kaum noch möglich. Zu viel Schaden ist angerichtet an den Selbstbildern und dem Selbstwertgefühl der Kontrahenten.

Phase zwei:
Win-Win ist erschwert;
Tendenz zu Win-Lose

Phase drei:
Win-Lose ist
wahrscheinlich;
Tendenz zu Lose-Lose

Die **Phase 3** durchläuft die Stufen: 7. Stufe Begrenzte Vernichtungsschläge; 8. Stufe Zersplitterung des Feindes; 9. Stufe Gemeinsam in den Abgrund. Im normalen privaten wie betrieblichen Alltag finden wir die Stufe 7 noch recht häufig im interpersonellen Konflikt, während die Stufen 8 und 9 selten auftreten und mehr auf Gruppen bezogen sind.

7. Stufe: Begrenzte Vernichtungsschläge

Merkmale: Die Kontrahenten sind der Überzeugung, dass es nichts mehr zu gewinnen gibt. Entscheidend ist für sie, ob der Verlust auf der gegnerischen Seite größer ist als der eigene. Der Schaden des anderen wird zum Anlass zur Freude. Drohungen werden in die Tat umgesetzt, begrenzte Zerstörungen ist als passende Antwort gemeint. Überproportionale Gegenschläge werden noch vermieden, weil man selbst überleben will.

8. Stufe: Zersplitterung des Feindes

Merkmale: Die Kontrahenten visieren die Zersplitterung des feindlichen Systems an. Deshalb versuchen sie, vitale Systemfaktoren oder Organe zu zerstören und das System dadurch funktionsuntüchtig/unsteuerbar zu machen. Angestrebt wird die totale Zerstörung des Gegners durch Lahmlegen wichtiger Funktionen.

9. Stufe: Gemeinsam in den Abgrund

Merkmale: Man sieht keinen akzeptablen Weg mehr zurück. Die Parteien gehen auf totale Konfrontation, deren einziges Ziel in der totalen Vernichtung des Feindes besteht, auch zum Preis der Selbstvernichtung.

Zusammenfassung

Das Stufenmodell der Eskalationslogik verdeutlicht noch einmal, wodurch Konflikte so heftig und scharf werden. Es hilft uns in diagnostischen und strategischen Bemühungen: Wir können durch systematisches Fragen erkennen, in welcher Stufe wir sind, warum uns das Umkehren zum Konstruktiven schwer fällt – und was wir an Optionen nutzen können, um eben diese Wendung einzuleiten.

Selbstverständlich meint das Modell nicht, dass in einem Konflikt sämtliche Phasen und alle Stufen strikt nacheinander durchlaufen werden. Einzelne Stufen können übersprungen werden. Das gilt vor und zurück.

Meistens intensiviert sich ein Konflikt sukzessive. Ein Mindestmaß an Harmoniebedürfnis hemmt uns, sofort mit der Tür ins Haus zu fallen, aufs Ganze zu gehen und vielleicht Vertrauen auf Nimmerwiedersehen zu verabschieden.

Das folgende Beispiel zeigt, wie schnell die schrittweise Verschärfung verlaufen und wie zwischen den Stufen hin- und hergesprungen werden kann.

Fallbeispiel: Gute Beziehung – was nun?

Martin Mohn (50 Jahre) und Timm Klar (43 Jahre) arbeiten seit vier Jahren zusammen. Herr Klar ist Herrn Mohn unterstellt. Zwischen ihnen hat sich ein freundschaftliches Verhältnis entwickelt.

Die Zusammenarbeit klappte bis vor etwa einem Jahr außergewöhnlich gut. Dann stellte Herr Mohn allerdings fest, dass Herr Klar die freundschaftliche Beziehung ins Büro trägt. Das zeigt sich beispielsweise darin, dass Herr Klar die Aufträge von Herrn Mohn »endlos« diskutieren will; oder darin, dass er Hinweise auf mangelnde Qualität auf die leichte Schulter nimmt. Er spielt die Ernsthaftigkeit, mit der Herr Mohn seine Kritik vorbringt, zunehmend mit dem Hinweis auf die Freundschaft herunter und verändert sein Verhalten nicht. Herr Mohn ist ratlos. Er sieht sich in der Verantwortung, die Aufgaben mit seinem Team sehr gut zu erledigen. Dazu gehört auch, dass Herr Klar seinen Beitrag leistet. Gleichzeitig will er die Freundschaft mit Herrn Klar nicht riskieren. Aus diesem Grund hat Herr Mohn seine Kritik bisher nur vorsichtig geäußert.

Heute trafen sich die beiden Herren im Büro von Herrn Mohn. Herr Mohn erkundigt sich nach dem Verlauf des Projektes, das Herr Klar leitet. Hier der Dialog mit in Klammern gesetzten Bemerkungen zur Eskalation.

M: »*Na, Timm, wie steht's denn mit dem Projekt?*«

T: »*Och, ganz gut.*«

M: »*Was heißt das? Seit ihr im Zeitplan?*«

T: »*Im Großen und Ganzen schon, ja. Es gibt einige Verzögerungen. Es geht um circa dreieinhalb Wochen; aber das wird schon.*«

M: »*Wir können uns Verzögerungen diesmal nicht leisten. Darauf habe ich schon mehrmals hingewiesen. Wie wirst du sie einholen?*«

T: »*Ja, das weiß ich. Aber was heißt schon ›einholen‹? – Der Fortschritt hängt ja nicht allein von mir ab! Erwarte von mir bitte keine Wunder!*«

M: »*Nicht Wunder erwarte ich von dir, sondern dass du deinen Aufgaben sorgfältig nachgehst und dich an Vereinbarungen hältst!*«

T: »*Würdest du bitte aufpassen, wie du mit mir redest! – Der Zeitplan kann nicht eingehalten werden, weil Störungen im Ablauf eingetreten sind! Daran kann auch dein Chefgetue nichts ändern.*«

(Langsam schleicht sich die Beziehungsebene ein; Stufen 1 und 2.)

M: »*Bleib bitte sachlich. Wir sind im Geschäft und da trage ich nun mal die Verantwortung dafür, dass alles läuft. Ich bitte dich deshalb, mir bis morgen gegen Mittag einen schriftlichen Bericht darüber zu geben, welche Störungen zu welchen Zeitverschiebungen führen.*«

T: »*Wie soll ich das denn machen? – Es geht nur eines: Bericht schreiben oder gucken, dass es vorangeht. Was ist dem werten Chef denn lieber, hä?*«

M: »*Timm, ich brauche den Bericht bis morgen, weil ich der Geschäftsführung rapportieren muss.*« (Versuch, auf Stufe 1 zu wechseln mit der Absicht, Einsicht zu erzeugen und damit Verständnis für die Forderung.)

T: »*Dann verschieb den Termin halt. Die können ja auch mal warten!*«

(Reagiert auf das Befriedungsangebot nicht, sondern macht auf Stufe zwei, mit der Neigung zu Stufe 3, weiter.)

M: »*Also gut. Du willst es ja nicht anders. Ich habe mir deine saloppe Art lange genug gefallen lassen und dabei einige Rügen von oben kassiert. Bei diesem wichtigen Projekt habe ich keine Lust, wieder Kritik zu ernten. Ich stelle dir ein Ultimatum: Entweder ich habe den Bericht bis morgen gegen Mittag oder ich entziehe dir die Leitung des Projekts ab sofort!*«

(Wechsel von Stufe 1 auf Stufe 6: Drohung mit Gesichtsverlust Stufe 5.)

T: »*Sag mal, du spinnst wohl! Was soll denn das Theater? Wir sind doch bisher stets gut miteinander klargekommen. Außerdem sind wir Freunde!*« (Versuch, auf Stufe 1 zu wechseln, indem er an die Beziehung appelliert und so auf Milde hofft. Er mischt hier Sach- und Beziehungsebene, was beschwichtigen soll.) »Außerdem wüsste ich nicht, wen du da nehmen könntest. Also, was soll die Droherei? Was meinst du, wenn ich mit Dienst nach Vorschrift reagieren würde?«

(Wechsel auf Stufe 6: Gegendrohung und Abtasten der Ernsthaftigkeit der Drohung von Martin Mohn.)

M: »Erstens habe ich sehr wohl eine Person im Auge. Und zweitens würde ich deine Streikerei mit Absetzung beantworten.«

T: »Du spinnst total! Wie würde es wirken, wenn du mich absetztest? Jeder weiß doch, dass wir befreundet sind. Ach, das könntest du dir vom Image her gar nicht leisten. Verliere ich das Gesicht, verlierst du es auch!«

(Verbleiben auf Stufe 6 mit Hinweis darauf, auf den Stufen 4 und 5 aktiv werden zu können; verbale Ankündigung, auf Stufe 7 zu wechseln.)

M: »Ich würde den Schaden besser überstehen als du! Ich kann dir nur raten, dich diesmal zusammenzureißen. Wenn nicht, kann ich dir nicht mehr helfen. Ich habe schließlich die Verantwortung und muss im Interesse der Firma handeln.«

(Einsicht, dass eine weitere Eskalation zur Realisierung der Drohung zwingt und damit Stufe 7 gezündet wäre; Entschluss, dies nicht unnötig zu riskieren, weil damit die Freundschaft zerstört wäre; deshalb wieder Wechsel zu Stufe 1 mit dem Signal auf eine gütliche Einigung.)

Wie können wir zwischenmenschliche Konflikte konstruktiv nutzen?

Typische Strategien, einen Konflikt zu managen

Die Antwort auf die gestellte Frage erarbeiten wir aus drei Perspektiven. In der **ersten Perspektive** fasse ich die verschiedenen Strategietypen zusammen. Die fünf Strategien untersuche ich zudem dahingehend, welche Strategie von welcher Grundmotivation in der Gefühlsausrichtung und von welcher Grundeinstellung in der Beziehungsorientierung nahe gelegt wird. Der Sinn, diesen Bogen zu schlagen, liegt in der praktischen Orientierung: Je besser wir die eigenen und die grundsätzlich wirkenden Motivationen und Beziehungsdefinitionen bei anderen einschätzen können,

❖ desto weniger werden wir negativ überrascht;
❖ desto sensibler können wir uns auf den anderen einstellen;
❖ desto kompetenter können wir den Konfliktverlauf mitgestalten;
❖ desto alerter achten wir darauf, Fallen, die uns die psychischen Mechanismen stellen, zu umfahren;
❖ desto wahrscheinlicher wird es, eine tragfähige Lösung zu finden.

Die **zweite Perspektive** rückt die Konfliktarten in den Vordergrund und fragt nach den Schwerpunkten in der Konfliktbehandlung. Die **dritte Perspektive** bietet methodische Anregungen, sich im Konflikt zu verhalten.

Die erste Perspektive: Die fünf Strategien

Die folgenden Strategien orientieren sich an zwei Perspektiven: dem Anliegen, primär oder tendenziell zuerst eigene Bedürfnisse zu befriedigen bzw. primär oder tendenziell zuerst die Befriedigung der Bedürfnisse des Partners anzustreben (vgl. auch Mahlmann 1998).

Die fünf Strategien als Ansatzpunkt

Rückzug oder Flucht

Die Parteien A und B haben einen Konflikt. A zieht sich zurück und verzichtet damit darauf, eigene Interessen zu verwirklichen. Inwiefern Partei B ihre Interressen entfalten kann, hängt davon ab, inwiefern B auf A angewiesen ist. Im Regelfall verlieren hier beide Personen.

> Herr Martin Mohn und Timm Klar (aus dem letzten Beispielfall) wissen beide um die Spannung in der Arbeitsbeziehung. M. Mohn geht auf T. Klar zu und möchte mit ihm einen Termin und Ort für eine offene Aussprache festlegen. Herrn Klar ist diese Aussicht unangenehm. Deshalb erwidert er: »Äh, tut mir Leid. Aber ich habe meinen Planer nicht dabei und kann überhaupt nicht absehen, wann ich Zeit habe.« – Diese Flucht lässt eine gespannte Atmosphäre und einen frustierten Martin Mohn zurück. Der »Vorteil« von Herrn Klar (Vermeidung der Konfrontation) ist kurzfristig; denn der Konflikt schwelt weiter und wird über kurz oder lang wieder an der Oberfläche auftauchen. Wie der Volksmund sagt: Aufgeschoben ist nicht aufgehoben.

Offenkundig bevorzugt Herr Mohn den kooperativen Umgang und wird von Hinwendung dazu motiviert, auf Herrn Klar zuzugehen. Dieser hingegen scheint der Gefühlsausrichtung Abwendung näher zu stehen und präferiert die individualistische Grundeinstellung. – Wie bereits im Kapitel zu den inneren Konflikten hervorgehoben, bedarf es großer Anstrengung, Geduld und Feinfühligkeit, um im Rahmen derartig divergenter Handlungstendenzen einen gemeinsamen Weg zu finden und ein gemeinsames Ziel zu definieren.

Unterdrückung

Partei A ergibt sich und überlässt Partei B das Feld. A wird insofern wieder verlieren, als ihre Interessen keine Verwirklichung finden. (Korrigiert sie ihre Zielvorstellung, verändert sich die Bewertung.) B wird, je nach Abhängigkeit von der Mitwirkungsnotwendigkeit von A, im günstigsten Fall gewinnen. Der Konflikt wird auch diesmal nicht bearbeitet oder manifest gemacht, sondern verdeckt oder – von A – geleugnet.

Nach der Abfuhr, die Herr Mohn erlitten hat, kann er sein Bedürfnis nach einem klärenden Gespräch unterdrücken. Das ist schmerzhaft und bindet psychische Energie. Im Kapitel »Innere Konflikte« sahen wir, dass dies durch Verdrängung, Ablenkung oder Sublimierung geschieht. Er könnte sein Bedürfnis strikt leugnen: »Ich will das gar nicht.« Ferner könnte er seinen Wunsch und den Konfliktanlass bagatellisieren: »Ich bin wohl zu empfindlich. Eigentlich ist ja alles in Ordnung. Außerdem gehört zu einem Manager die Fähigkeit, Spannung auszuhalten.« Er könnte auch Ablenkung suchen: »Am besten kümmere ich mich um meine anderen Mitarbeiter. Ich glaube, die habe ich ohnehin vernachlässigt.« Oder er kann sublimieren: »Ich sollte meine Kritik in ein offizielles Qualifikationsgespräch einflechten.«

Die in Rede stehende Strategie verlegt den interpersonellen Konflikt schwerpunktmäßig ins Innere. Dazu tendieren insbesondere Nähe suchende Menschen, die aufgrund ihres Konsensbedürfnisses der kooperativen Einstellung anhängen.

Kampf oder Durchsetzung

Hier steht das eigene Interesse und Ziel im Vordergrund. Zu ihrer Durchsetzung werden offene Angriffe oder versteckte Attacken gefahren. Am Ende gibt es einen Verlierer und einen Gewinner. (Der Sieg kann allerdings trügerisch sein. Denn kurzfristig trägt der Sieger zwar die Durchsetzung seiner Bedürfnisse als Trophäe vom Schlachtfeld. Als Preis muss er die Zerstörung der Beziehung in Kauf nehmen und damit rechnen, dass der Verlierer auf seine Gelegenheit lauert, es ihm heimzuzahlen.)

Martin Mohn könnte sich mit der Abfuhr von Timm Klar nicht zufrieden geben und auf Kampf umstellen. Als »kalter Krieg« geführt, könnte er beispielsweise ein Mitarbeitergespräch ansetzen und so Herrn Klar dazu zwingen, mit ihm zu reden. Er könnte sich auch entschließen, den Konflikt »heiß« auszutragen und sich durchzusetzen, indem er seinem Mitarbeiter mit Abmahnung droht und ihn mittels eines Ultimatums erpresst.

Im Rahmen seiner Zielsetzung, nämlich eine Aussprache mit F. Klar zu führen, sind die Chancen mit der Kampfstrategie naturgemäß gering. Denn wer lässt sich schon zu Intimität zwingen! Die Kampfstrategie wird vor allem von Personen bevorzugt, deren Gefühlsausrichtung Gegenwendung und deren Grundeinstellung rivalistisch ist.

Kompromiss

Kompromiss ist der Versuch, beidseitig »ein wenig zu gewinnen«, was logisch und praktisch bedeutet, gleichzeitig »ein wenig zu verlieren«. Die Parteien treffen sich in der viel zitierten »Mitte«, die nichts anderes symbolisiert als eine beidseitig akzeptierte, »gesunde«, weil tragfähige Lösung. Der Kern eines guten Kompromisses besteht darin, dass beide Seiten ihre Kerninteressen verwirklicht finden.

Im Fall des Kompromisses liegt es auf der Hand, dass sowohl M. Mohn als auch T. Klar grundsätzlich bereit sein müssen, aufeinander zuzugehen. Es kann sein, dass es Herrn Mohn gelingt, diese Konzilianz in F. Klar zu wecken, indem er ihm anbietet, sich abends auf ein Glas Wein zu treffen. Dadurch wäre der Aussprache der förmliche und strenge Charakter genommen. Das Bedrohungspotenzial wäre entschärft. Durchaus möglich ist ferner, dass Herr Klar die Notwendigkeit einer Aussprache einsieht und von sich aus einen Termin nennt. Dieser Termin läge wahrscheinlich in der Zukunft (in ein bis zwei Wochen), weil Herr Klar einer Scheu oder Abneigung (Es-Impulse, Unlustprinzip), vielleicht auch seinem schlechten Gewissen über seine defizitäre Arbeitsleistung (Über-Ich-Impuls) Rechnung tragen muss. Herr Mohn (von dem dieser Vorschlag übrigens auch kommen könnte) könnte dies akzeptieren, weil sein Wunsch erfüllt wird, wenn auch nicht sofort.

Die Kompromiss-Strategie finden wir als hauptsächlichen Stil bei kooperativ eingestellten Personen. Tendieren sie besonders zu Hinwendung, sind das gute Vorzeichen für nachhaltige Lösungen. Von individualistisch Orientierten wird sie von Fall zu Fall, je nach Interessenlage, angewandt. Da sie primär auf sich selbst gerichtet sind und ihre Bedürfnisse ins Zentrum stellen, fallen Kompromisse prinzipiell »wackeliger« aus. Das Risiko des Konfliktpartners besteht darin, »über den Tisch gezogen« zu werden und sich auf einen Kompromiss einzulassen, der sich im Nachhinein als faul entpuppt.

Integration

Die Integration steht unter dem Stern, Synergie und Synthese zu realisieren. Die Kontrahenten sind gleichermaßen bestrebt, Verständnis für die Interessen und Motive des anderen zu entwickeln. Sie suchen gemeinsam nach Wegen und Lösungsoptionen, die es erlauben, dass beide Interessenlagen zum Tragen kommen. Partei A bezieht alle Aspekte von B in ihre Überlegungen ein und umgekehrt. So wächst die Wahrscheinlichkeit, dass beide gewinnen. Dieses Verfahren eröffnet völlig neue Lösungen, an die niemand vorher gedacht hat. Das Spektrum des Möglichen wird neu entdeckt. (Hier empfiehlt sich besonders das Harvard Verhandlungskonzept, vgl. Seite 113f.)

Herr Mohn und T. Klar würden in diesem Fall den Weg zum eigentlichen Ziel machen. Denn eine integrative Strategie impliziert das Offenlegen aller Karten, also bereits die von Herrn Mohn angestrebte Aussprache.

Es ist selbstredend, dass die Integration besonders kooperativ und zuwendungsgesteuerten Personen liegt. Ihnen fällt es leicht, diese Strategie zu fahren. Empathie ist ihnen ein Anliegen. Kooperative Einstellung in Kombination mit der individualistischen Beziehungsorientierung erschwert die Durchführung der integrativen Strategie. Denn die Ich-Bezogenheit muss zum Teil aufgeweicht werden und einer Du-Bezogenheit Platz einräumen. Ähnlich verhält es sich bei der Konstellation Abwendung und Kooperation. Das fällt den Betroffenen schwer. Bei Gegenwendung im Verbund mit Rivalismus erscheint die Integration gar nicht erst am Horizont.

Die zweite Perspektive: Konfliktarten

Wie in dem Abschnitt »Konfliktarten« (vgl. Seite 80ff.) erwähnt, bezeichnen die einzelnen Kategorien zentrale Aspekte, um die es den Kontrahenten geht. Die folgenden Ausführungen illustriere ich an den genannten Beispielen.

Interessenkonflikt: Hier liegt der Akzent der Auseinandersetzung darauf, die im Spiel befindlichen Wünsche, Bedürfnisse, vielleicht auch Befürchtungen offen zu legen. Dies ermöglicht, dass die Konfliktpartner die Motive, von denen sie getrieben werden, kennen lernen und verstehen können. Der Verstehensprozess wird gefördert, wenn zusätzlich das Warum oder Ziel: die Einbettung der Motive und Interessen formuliert wird. Auf diese Weise haben die Kontrahenten die Chance, das vertretene Interesse jeweils ganzheitlich und sinnhaft einzuordnen.

> Der Produktionschef und die Verkaufschefin erläutern einander, in welchem Pflicht- und Zielzusammenhang ihre Interessen stehen. Sie fördern das wechselseitige Verstehen, wenn sie bei ihren Erläuterungen zwei Argumentations- oder Fragelogiken nutzen: »Ich brauche möglichst viel von …, um …« und: »Wenn ich das nicht habe, dann passiert …« Beispielsweise argumentiert der Produktionschef: »Ich brauche möglichst viel Aufträge, die den standardisierten Abläufen entsprechen, weil ich sonst weniger externe Aufträge bearbeiten kann. Diese brauche ich, um die Produktion auszulasten und mit dem erwirtschafteten Überschuss der Forschungs- und Entwicklungsabteilung unter die Arme zu greifen …«

Ziel- und Beurteilungskonflikt

Da Ziele Ergebnisse von Beurteilungsprozessen sind, können wir sie zusammen behandeln. Wieder geht es im ersten Schritt darum, die Wahrscheinlichkeit zu erhöhen, dass die Kontrahenten nachvollziehen können, welches Ziel verfolgt wird. Auch hier empfiehlt sich, die Vernetzung der eigenen Ziele mit weiteren Zielen und denen anderer Personen, Abteilungen, Bereiche, Hierarchieebenen darzustellen. Dies hat neben der Mitteilung den Effekt, dass beiläufig eine Zielüberprüfung stattfindet. (Diese kann auch systematisch betrieben werden.) Alle Ziele werden in den übergeordneten gemeinsamen Kontext eingegliedert. Ihr Stellenwert wird überprüft. Die leitenden Fragen sind: Wer verfolgt genau welche Ziele? Welche Funktion haben sie im übergeordneten Zielsystem des Konfliktumfeldes? Gegebenenfalls kommt es zu Ziel- oder Präferenzkorrekturen.

In einer weiteren Möglichkeit, sich zu einigen, führt die Aufmerksamkeit vom Ziel weg und zum Weg hin. Die zu diskutierenden Fragen lauten hier: »Welche Wege könnte ich noch beschreiten, um zum Ziel zu gelangen? Welche sind möglich und denkbar, welche davon realistisch?« So besteht eine gute Chance, einen gleichwertigen Ersatz für den Weg zu finden, den bisher jede Partei bevorzugt.

Vielleicht entdeckt die Verkauflsleiterin, dass ihr Ziel »Kundenzufriedenheit« nicht nur über das Erfüllen von Sonderwünschen erreichbar ist. Dies könnte ebenso geschehen durch den Ausbau von Serviceleistungen, der verfeinerten Kundenbetreuung oder einer verbesserten Kundeninformation über Veranstaltungen (events).

Rollenkonflikt

Rollenkonflikte sind primär innere Konflikte. Sie erzeugen einen Handlungszwang, der auf der sozialen Bühne geleistet werden muss. Vorerst ist der Entscheidungsprozess ein innerer Vorgang. Aus diesen Gründen empfehlen sich die im Kapitel »Innere Konflikte« aufgeführten Vorgehensweisen. Zusätzlich sei betont, dass Rollenkonflikte im Geschäftsleben in beiden thematischen Dimensionen gesondert behandelt werden sollten: Nämlich in der privaten oder persönlichen und in der beruflichen. In beiden Dimensionen geht es darum, Motiv-, Ziel- und Wirkungszusammenhänge innerhalb der Dimensionen und gegebenenfalls übergreifend zu beleuchten.

Die Verkaufschefin überlegt gesondert, welche Relevanz ihre Freundschaft mit dem Produktionschef für ihr Leben und welche Funktionen sie als Verkaufschefin hat. Dann betrachtet sie die möglichen Auswirkungen ihrer Entscheidungen im Beruf bzw. im Privatleben. Schließlich wägt sie ab, was für sie wichtig ist.

Strukturkonflikt

Das Augenmerk liegt hier auf organisatorischen und strukturellen Maßnahmen sowie der Frage, welche Veränderungen zur Konfliktlösung beitragen.

Die Prozedur der Mitarbeitergespräche und Qualifikationen könnte dahingehend verändert werden, dass die Projektleiter primär die Gespräche führen. Die Ergebnisse samt ihrer Empfehlungen für Qualifikationen und Förderung werden dann dem Linienvorgesetzten zugeleitet. Dies bildet die Basis für das weitere Mitarbeitergespräch. Praktikabel ist aber auch eine zu dritt geführte Gesprächspraxis. Die Mitsprache der Projektleiter ist dabei auf die Projektmitarbeit beschränkt. (Das könnte zeitlich in dem formellen Ablauf des Gesprächs eingebaut werden. Der Projektleiter müsste dann nicht während des gesamten Gesprächs anwesend sein.)

Beziehungskonflikt

Da hier die Beziehung zwischen den Kontrahenten zur Sprache kommt, verlaufen diese Auseinandersetzungen oft sehr emotional. Intensive Gefühle drängen nach außen. Die Partner sollten – und das ist der erste Schritt in der Lösungssuche – einander diese Möglichkeit geben. Das kann nur dann der Fall sein, wenn die Beteiligten keine Furcht haben, dadurch alles Porzellan zu zerschlagen. Gefühlsregungen zu zeigen ist eine Frage des Vertrauens. Die viel beschworene Selbstkontrolle oder Selbstbeherrschung kaschiert. Nicht ausgelebte Gefühle verfärben die weitere Interaktion in jedem Fall. Sie erweisen sich dadurch als Hindernis auf dem Weg zu einer konstruktiven Bearbeitung des Konflikts. Wichtig ist bei den Beteiligten dabei die Haltung der Distanz (zu sich selbst) und Toleranz dem anderen gegenüber. Denn selbstverständlich sollte bei intensiven Gefühlsäußerungen nicht jedes Wort auf die Goldwaage gelegt werden. Der Grad, in dem wir diese Gutwilligkeit empfinden und zeigen können, hängt von der Qualität ab, die die Beziehung vor dem Konflikt hatte. Je tragfähiger sie war, desto mehr vertrauen die Kombattanten (unbewusst, manchmal auch wissentlich) darauf, dass heftige Gefühle keinen dauernden Schaden anrichten. Je brüchiger die Beziehung ist, desto vorsichtiger gehen die Beteiligten miteinander um. Und vorsichtig bedeutet im vorliegenden Zusammenhang: weniger aufrichtig und offen.

Auf der rationalen Ebene sollte zunächst angestrebt werden zu klären, wann (in welchen Situationskonstellationen) es warum zu Reibereien kommt. Ziel ist wieder, wechselseitiges Verständnis und damit Nachvollziehbarkeit herzustellen. Dies gelingt am ehesten, wenn sich die Konfliktpartner über Folgendes austauschen:

❖ Wie sieht mich der Konfliktpartner aus welchen Gründen (klassisches Feedback).
❖ Wo fühle ich mich verkannt, das heißt, wo stimmt das Feedback nicht mit meinem Selbstbild überein.
❖ Des Weiteren ist zu identifizieren, wo Handlungsbedarf besteht und
❖ inwiefern die Kontrahenten den Veränderungswünschen nachkommen wollen: wo warum und wo warum nicht. Am Schluss sollten konkrete Vereinbarungen stehen.

Wertkonflikte

Insbesondere bei Wertkonflikten, in denen Überzeugungen und damit emotional unterlegte Orientierungen eine Rolle spielen, kann es vernünftigerweise nicht darum gehen, einen inhaltlichen Konsens zu erzielen. Es sei denn, die Kontrahenten wollen missionieren. Der Konflikt kann entschärft werden, wenn die Parteien Toleranz entfalten. Das heißt, es muss ein Konsens über den Dissens erzielt werden. Soweit mit den individuellen Grundsätzen Verhaltensweisen verbunden sind, die den Partner negativ betreffen, sollte die Debatte darüber geführt werden, inwiefern diese Auswirkungen reduziert werden können.

Der Teamchef vertritt den Glaubenssatz, im Team müsse Harmonie herrschen. Deshalb müsse jede zwischenmenschliche Dissonanz »ausdiskutiert« werden (behaviorale Auswirkungen). Ein Teammitglied hält das für unnötig, weil es Zeitverschwendung sei (Glaubenssatz: Im Beruf haben Gefühle nichts zu suchen, es zählen nur Arbeitsleistungen). Daher klinkt es sich bei Beziehungskonflikten aus (behaviorale Auswirkung). Das Arrangement könnte heißen: Bei zwischenmenschlichen Reibungen, die der Leistung und daher der Effektivität schaden, bezieht das Teammitglied ebenso wie die anderen Stellung. Es engagiert sich also aktiv im Klärungsprozess.

Die dritte Perspektive: Methodische Anregungen

Anregungen zu verschiedenen Methoden

Es gibt zahlreiche Bücher, die sich mit Fragen der Moderation und der Gesprächsführung in schwierigen und konflikthaften Situationen befassen. Ich beschränke mich deshalb auf einige wenige Anregungen.

Aspekte der Moderation im Konflikt

Zweck: Auflisten gemeinsamer und strittiger Kernpunkte, um

- ❖ die Anliegen und Argumentationen des Gegenübers nachvollziehen zu können,
- ❖ Verbindendes herauszuschälen,
- ❖ Trennendes klar zu definieren.

Dies bildet die Basis für kreative Lösungswege. Die Methode sieht folgendermaßen aus:

Moderation: Kartentechnik

1. Jede Partei notiert gemeinsame und strittige Kernpunkte für sich. (Am besten benutzen Sie dazu Moderationskarten.)
2. Die (auch aus Entfernung lesbaren!) beschriebenen Karten werden an eine Pinwand geheftet.
3. Dabei werden die Stichworte kurz erläutert.
4. Die andere Partei hört nur zu. Lediglich Verständnisfragen sind gestattet.
5. Gemeinsam werden die Karten nach Themen gruppiert.
6. Gemeinsam wird eine Rangfolge definiert, nach der die Anliegen diskutiert werden.
7. Um den Lösungsprozess einzuleiten, kann eine Kreativitätstechnik angewandt werden, zum Beispiel das Brainstorming. (Kreativitätstechniken erleichtern es, über den eigenen Gartenzaun hinauszusehen. Außerdem können sie Spaß machen – und Lachen fördert bekannterweise sowohl den Einfallsreichtum als auch die Sympathie.)
8. Am Schluss (und das alles muss nicht während einer einzigen Sitzung passieren) muss für jeden klar ersichtlich sein, worauf sich die Kontrahenten geeinigt haben und was strittig geblieben ist.

Aspekte der Gesprächsführung im Konflikt

Das Harvard-Konzept

»Getting to Yes«, eine Übereinkunft erzielen, wie der Titel des in deutsch unter »Das Harvard-Konzept« erschienenen Buches lautet, ist Ziel einer jeden Verhandlung. Da jeder Konflikt auch Verhandlungscharakter hat, können wir spezielle Gesichtspunkte dieses Verfahrens für Konfliktsituationen heranziehen.

Verhandlungsführung: Das Harvard-Konzept

Das Harvard-Konzept stellt das sach- oder themenbezogene Verhandeln im Rahmen der **Win-Win-Haltung** in den Mittelpunkt. Es ist eine Strategie, mit deren Hilfe alle Beteiligten Nutzen in den Verhandlungen ziehen sollen. Die Beziehungsebene bleibt unbeschädigt. Die wesentlichen Aspekte, die zur Integration oder zu einem guten Kompromiss führen, sind:

❖ Sach- und Beziehungsfragen voneinander getrennt behandeln;
❖ eigene Interessen und die des Konfliktpartners mitteilen, kennen lernen und wechselseitig verstehen;
❖ das Bemühen verstärken, gute Optionen zu entwickeln, um das Ziel zu erreichen und Lösungen zu finden;
❖ gemeinsame Spielregeln vereinbaren und einhalten.

Im Einzelnen gilt: Egal, mit wem wir den Konflikt austragen und »verhandeln« – wir definieren stets eine Beziehung zum anderen. Wir empfinden Antipathie/Sympathie, Über- oder Unterlegenheit, Gleichwertigkeit oder Rangunterschied usw. Über die Art der Beziehungsdefinition sollten wir uns klar werden. Denn diese Sicht erzeugt in uns selbst Gefühle. Sie bestimmt sowohl die Art, wie wir mit dem anderen kommunizieren, als auch die Bereitschaft, die Anliegen des Partners überhaupt verstehen zu wollen. Entsprechend der Wechselwirkung von Aktion und Reaktion provoziert die eigene Haltung bestimmte Haltungen beim anderen. Eigene Handlungen rufen wiederum gewisse Handlungen beim Gegenüber hervor. Folglich können wir die Wahrscheinlichkeit einer konstruktiven Verhandlung bereits über die persönliche Beziehungsdefinition steigern oder minimieren.

Die Beziehungsebene sollte man in der Auseinandersetzung möglichst von der Sachdimension abkoppeln. Zusätzlich trennt das Harvard-Konzept strikt Interessen von Positionen.

Der gesamte Prozess erstreckt sich über vier Etappen:

1. **Analyse:** Die Kontrahenten versuchen, die Beziehungs- und Sachaspekte des Konflikts herauszukristallieren. Sie tauschen Vorstellungen und Ziele, Wünsche und Interessen aus, sortieren sie und behandeln sie getrennt.
2. **Planung:** Sie entwickeln Handlungsalternativen.
3. **Diskussion:** Sie bemühen sich, unter Anwendung fairer Spielregeln und im Bewusstsein der gegenseitigen Abhängigkeit eine integrative Lösung zu finden.
4. **Durchführung:** Die Vereinbarung wird umgesetzt.

Es kommt darauf an, das Feilschen um Positionen (und Im-Recht-Sein-Wollen) aufgeben und stattdessen Bedürfnisse zum Gegenstand der Auseinandersetzung zu machen.

Das Konzept der Ich-Botschaften

Eine Ich-Botschaft empfiehlt sich, wenn wir ein Anliegen kommunizieren wollen, das emotional besetzt ist. Das betrifft sowohl die Gefühle in der betroffenen als auch in der angesprochenen Person. Wenn ich möchte, dass mein Wunsch akzeptiert (und vielleicht sogar erfüllt) wird, dann sollte ich mein Anliegen entsprechend vortragen. Eine Ich-Botschaft kann in solchen Fällen gute Dienste erweisen.

Gesprächsführung: Die Ich-Botschaft

Die Ich-Botschaft eröffnet dreierlei: Sie erleichtert den Zugang zum anderen. Zweitens macht sie es einfacher, Gefühle und Ansichten zu formulieren, von denen wir vermuten, dass sie dem Gegenüber nicht gefallen oder ihn gar verletzen könnten. Und drittens erhöht sie die Wahrscheinlichkeit, Gehör für eigene Anliegen zu erhalten. Die Ich-Botschaft leistet dies durch einen Dreischritt:

- ❖ Ich beschreibe jene Verhaltensaspekte, die ich beim anderen wahrnehme bzw. wahrgenommen habe. (Beschreiben statt interpretieren und beurteilen!) Selbstverständlich in der Ich-Form.
- ❖ Ich benenne die Folgen, die diese Verhaltensweisen für mich haben.
- ❖ Ich formuliere die Gefühle, die die Verhaltensweisen in mir hervorrufen.

Wem das zu theoretisch ist, der mag sich in die folgende Situation hineinversetzen.

Mitarbeiter M. trifft bei Meetings meistens zu spät ein. Im Grunde ist er ein fleißiger Mensch, der alle möglichen Aufträge übernimmt, aber leider keinen davon richtig zu Ende führt. Beides strapaziert inzwischen die Nerven seines Chefs. Der Vorgesetzte könnte auf den Mitarbeiter zum Beispiel zugehen, indem er sagt: »Herr M., es ist ja nett, dass Sie so viele Arbeiten übernehmen. Aber erstens führen Sie nichts davon richtig zu Ende, zweitens kommen Sie zu Sitzungen ständig zu spät, sodass wir stets wegen Ihnen aufgehalten werden. So geht das natürlich nicht!«

Wie wirken diese Aussagen auf Sie, werte Leserin, werter Leser? Wie würden Sie reagieren, wenn Sie so angesprochen würden? – Wahrscheinlich fühlt sich Herr M. angegriffen, bloßgestellt, in seinem Bemühen verkannt, unverstanden und ungerecht behandelt. Vielleicht bekommt er Schuldgefühle oder er reagiert mit Trotz und Lust, seinem Chef mal die Meinung zu sagen. Auf jeden Fall ist er in seinem Selbstwertgefühl verletzt. Das schürt Frustration oder Aggression. Es kann auch zu Resignation oder Abwehrverhalten führen. Eine denkbar schlechte Startposition für eine konstruktive Konfliktbehandlung. Der Vorgesetzte könnte aber auch eine Ich-Botschaft formulieren:

> »Herr M., ich sehe, dass Sie häufig 20 bis 30 Minuten zu spät in unsere Sitzungen kommen. Da ich auf Ihre Informationen angewiesen bin, hindert das mich und die Gruppe daran, in dem vorgesehenen Zeitrahmen die Tagesordnungspunkte abzuarbeiten. Außerdem habe ich bemerkt, dass von den Aufträgen, die Sie freundlicherweise annehmen, nicht alle bis zum Schluss bearbeitet sind. Das ist problematisch für mich. Denn als Leiter der Abteilung bin ich verantwortlich für die Erledigung der Aufträge. Ich gestehe freimütig, dass mich das ärgert.«

Auch wenn die Formulierung künstlich klingt (Sie können sie ja in die gesprochene Sprache übersetzen!): Ich bin sicher, dass Sie den Unterschied in der Wirkung bemerken. Der Mitarbeiter wird vermutlich weniger verletzt sein, weil er die Konsequenzen seines Tuns als persönliche Belastung anderer verstehen kann. Dadurch, dass er außerdem die Abhängigkeit seines Chefs von seinem Verhalten nachvollziehen kann, werden vor allem kognitive und nicht affektive Prozesse aktiviert. Das heißt, die Einsicht in die Notwendigkeit, das eigene Verhalten zu verändern, wird sich eher einstellen.

Ich-Botschaften fördern zum einen die Einsichtnahme in ein Problem (Konfliktanlass), das ich anderen mache (den ich anderen gebe). Sie fördern zum anderen, dass eine innere Bereitschaft beim Kritisierten auflebt, sich dem Konflikt zu stellen und ihn zu diskutieren.

Fallstudien

Mit den folgenden Fallstudien sollten Sie umgehen wie im vorhergehenden Kapitel. Das heißt, ich bitte Sie wieder, sich zunächst selbst Gedanken und Notizen zu den vorgeschlagenen Fragerichtungen zu machen. Erst im Anschluss daran, erhalten Sie stichwortartig von mir Anregungen.

Experimentieren Sie mit Ihrem Wissen: Fallstudien

Diesmal präsentiere ich Ihnen zwei Perspektiven: nämlich die der jeweils Betroffenen. Die Schilderungen sind also als persönliche Sicht der Situation zu behandeln!

Fallstudie: Ausweichen

Perspektive Herr Vogel

Herr Vogel ist seit zehn Jahren in der Firma. Nach diversen organisatorischen und personellen Veränderungen wurde er vor knapp drei Jahren Chef einer neuen Abteilung. Ihm sind direkt neun Mitarbeiterinnen und Mitarbeiter unterstellt. Vier Personen haben Stabsstellen; die anderen fünf sind selbst Führungskräfte.

Herrn Vogels Führungsstil ist kollegial. Er bevorzugt die offene Kommunikation sowohl mit ihm als auch der Mitarbeiter untereinander. Da er die Arbeiten seiner Expertinnen und Experten koordinieren und regelmäßig (einmal pro Monat) der Geschäftsleitung Bericht erstatten muss, legt er großen Wert auf Zuverlässigkeit und transparente Informationen.

Damit fährt er insgesamt recht gut. Mit einem Mitarbeiter (Stabsstelle) hatte er allerdings von Beginn an Probleme in der Zusammenarbeit. Diese beschreibt Herr Vogel folgendermaßen: Der Mitarbeiter, Herr Rehn, ist seit fast sechzehn Jahren in der Firma. Er ist elf Jahre älter als Herr Vogel. Herr Rehn ist ausgewiesener Experte mit ausgezeichnetem Ruf. Seine Erfahrung, seine Kompetenz und sein Erfolg werden überall gelobt. Sein Selbstbewusstsein und seine Souveränität sind außerordentlich ausgeprägt. Von seinen Ideen ist er derartig überzeugt, dass er Gedanken und Vorschläge von anderen kaum anhört, geschweige denn annimmt. Erschwerend kommt hinzu, dass Herr Rehn Einzelgänger ist. Herr Vogel muss zudem berücksichtigen, dass dieser Mitarbeiter sehr genau um seine Schlüsselposition weiß. Das Unternehmen ist nämlich derartig »verschlankt« worden, dass viele Bereiche mit Schlüsselpersonen arbeiten müssen. Diese Personen erhalten eine zentrale Stellung aus zwei Gründen: ihr Know-how ist notwendig, um den laufenden Betrieb aufrechterhalten zu können, und sie sind bestenfalls mittelfristig zu ersetzen.

Mit Herrn Rehn hat Herr Vogel massive Kommunikationsprobleme. Die arrogante bis herablassende Art seines Mitarbeiters ist das eine. Das andere, das Herrn Vogel belastet, ist das Verhalten von Herrn Rehn, wenn es um die Zielvereinbarung und Auftragserteilung geht.

In diesen Gesprächen hört Herr Rehn den Ausführungen von Herrn Vogel zunächst zwar schweigend zu. Dafür nimmt Herr Vogel die nonverbalen Signale sehr wohl wahr: Stirnrunzeln, skeptischer Blick, hochgezogene Augenbrauen, tiefes Durchatmen, seitwärts gewandte Körperhaltung. Für Herrn Vogel sind das eindeutige Zeichen von Arroganz und Ablehnung. Er spürt deutlich, dass ihn das verunsichert. Er ertappt sich dabei, mehr zu reden, als er eigentlich wollte.

Wenn sich das Ende seiner Ausführungen ankündigt, unterbricht Herr Rehn ihn und hält einen ausführlichen Monolog darüber, warum er das Ziel und den Auftrag unsinnig finde, warum er beides ablehne und was er für viel vernünftiger halte. In seinen Monologen vermittelt er Herrn Vogel vor allem eines: dass er ihn nicht akzeptiert. Zu Beginn dieses Verhaltensmusters hatte Herr Vogel noch versucht, den Monolog in einen Dialog zu verwandeln. Wegen der niederschmetternden Erfolgsquote hat er das zwischenzeitlich aufgegeben. Er hört still zu und reagiert auch nicht auf die polemischen Spitzen seines Mitarbeiters.

Die Gespräche schließen meist mit einem Kompromiss. Für Herrn Vogel tragen sie allerdings allzu oft den bitteren Geschmack fauler Kompromisse. Die Qualität dieser Einigungen ist nicht zufrieden stellend. Seine Konzessionsbereitschaft fällt zudem auf ihn zurück: wenn es nämlich um die Beurteilung durch die Geschäftsleitung geht.

Diese Unterredungen mit dem Mitarbeiter sind für Herrn Vogel sehr anstrengend. Jedes Mal, wenn ein Gespräch mit Herrn Rehn ansteht, hat er ein ungutes und mulmiges Gefühl in der Magengegend. Die Folge ist, dass er die Kommunikation mit Herrn Rehn auf das Nötigste beschränkt. Herr Rehn seinerseits sucht den Kontakt zu seinem Chef auch nicht, sondern konsultiert ihn erst dann, wenn er einen Auftrag (den er so bearbeitet, wie er es für richtig hält und nicht so, wie es verabredet war) als »erledigt« abgeben kann.

Durch die Belastung, die Herr Vogel empfindet, als auch infolge der Schwierigkeiten, der Geschäftsleitung zu übermitteln, warum die Ergebnisse (des Beitrags von Herrn Rehn) häufig nicht exakt den Vereinbarungen entsprechen, entschließt er sich, etwas zu unternehmen.

Perspektive Herr Rehn

Herr Rehn ist seit sechzehn Jahren im Unternehmen und seit neun Jahren in der aktuellen Funktion eines Stabsmitarbeiters. Seit drei Jahren hat er einen neuen, elf Jahre jüngeren Chef. Gegen seine Person hat Herr Rehn nichts einzuwenden. Herr Vogel ist ihm weder unsympathisch noch besonders sympathisch. Herrn Rehn stört allerdings massiv, dass sein Chef ihm manchmal Aufträge aufdrängen will, mit denen er nicht einverstanden ist.

Die Sinnhaftigkeit von Aufträgen zu beurteilen, traut Herr Rehn sich allemal selbst zu. Denn er ist bereits seit vielen Jahren mit dem Aufgabegebiet vertraut. Vom Fachwissen und seiner Erfahrungskompetenz kann sein Chef ihm nicht das Wasser reichen. Genau darin, in der außergewöhnlichen Leistungsfähigkeit, fühlt sich Herr Rehn von Herrn Vogel nur unzureichend anerkannt und respektiert. Auch die Ziel- und Auftragsgespräche, in denen Herr Vogel Anerkennung zollt, bewirken nichts. Zudem kommt Herr Vogel eben nur, wenn er etwas von Herrn Rehn will, während er mit dessen Kolleginnen und Kollegen wesentlich öfter zusammentrifft. Zwar strebt Herr Rehn nicht an, dass der Grünschnabel ihm ständig über die Schulter sieht und in die Arbeit hineindirigiert – er arbeitet sehr gern allein und ungestört. Aber etwas mehr Respekt und Interesse wünscht sich Herr Rehn schon.

Herr Rehn arbeitet seit Jahren vor allem allein und selbstständig. Er hat sich einen hervorragenden Ruf aufgebaut und weiß, dass er fachlich im ganzen Unternehmen als Koryphäe gilt. Daher lässt er sich ungern etwas von einem Nicht-Experten sagen. Er empfindet seinen Chef in Gesprächen, in denen es um Ziele und Aufträge geht, als anmaßend. Er mutet sich nach dem Dafürhalten Herrn Rehns zu viel Kompetenz an und will ihm, dem ausgewiesenen Experten, sogar Ziele vorschreiben.

Die Gespräche laufen nach der Wahrnehmung von Herrn Rehn in der Regel so ab: Zunächst hört Herr Rehn seinem jungen Chef geduldig, wenn auch etwas unwillig und zweifelnd zu. Gleichzeitig überlegt er, wo die Haken an der Sache sind. Schließlich will die Firma nach den zahlreichen und kostenintensiven Umstrukturierungen ja unternehmerisch denkende Mitarbeiter! Sobald Herr Rehn weiß, worauf sein Chef hinauswill, unterbricht er ihn und bezieht Stellung zu den Schwachpunkten. Wenn ihm ein Auftrag als kompletter

Unsinn erscheint, signalisiert er das unmissverständlich. Dann rät er seinem Chef, die Arbeiten von anderen, weniger qualifizierten Mitarbeitern erledigen zu lassen. Im weiteren Verlauf nehmen diese Gespräche einen Verhandlungscharakter. Meistens kann sich Herr Rehn durchsetzen, wenn auch nicht immer genau nach seinen Vorstellungen.

Ganz zufrieden ist er dennoch nicht, und obwohl er darauf eigentlich nicht viel Wert legt, wurmt ihn die Beziehung zu Herrn Vogel durchaus. Er schiebt dieses Gefühl jedoch gewöhnlich weg und meidet den Kontakt.

Übung

Wo sehen Sie die inneren und interpersonellen Konflikte?
Beziehen Sie in Ihre Analyse folgende Aspekte ein:

❖ Manifestationen der konfliktuellen Spannung;
❖ Konfliktart und Ursachenkomponenten (Grundeinstellung in der Gefühls- und Beziehungsausrichtung, situative Variablen);
❖ beschreiben Sie die Eskalationsdynamik;
❖ beschreiben Sie, wie Sie diesen Konflikt behandeln würden.

....

....

....

....

....

....

....

....

....

....

Anregungen

Innere Konflikte

Herr Vogel: Selbstbild/Selbstwertgefühl: im Grund eine kompetente, kooperative Führungskraft; Minderwertigkeitsgefühl: gegenüber Herrn Rehn wegen dessen Alters, vor allem wegen dessen enormer Kompetenz und Souveränität. Daher Erleben der Durchsetzungsfähigkeit von Herrn Rehn als eigene Schwäche und Bedrohung des Selbstwertgefühls. Folge: zu seinem eigenen Schutz Konzentration auf nötigste Kommunikation, also Vermeidung, Ausweichen.
Herr Rehn: Selbstbild/Selbstwertgefühl: außergewöhnlich kompetenter Experte, der es nicht nötig hat, sich vom jüngeren Chef, zumal Nicht-Experte, etwas sagen zu lassen. Er erlebt dessen Weisungsbefugnis als Angriff auf sein Selbstbild. Folglich: Kampfhaltung. Ferner: Forderung nach Respekterweisung in Bezug auf seine Leistungen. Erleben, dass diesem Anspruch nicht ausreichend Folge geleistet wird. Folge: Bewertung des Verhaltens von Vogel als unpassend, nicht kompetenzfundiert, bis hin zu anmaßend. Empfindung, das Selbstbild werde infrage gestellt, mündet in Rückzug.

Interpersonelle Konflikte

Manifestationen: Reduktion der Gespräche und Kontakte auf ein Minimum. Gesprächsmuster: Monologe. Gesprächsfazit: von jedem als unzureichend betrachteter Kompromiss. Zusammenarbeit: praktisch keine.

Konfliktart und Ursachenkomponenten: Die Kernkonflikte sind Interessen-, Zielkonflikt sowie Beziehungskonflikt.

❖ **Interessen-, Zielkonflikt:** Herrn Vogel geht es um perfekte, kooperativ erreichte Ergebniserzielung und um positive Resonanz in der Geschäftsleitung. Herrn Rehn geht es um perfekte Einzelleistungen nach seinen Maßstäben in Bezug auf Kompetenz, unabhängig von aktuellen Aufträgen. Eventuell ist ihm zusätzlich daran gelegen, sein Image als genialer Einzelkämpfer (auch nach außen) aufrechtzuerhalten.

❖ **Beziehungskonflikt:** Herr Vogel hat qua Funktion und eigener Philosophie Führungsverantwortung und Führungsanspruch gegenüber Herrn Rehn und will dies im Einklang mit ihm realisieren. Dabei will er seinem Konsensbedürfnis Rechnung tragen. Seine kooperative und näheorientierte Grundmotivationen werden frustriert. Die Beziehung erhält eine asymmetrische Ausrichtung. Er erlebt Rehn zunehmend als Gegner, der sich auf seine Kosten profiliert: Er nimmt ihn als rivalisierend und gegengewendet motiviert wahr und deutet sein Verhalten in wachsendem Maße als Ausdruck von Rivalität und überzogener Eitelkeit. Auch Herr Rehn definiert die Beziehung asymmetrisch: Die formale Macht von Herrn Vogel erkennt er nicht an, weil er diese inhaltlich (über Fachkompetenz) bestimmt. Außerdem macht ihm das geringere Alter seines Chefs zu schaffen. Beides führt zur Deutung, die Führungsposition sei nicht gerechtfertigt. Gleichzeitig fühlt er sich missachtet. Diese Gründe mobilisieren seine individualitische, eher abwendungsorientierte Verhaltensmotivationen. Folge: Er interpretiert Vogel und dessen Verhalten zunehmend als unverhältnismäßig. Konsequenz: Abwendung, Rückzug und polemische Angriffe.

Eskalationsdynamik: Der Bogen wird gespannt von anfänglichen Versuchen, sich im Dialog zu engagieren, über Verunsicherung und Vorsicht zu Polemik und Resignation bis hin zu Ausweichmanövern. Für Herrn Vogel bedeutet das fehlende Akzeptanz, für Herrn Rehn mangelnder Respekt. Es werden die Eskalationsstufen eins bis vier durchlaufen.

Konfliktbehandlung: Da Herr Rehn die persönliche Distanz bevorzugt, geht die Initiative von Herrn Vogel aus. Ihm fällt das Zugehen auf Herrn Rehn leichter, weil er empathisch ist. Er sucht den Konsens. In Anbetracht der introvertierten Art von Rehn scheint eine direkte, offene Ansprache der Beziehungskomponenten nicht zum Ziel (verbesserte Zusammenarbeit) zu führen. Insofern könnte Vogel gemeinsame Interessen und Ziele betonen. Das heißt: Zunächst werden gemeinsame Ziele definiert und deren Realisierung anvisiert. Anschließend werden gemeinsam Maßnahmen dazu entwickelt. Das Gespräch und die Vereinbarungen decken notwendig oder zwangsläufig Beziehungspunkte auf. Die Logik entspricht ungefähr folgenden Schritten:

1. »Ich möchte die Zusammenarbeit wieder verbessern und mit Ihnen darüber sprechen, was mein Beitrag sein könnte …« (Offenlegen der eigenen Bedürfnislage als Start mit Verweis auf das Interessenziel.)
2. Ich-Botschaften, um Rehn für eigene Anliegen zu gewinnen und ihn zu ermutigen, ebenfalls Ich-Botschaften zu senden. Zum Beispiel: »Ich habe in Gesprächen mit Ihnen oft den Eindruck, Sie nehmen mich nicht ganz für voll, weil ich Ihre mimischen Zeichen als Ausdruck von Skepsis deute. Ich gestehe, dass mich das aus dem Konzept bringt.«
3. Je nach Entwicklung des Fokus auf Beziehungs- oder sachliche Interessenfragen: Erheben und Evaluieren mittels der Moderationsmethode.
4. Vereinbarungen treffen, sich auf einen Zeitraum einigen, in dem die Vereinbarungen »ausprobiert« werden. Erneutes Gespräch verabreden.

Fallstudie: Schnittstelle

Perspektive Frau Ams

Nach der Fusion der beiden Firmen vor neun Jahren wurde Herr Benn der Chef von Frau Ams. Ungefähr zwei Jahre brauchten die beiden, um sich zusammenzuraufen. Dies lag zum einen an den unterschiedlichen Unternehmenskulturen, aus denen sie kamen. Zum anderen lag es an den verschiedenen, ja gegensätzlichen Persönlichkeiten. Letzteres wiegt für Frau Ams momentan schwer, weil diese Unterschiedlichkeit ihr aktuell Probleme bereitet.

Ihr Chef ist ein sehr ruhiger, fast sanft erscheinender Typ, überhaupt nicht kämpferisch. Er reflektiert viel, »philosophiert« herum, bevor er eine Entscheidung trifft, und weicht lebhaften Diskussionen ebenso aus wie Auseinandersetzungen. Was Letztere betrifft, scheint er zu hoffen, dass die Zeit schon Konflikte auflöse und Entscheidungen herbeiführe. Er beobachtet lange, bevor er handelt. Frau Ams hat innerhalb der zwei Jahre nur zweimal erlebt, dass er wütend war: Einmal schlug er die Tür hinter sich zu und ein anderes Mal fluchte er über den Übeltäter.

Frau Ams weiß von sich selbst, dass sie genau das Gegenteil verkörpert. Sie ist recht impulsiv, spricht aus, was sie denkt und fühlt. Sie handelt manchmal, bevor sie gründlich nachgedacht hat. Sie betrachtet ihr Temperament bisweilen als hinderlich, weil ihr die Geduld für Diplomatie fehlt. Andererseits findet sie es in Ordnung, weil es ihr hilft, direkt und offen, ohne Umwege auszusprechen, was in ihr vorgeht. Diese Haltung genießt in ihrem Leben einen hohen Stellenwert, weil dies für sie die Grundlage für Ehrlichkeit und Transparenz ist und damit für einen fairen Umgang sorgt. Das impliziert, dass sie Auseinandersetzungen nicht ausweicht. Sie vertritt die Meinung, Konflikte auszutragen helfe mehr, als es schade. In der Regel jedenfalls. Die meisten ihrer Kolleginnen und Kollegen sowie ihre Mitarbeiter schätzen das an ihr. Es gibt nur eine bedeutsame Ausnahme, und das ist ihr Chef, mit dem sie ab und zu heftig zusammenrasselt. Denn auch in diesen Situationen nimmt sie kein Blatt vor den Mund.

Die Beziehung zwischen ihr und Herrn Benn bezeichnet sie als freundlich. Denn dann und wann einmal fällt ein vertrauliches Wort. Aber grundsätzlich besteht eine gewisse Spannung, so, als seien beide voreinander auf der Hut.

In dem Mitarbeiterbeurteilungsgespräch vor einem Jahr kritisierte Herr Benn ihre Impulsivität. Er sprach von Aggressivität im Umgang mit ihm und anderen. Sie nahm sich das zu Herzen, weil sie einsah, dass ihre impulsive Art für ihn schwer zu ertragen ist. Folglich traf sie mit ihm eine diesbezügliche

Vereinbarung als Verhaltensziel. Sie arbeitete daran, das heißt konkret: Sie disziplinierte sich.

Vor zwei Wochen fand ein zweites, eben das jährliche Beurteilungsgespräch statt. In der Darstellung von Herrn Benn hieß es wieder, sie sei »allgemein zu hitzig und zu aggressiv«. Sie fand das ungerecht und unhaltbar. Denn während des Jahres war es – von kleinen Scharmützeln mal abgesehen – nur zu zwei Konfrontationen und turbulenten Ausbrüchen gekommen: einmal gegenüber ihrem Chef, das andere Mal gegenüber einem Kollegen. Beide Konflikte resultierten aus der Schnittstellenproblematik, unter der Frau Ams leidet. Was den Kollegen betrifft: Er hatte Informationen, die sie dringend brauchte, nicht frühzeitig weitergeleitet. Was ihren Chef betrifft: An dem Umstand, dass es diese Konfliktquelle überhaupt (noch) gibt, schreibt Frau Ams ihm maßgebliche Mitverantwortung zu.

Die Konfrontationen mit Herrn Benn wurzeln ihres Erachtens nämlich nur zum Teil in den konträren Temperamenten. Andererseits – und das ist ihr aktuelles Problem – liegt es an einer vor einem Jahr neu geschaffenen Schnittstelle. Diese organisatorische »Glanzleistung« – von der Geschäftsführung veranlasst – führt dazu, dass sie und ihr Team Aufträge qualitativ schlechter bewältigen, als es möglich wäre. Denn der neue formale Informationsfluss lässt die Auftragserteilung für ihr Team in der Bearbeitungskette erst sehr spät auf ihrem Tisch landen. Sofort, nachdem sie dies realisiert hatte, konsultierte sie ihren Chef. Sie brachte auch gleich Lösungsvorschläge mit. Sie bat ihn, sich mit diesen Vorschlägen an seinen direkten Chef in der Geschäftsführung zu wenden, um eine Überprüfung anzukurbeln.

In den darauf folgenden Wochen sprach sie ihn mehrmals auf das Problem an und formulierte wiederholt ihr Anliegen, er möge ihre Sichtweise nach oben kommunizieren. (Schlimmstenfalls bliebe alles beim Alten, aber das wäre zumindest das Resultat einer sachlichen Überprüfung!) Sie selbst wolle es von sich aus nicht einfach eigenmächtig tun, weil sie ihre Kompetenz überschritte und das illoyal wirken würde.

Doch es passierte nichts. Frau Ams ist daher äußerst unzufrieden mit ihrem Chef. Sie fühlt sich allein gelassen.

Perspektive Herr Benn

Nach der Fusion der beiden Firmen vor neun Jahren wurde Herr Benn Chef von Frau Ams. Etwa zwei Jahre brauchten die beiden, um sich zusammenzuraufen. Dies lag sowohl an den unterschiedlichen Unternehmenskulturen, aus denen sie kamen als auch an den verschiedenen Persönlichkeiten. Gerade diese Persönlichkeitsunterschiede machen Herrn Benn momentan schwer zu schaffen.

Herr Benn fühlt sich durch Frau Ams in seiner Geduld außerordentlich strapaziert. Sie ist sehr impulsiv, regelrecht aggressiv, äußerst direkt. Sie sagt unverblümt, was sie denkt und fühlt. Sie macht aus ihrem Herzen wahrlich keine Mördergrube. Herr Benn schätzt das gar nicht. Im Gegenteil: Er hält ein solches Verhalten für deplatziert, geradezu für unerwachsen. Sein Stil ist das nicht. Er sieht sich genau umgekehrt: ruhig und überlegt, nachdenklich und beobachtend, äußerst diplomatisch. Er ist stets bemüht, alle möglichen Informationen und Sichtweisen sowie Auswirkungen in einen Zusammenhang zu bringen. Auf dieser soliden Basis und unter Abwägung sämtlicher Eventualitäten entscheidet er. Er ist deshalb auch zurückhaltend in Auseinandersetzungen, die er meistens für unnötig hält. Er echauffiert sich selten. Er legt Wert auf äußere Harmonie und Anstand im Umgang und auf ein ruhiges, vernünftiges Arbeiten.

Mit Frau Ams hat er die meisten Probleme. Diese sind selten fachlicher Natur, weil sie hervorragend arbeitet und ihre Ziele ausnahmslos erreicht. Die Probleme rühren aus ihrer Persönlichkeit. Herr Benn pflegt zwar einen freundlichen Kontakt zu ihr und ab und zu fallen einmal vertrauliche Worte. Aber einfach findet er den Umgang mit ihr nicht. Sie ist ihm zu angriffslustig, manchmal richtig streitsüchtig, wenn es um die Vertretung ihrer Interessen und Meinungen geht. Die Beziehung empfindet Herr Benn folglich als spannungsreich.

Im Mitarbeiterbeurteilungsgespräch vor einem Jahr schrieb er ihr diese Aggressivität in die Qualifikation hinein. Nach einigem Hin und Her nahm sie die Kritik an. Sie vereinbarten, diesbezüglich eine Zielformulierung in die Ziele aufzunehmen (als Verhaltensziel). Zwar registrierte Herr Benn eine Verbesserung ihrer Hitzigkeit, aber noch bei weitem nicht in dem Ausmaß, das er erwartete. Es gab einige kleinere Zusammenstöße, aber nur zwei heftige Eskalationen im vergangenen Jahr; eine mit Herrn Benn selbst und eine weitere mit einem Kollegen aus einem anderen Bereich. Frau Ams muss seines Erachtens noch weiterhin an sich arbeiten. Deshalb schrieb er in ihre Beurteilung anlässlich des jährlichen Beurteilungsgesprächs von vor zwei Wochen wieder, sie sei »allgemein zu hitzig und zu aggressiv«. Diesmal akzeptierte Frau Ams dies nicht. Sie verwies auf die nur zwei Konfrontationen, was ja nun wirklich wenig sei. Und dann kam sie auf ihr Steckenpferd zu sprechen, zumal sie den Konflikt mit ihm und ihrem Kollegen darauf zurückführte. Mit diesem Thema »Schnittstelle« torpediert sie Herrn Benn bereits seit ungefähr einem Jahr.

Vor einem Jahr wurde eine neue Schnittstelle geschaffen (von der Geschäftsführung veranlasst). Mit ihr kann sich Frau Ams weder anfreunden noch abfinden, weil sie die für ihre Arbeit wichtigen Informationen zu spät (später als vor der organisatorischen Veränderung) erhält und daher qualitativ unterhalb des Niveaus arbeiten muss, das sie mit ihrem Team bis dahin gewohnt war. Folglich hatte sie ihn mehrmals darauf angesprochen. Sie unterbreitete ihm Lösungsvorschläge und bat Herrn Benn wiederholt, ihre Kritikpunkte seinem Chef in der Geschäftsführung mitzuteilen. Sie hatte herausgestellt, dass sie seine Unterstützung dafür brauche, weil sie andernfalls ihre formellen Kompetenzen überschritte und nicht illoyal wirken wolle. Herr Benn hatte die Klagen wieder schweigend entgegengenommen, aber trotzdem nichts unternommen. Und diese Passivität hat Gründe, die er ihr indes nicht mitteilte.

Zum einen hält Herr Benn seinen Chef für schwierig: Er redet, bevor er denkt, und neigt dazu, laut zu werden, wenn ihm etwas nicht passt. Das mag Herr Benn gar nicht. Es berührt ihn sehr unangenehm. Und das Risiko, dass sein Chef lospoltert, schätzt er als groß ein. Denn sein Chef hat genau die Installation dieser Schnittstelle gefordert. Außerdem müsste er sich mit anderen Abteilungen bzw. Stellen und insbesondere mit der betroffenen Abteilung anlegen. An diesem Aufruhr hat er keinerlei Interesse. Hinzu kommt, dass er die Aussicht, dass eine erneute Umorganisation vorgenommen würde, gleich null einschätzt.

Herr Benn weiß sehr wohl, dass Frau Ams nicht aufgibt und sie ihn wieder auf ihr Anliegen ansprechen wird. Allmählich fühlt er sich durch die häufigen Konfrontationen mit ihr in die Ecke getrieben.

Übung

Wo sehen Sie Konfliktquellen?

....

....

....

....

Welche Konfliktarten diagnostizieren Sie?

....

....

....

....

Worin sehen Sie eine Eskalation?

....

....

....

....

Welches Vorgehen – verbunden mit welchen Zielen – empfehlen Sie?

....

....

....

....

Anregungen

Konfliktquellen: Gegensätzliche Persönlichkeitsstrukturen bzw. Grundausrichtungen.

Frau Ams: kooperativ, hinwendungsorientiert, extravertiert. Das heißt, sie ist offen, direkt. Grundhaltung zum Konflikt: konfliktfreudig im konstruktiven Sinn, weil sie an Chancen im Konflikt glaubt (Quelle für einen Ideologiekonflikt).

Herr Benn: individualistisch, abwendungsorientiert, introvertiert. Er ist also verschlossen und diplomatisch. Grundhaltung zum Konflikt: konfliktscheu, da er Konflikte grundsätzlich als vermeidbar betrachtet und sie seine Harmonie (zer-)stören (auch hier keimt ein Ideologiekonflikt).

Konfliktarten

❖ **Beziehungskonflikt:** Zwar haben die beiden einen Modus Vivendi gefunden, sich miteinander zu arrangieren, aber die Spannung ist latent. Es kann schnell zu Zusammenstößen kommen. Frau Ams kann Herrn Benn als feige, Herr Benn Frau Ams als unverschämt wahrnehmen. Die Interaktionsbasis ist insofern zerbrechlich, als die Bilder, die beide voneinander anfertigen, fixiert und damit die Wahrnehmungen und Bewertungen einseitig gefärbt sind. Somit besteht die Tendenz, die jeweils persönliche Einschätzung bestätigt zu finden. Aber Frau Ams erliegt dieser Verlockung weniger: Sie möchte ihren Chef – trotz dessen Widerwillen – zu Handlungen im Strukturkonflikt veranlassen. Sie resigniert nicht vor dem Bild, das sie von ihm hat. An dieser Stelle zeigt sich auch ein Interessenkonflikt.

❖ **Interessenkonflikt:** Frau Ams möchte die Schnittstellenproblematik offiziell und auf der Ebene der Geschäftsführung neu bewertet und entschieden haben. Sie erhofft sich davon mehr Effektivität in der Arbeit. Herr Benn möchte lieber seine Ruhe haben und vermeiden, dass er sich mit anderen anlegt. Er will keine Turbulenzen und persönlichen Reibereien riskieren. Beziehungs- und Interessenkonflikt werden durch einen Strukturkonflikt aktiviert.

❖ **Strukturkonflikt:** Der konkrete Anlass des Konflikts zwischen Frau Ams und Herrn Benn ist die Auswirkung, die die neue Schnittstelle auf die Arbeitsqualität von Frau Ams hat. Sie behandelt den aktuellen Konflikt schwerpunktmäßig als Strukturkonflikt, während Herr Benn den sachlich begründeten Handlungsbedarf wissentlich übergeht und die Beziehung als Kern des Konflikts identifiziert.

Eskalationsdynamik: Beide Kontrahenten springen zwischen den Stufen eins und drei hin und her. Sie gehen vorsichtig miteinander um, weil keiner die Grundlage der Zusammenarbeit gefährden will. Das Arrangement ist immerhin so stabil, dass sich die direkten Zusammenstöße verringert haben. Der Preis ist, dass die Eskalation eher im Innern abläuft: durch Fremdbilder, die den anderen zunehmend einseitig profilieren und insofern das Verhalten und die Sensibilität mitbestimmen. Es ist der Konsensorientierung von beiden zu verdanken, dass sich die Fremd- noch nicht in Feindbilder verwandelt haben. Insofern kann von einer tragfähigen Interaktionsqualität gesprochen werden. Die Eskalationswahrscheinlichkeit in der Beziehung fällt gering aus. Allerdings: Der konkrete Konfliktanlass stellt die Geduld – und das heißt immer: Selbstdisziplin und Selbstkontrolle – auf eine harte Probe, weil der Konflikt seit einem Jahr schwelt und beide Parteien darin engagiert sind. In der konkreten Situation könnte es folglich passieren, dass die Sublimierungs- und Verdrängungsenergien in Frau Ams schwächeln und sie ihre Zurückhaltung (Über-Ich, Ich) aufgibt (Es-Impulse).

Vorgehensweise

Perspektive Frau Ams: Der Zielhorizont erlaubt (mindestens) drei Richtungen.

❖ Zunächst besteht ihr Ziel darin, Herrn Benn zu zwingen, das Gespräch mit der Geschäftsführung zu suchen. Sie muss also die *Kampfstrategie* fahren: beispielsweise durch Provokation eines offenen Konflikts oder durch »Dienst nach Vorschrift«, sodass Ergebnisse nicht mehr erreicht werden und ihr Chef unter Legitimationsdruck gerät.

❖ Besteht ihr Ziel darin, dass die Geschäftsführung informiert und eine Diskussion ausgelöst wird, dann kann sie versuchen, mit Herrn Benn zu verabreden, dass sie selbst bei der Geschäftsführung vorspricht. Frau Ams wählt dann die *Kompromissstrategie*. Sie müsste mit ihrem Chef eine tragfähige und glaubwürdige Argumentation ausarbeiten, warum sie sich um diese Problematik kümmert und nicht Herr Benn.

❖ Besteht ihr Ziel darin, nachvollziehen zu können, warum Herr Benn bis dato nichts unternommen hat, müsste sie ebenfalls die *Kompromisslinie* einschlagen. Ein Gespräch wäre nötig über die Motive von Herrn Benn, über die Kontraargumente die Schnittstelle zum offiziellen Thema zu stilisieren. In diesem Fall würde sie eine *Zielkorrektur* vornehmen und auf die Verfolgung ihres ursprünglichen Ziels (vorerst) verzichten.

Perspektive Herr Benn: Sein Zielhorizont legt zwei Vorgehensweisen nahe.

❖ Seine Ziele zeigen einen *klassischen Vermeidungs-Vermeidungs-Konflikt*: Er will sich gern aus dem Schnittstellenthema heraushalten. Gleichzeitig möchte er seine Ruhe vor den penetranten Nachfragen seiner Mitarbeiterin haben. Demnach müsste er sich zu einer *Kompromissstrategie* entschließen. Deren Intention könnte zum einen darin liegen, das Konfliktthema Schnittstelle an Frau Ams zu delegieren.

❖ Zum anderen könnte er ihr eine Argumentation anbieten, aus der für sie nachvollziehbar hervorgeht, warum der Streitpunkt nicht zu einem hochoffiziellen Thema hochstilisiert werden kann. In jedem Fall müsste er – um einer Eskalation vorzubeugen – seine *Scheu vor Konfrontationen* und einem direkten Gespräch mit seiner Mitarbeiterin *überwinden*.

Die skizzierten Vorgehensweisen und Ziele fokussieren bewusst den *Strukturkonflikt*. Vielleicht, liebe Leserinnen und Leser, überrascht Sie das in einem Buch, das sich mit psychologischen Prozessen und Sachverhalten beschäftigt. Die Fokussierung ist eine *Konzession an den praktischen (Führungs-)Alltag*, in dem Beziehungsfragen vorzugsweise umschifft oder in die Scheinrationalität transportiert werden. Dieses Zugeständnis kann ich ruhigen Gewissens vertreten; denn die Fokussierung ist eine Konzession an die Praxis der stillen Übereinkunft, die Unterschiedlichkeit bzw. die Unverträglichkeit von Persönlichkeiten nicht explizit thematisch werden zu lassen. Beides hat seine *Berechtigung*. Denn Mitarbeitende (ob Führungskräfte oder nicht) sind in den seltensten Fällen psychologisch ausgebildet. Sie sind ja nicht als Psychotherapeut angestellt. Zudem fordern Alltagsprobleme Zugangsweisen zum Konflikt, die die Handlungsfähigkeit schnell wieder herstellen. Des Weiteren berücksichtigt der Fokus auf den Strukturkonflikt, dass über die Auseinandersetzung im Strukturkonflikt zwangsläufig Beziehungsaspekte mitlaufen. Genauer gesagt heißt dies, die Arbeit an der Beziehung ist immer involviert. Das Gespräch ermöglicht, die labile Beziehungsbasis zu stabilisieren und das Spannungsniveau zu reduzieren. Denn jede gutwillig und gemeinsam erarbeitete Lösung lässt Vertrauen wachsen. Unangenehme Gefühle, die durch die Andersartigkeit des Gegenübers hervorgerufen werden, verblassen allmählich und können sich umkehren.

Soziale Konflikte

»Das ist leicht, den einfachsten Weg zu nehmen, wenn es Probleme gibt!«

Was verstehen wir unter einem sozialen Konflikt?

Einen Aspekt, warum ich den Begriff »soziale Konflikte« für Auseinandersetzungen in Gruppen *ab drei Personen* reserviere, möchte ich hervorheben: In einer Gruppengröße ab drei Personen, der Triade, werden interaktionale Phänomene und Prozesse möglich, die in der Zweierkonstellation nicht oder weniger deutlich auftreten, nämlich:

- ❖ Koalitionsbildung,
- ❖ Auswirkungen von Konkurrenz bzw. Rivalität,
- ❖ soziale Einflussnahme und Kontrolle,
- ❖ Auswirkungen von Kooperation.

Zur Erinnerung nochmals die *Definition* von sozialen Konflikten: Ein sozialer Konflikt liegt vor, wenn

- ❖ mindestens drei Parteien (Personen, Gruppen) interagieren,
- ❖ die Parteien glauben, dass ein Handlungszusammenhang und damit eine wechselseitige Abhängigkeit vorliegt,
- ❖ mindestens eine Partei dabei Unvereinbarkeiten oder Unverträglichkeiten im Denken und Wahrnehmen, im Fühlen und Wollen und/oder im Handeln erlebt und
- ❖ sie so in der Realisierung ihrer Absicht beeinträchtigt wird.

Ein sozialer Konflikt wurzelt also in der wahrgenommenen Unvereinbarkeit oder Unverträglichkeit der Handlungstendenzen oder Ziele dreier oder mehr Akteure.

Die Veränderungen in den psychischen Mechanismen haben wir bereits erörtert. Sie wirken natürlich auch in der Gruppensituation. Allerdings nimmt die Kompliziertheit und Komplexität zu, weil sich die Anzahl der Akteure erhöht. Auch in diesem Kapitel legen wir den Schwerpunkt auf die neuartigen Aspekte.

Woran erkennen wir soziale Konflikte?

Bevor Sie weiterlesen, bitte ich Sie zu notieren, welche Anzeichen Ihrer Meinung nach für die Ankündigung von Konflikten sprechen.

....

....

....

....

....

Vermutlich haben Sie Signale notiert, die sich weitgehend mit den Punkten aus dem Kapitel »Zwischenmenschliche Konflikte« (s. Seite 75ff.) decken. Der dortigen Liste sind Phänomene hinzuzufügen, die in Gruppen deutlicher zutage treten und weitreichendere Konsequenzen haben.

Anregungen

❖ Grüppchenbildung (Allianzen, Fraktionen).
❖ »Wir-Ihr«-, »Ich-Ihr«- oder »Freund-Feind«-Spaltung.
❖ Wechselseitiges Herabsetzen von Leistungen, Verhalten, Argumenten.
❖ »Mauern« gegen Aktionen, Entscheidungen, Initiativen mauern, sobald die eigene Subgruppe in der Minderzahl ist.
❖ Mangelnde Bereitschaft, in die gleiche Richtung zu gehen: Man findet immer ein Haar in der Suppe.
❖ Vertrauensschwund.
❖ Knisternde Atmosphäre.
❖ Strategische und hochselektive Kommunikationsflüsse: Wechselseitige Informationen erfolgen häppchenweise, interessegeleitet und parteilich (politisch).
❖ Der Koordinationsaufwand in Gruppen nimmt zu.

Welche Konfliktarten treffen wir typischerweise an?

Die typischen Konfliktarten

In Gruppen treffen wir all jene inneren und zwischenmenschlichen Anlässe und Konfliktarten an, die wir bereits diskutiert haben. Besonders häufig entzünden sich soziale Konflikte an Aspekten der Beziehung, der Beurteilung und der Verteilung.

Beziehungskonflikt:

In einem Team von sechs Personen streiten sich zwei Mitglieder bei jeder Gelegenheit. Sie unterbrechen sich in Redebeiträgen und suchen jeweils für die eigene Position Beistand von anderen. Eine Konfliktanalyse ergibt: Bei beiden stimmt »die Chemie« nicht. Jeder fühlt sich durch die »arrogante Art« des Kontrahenten provoziert. Dieser Zwist auf der Beziehungsebene pflanzt sich fort und mündet in einen Beurteilungs- bzw. Bewertungskonflikt.

Beurteilungskonflikt:

In einer Teamdiskussion steht die Entscheidung an, ob die Geschäftsleitung von einer Panne im Projekt unterrichtet werden soll. Über das Ziel sind sich alle einig: nämlich die Panne so schnell wie möglich zu beheben. Über den Weg dahin aber besteht Uneinigkeit. Teammitglied A plädiert dafür, die Geschäftsleitung zu unterrichten, da man diese eventuell für die Reparatur doch noch einschalten muss. Der Kontrahent votiert dagegen, weil es auf die Kraft der Selbstorganisation der Gruppe baut. Beide haben Anhänger gefunden. Der Konflikt erhält eine kollektive Dynamik. Sowohl dem Beziehungskonflikt als auch dem Beurteilungskonflikt kann ein Verteilungskonflikt zugrunde liegen.

Verteilungskonflikt:

Die beiden Teamkollegen wissen, dass die Projektleitung wechseln soll, da die jetzige Leiterin befördert wird. Sie buhlen um die Nachfolge und benutzen die Teammeetings dazu, sich (auf Kosten des Kontrahenten) als besonders geeignet zu profilieren. Deshalb inszenieren sie polemische Schlagabtausche (Fokus Beziehungsebene) und betonen Beurteilungsdifferenzen (Fokus Sachebene).

Woher rühren soziale Konflikte?

Die Überlegungen, die wir zu den inneren und interpersonellen Konflikten machten, sollten wir stets mitlaufen lassen. Sie sind weiterhin wichtig, weil in Gruppen einzelne Persönlichkeiten mit ihren Wünschen und Befürchtungen, ihren persönlichen Zielen und Ambitionen handeln. Diese subjektiven Eigenheiten offenbaren sich in der Interaktion mit anderen mehr oder weniger.

Um die Zusammenhänge klarzumachen, fragen wir zunächst nach der Bedeutung der Gruppe für den Einzelnen. Dann untersuchen wir die Muster gruppendynamischer Abläufe. Anschließend fassen wir die Konfliktquellen kurz zusammen.

Konfliktquellen in der Gruppe

Da wir zahlreiche Aspekte ansprechen, machen Sie sich doch bitte beim Lesen Notizen zu Gesichtspunkten, die Sie an Konflikte in Ihrer Umgebung erinnern.

Die Bedeutung der Gruppe für den Einzelnen

Menschen sind soziale Wesen. Daher haben Gruppen und die Zugehörigkeit für den Einzelnen immer eine große Bedeutung. Die sozialpsychologische Forschung hat gezeigt, dass auf die Frage: »Wer bin ich?«, also auf die Frage nach **Identität und Selbstbild**, die Befragten soziale Vergleiche anstellen. In der Antwort beziehen sie sich auf Interaktionspartner und Bezugsgruppen. Menschen brauchen folglich die soziale Bindung. Sie nutzen **soziale Vergleiche** insbesondere in für sie bedeutsamen Gruppen gleichsam als Spiegel: Das Feedback von anderen lässt uns erfahren, wie wir auf andere wirken. Feedback gibt Anregungen dafür, was wir tun bzw. unterlassen sollten und können. Positives Feedback verstärkt unser jeweiliges Verhalten so, dass wir es wiederholen. Negatives Feedback hält uns an, über unser Verhalten nachzudenken. Menschen suchen in der Gruppe auch nach **Vertrautheit**. Das fällt in den kurzzeitigen Projektgruppen immer schwerer. Der Mangel an Vertrautheit oder Eingespieltsein verunsichert und birgt Konfliktpotenzial. Außerdem suchen wir in Gruppen **Bestätigung**, also positive Verstärkung. Diese Sehn-

Wir suchen in der Gruppe nach Selbstbestätigung

sucht mobilisiert unser soziales Anschlussverhalten. Welches Verhalten wir dabei konkret zeigen und wie unser Verhalten von den anderen beurteilt wird, hängt vor allem von den Gruppenmitgliedern und von situativen Variablen ab.

Ein Teammitglied, Frau L., sucht in der Gruppe Bestätigung ihres Könnens. Sie entdeckt aber, dass sie im sozialen Vergleich ihr Selbstbild als kompetente Kraft nicht bestätigt findet. Folglich fühlt sie sich deplatziert, allein und minderwertig. Eine innere Spannung und ein innerer Konflikt (Annäherungs-Vermeidungs-Konflikt) bauen sich auf. Sie kann ihrem Impuls, das Team zu verlassen, aber nicht nachgeben, weil sie von ihrem Chef »hinbeordert« wurde und fachlich nicht ersetzbar ist. Sie möchte daher verhindern, dass die Teamkolleginnen und -kollegen ihre Anspannung und Unsicherheit bemerken.

Daher entschließt sie sich, sich besonders anzustrengen und »ins Zeug zu legen«, um sich der Gruppe zugehörig und von ihr respektiert zu fühlen. Da sich diese Anstrengung aber von ihrem Minderwertigkeitsgefühl her nährt, tendiert sie zur Überkompensation. Das bedeutet, sie engagiert sich weit mehr als die anderen. Sie tut zu viel des Guten. Ihre Bemühungen werden deshalb von den anderen als Übereifer oder als Anbiederei interpretiert. Ihr Ziel ist somit (zunächst) nicht erreicht. Zudem setzt sie sich der Gefahr aus, eine Außenseiter- oder Sündenbockrolle im Team zugeschrieben zu erhalten.

Als Resultat können wir festhalten: Die Einschätzung der eigenen Fähigkeiten, Verdienste, Leistungen, Meinungen usw. verläuft stets in Relation zu anderen Personen und/oder Gruppen.

Typische Konfliktquellen

Bezogen auf die Frage nach den **Konfliktquellen** bedeutet dies: Je wichtiger einzelnen Gruppenmitgliedern der soziale Vergleich ist, desto intensiver fallen die Anstrengungen aus, das subjektive Anspruchsniveau zu erfüllen. Dies kann zu überkompensatorischem Verhalten führen, das von den anderen Gruppenmitgliedern negativ gedeutet und beantwortet wird. Als **zweite Konfliktquelle** kommt hinzu, dass die Konfliktverläufe destruktiv werden, je weniger sich die Kontrahenten bewusst machen, um was es sich beim Konfliktanlass handelt. Missverständnisse bilden hier potenzielle Konfliktherde. Beispielsweise wird von den Kontrahenten der Frontenwechsel als »billige Kollaboration« gedeutet, obwohl er subjektiv sachlich begründet ist. Mangelnde Differenzierung in der Betrachtung kann also Konflikte entzünden, vorhandene verschärfen und die Chance mindern, den Zusammenprall in konstruktive Bahnen zu lenken. Diese Ergebnisse zeigen zwar, dass die Selbstbeurteilung stets an Vergleiche mit anderen gebunden ist. Dabei ist es indes nicht nötig, dass es sich um konkrete andere Personen handelt. Es genügt, wenn wir uns grundsätzlich so positionieren können, dass das Selbstwertgefühl gesteigert oder erhalten wird. Gleichzeitig gilt: Wir werden von der physischen Präsenz relevanter Bezugspersonen in der Selbsteinschätzung und folglich im Verhalten beeinflusst. Wenn zum Beispiel eine imposante, souveräne Person, etwa ein Vorgesetzter, im Team anwesend ist, fällt die Selbsteinschätzung geringer aus als bei einer unsicher wirkenden Bezugsperson. In diesem Fall steigt die Selbsteinschätzung.

Daraus folgt für die Praxis: Die viel diskutierte hierarchieübergreifende Teamzusammensetzung ist eine Konfliktquelle, wenn der beeinflussende Faktor von Respektspersonen nicht bedacht wird.

Legt eine respektierte Führungskraft Wert darauf, dass das Team selbstständig arbeitet, sollte sie sich in der aktiven Mitarbeit bzw. in ihren Interventionen zurückhalten. Tut sie das nicht, sind Konflikte in der Gruppe zu erwarten. Denn die Teammitglieder fühlen sich dann als Handlanger. Eigene Initiativen werden im weiteren Verlauf immer mehr unterdrückt. Dies richtet mittelfristig irreversible Schäden an. Die Führungskraft wird mit operativen Verpflichtungen und Verantwortung überladen (und fragt sich, wozu sie die Gruppe eigentlich braucht). Die Gruppeneffektivität wiederum hängt am Tropf der Leistung des Chefs und sinkt gegen null, weil die Teammitglieder sich überflüssig vorkommen.

Soziale Vergleichsprozesse haben also Auswirkungen auf den Gruppenprozess. Denn jedes Mitglied strebt sowohl die hervorgehobene Bewertung spezifischer Persönlichkeitsmerkmale als auch des Selbstwertgefühls und Selbstbildes an. Deshalb aktiviert es Verhaltensweisen, die beides leisten sollen. So kommt es zu kompetitiven, im schlimmeren Fall zu rivalisierenden Handlungen.

Ein Konflikt kann dann entstehen, wenn gutwillige Konkurrenz in Feindseligkeit umschlägt. Diese Konfliktquelle wird besonders dann akut, wenn die Vergleichsbedingungen für ein Gruppenmitglied ungünstig sind. Schneidet es nämlich bei den Vergleichen schlecht ab, tut es alles, um vor sich selbst und vor den anderen das erwünschte Niveau des Selbstwertgefühls halten zu können. Es beginnt,

Was passiert, wenn ein Vergleich unser Selbstbild beschädigt?

❖ Vergleichssituationen auszuweichen,
❖ Vergleichsergebnisse zu ignorieren,
❖ sie zu eigenen Gunsten zu fälschen bzw. zu verzerren,
❖ für das schlechte Abschneiden Entschuldigungen und Rechtfertigungen zu suchen,
❖ Vertuschungsmanöver zu inszenieren.

Zusammenfassung

Menschen, hier: Gruppenmitglieder streben danach, ihr positives Selbstwertgefühl zu erhalten.

Sie tun dies über soziale Vergleichsprozesse. Mit ihrer Hilfe versuchen sie, in sozial akzeptierter Weise und erlaubtem Rahmen Gleichwertigkeit oder Überlegenheit zu demonstrieren.

Da soziale Vergleichsprozesse die Gefahr in sich bergen, Unfrieden in der Gruppe zu stiften, Kohäsion und Effektivität zu gefährden, entwickeln Gruppen Normen und Praktiken sozialer Einflussnahme. Diese sollen die destruktiven Folgen eindämmen.

Da die Selbstbeurteilung über soziale Vergleichsprozesse ein unvermeidlicher innerer Prozess ist, müssen diese und die Begleitphänomene als fixer Bestandteil jeder Gruppe und ihrer Dynamik betrachtet werden.

Soziale Vergleichsprozesse in Gruppen erzeugen bestimmte Konfliktquellen, die sich oft an dem Auseinanderklaffen von Selbst- und Fremdbild entzünden.

Muster gruppendynamischer Abläufe

Keine Gruppe fällt »fertig« vom Himmel. Gruppen sind dynamische Systeme. Voraussetzungen, Rahmenbedingungen, personelle Zusammensetzung und Zusammenspiel können sich jederzeit ändern. Eine Gruppe befindet sich in einem permanenten Prozess der Entwicklung. Sie bewegt sich. Die empirische und experimentelle Forschung zeigt, dass jede Gruppe – wenn auch in unterschiedlichen Ausprägungen – gewisse Prozesse durchläuft, bestimmte Strukturen aufbaut und spezifische Funktionen braucht, um leistungsfähig zu sein. Jede dieser Phasen, Strukturen und Funktionen beherbergt neben der produktiven Leistung Möglichkeiten des Konflikts. Im Folgenden nehmen wir die wesentlichen Aspekte näher unter die Lupe:

Unser Verhalten als Teil der Gruppendynamik

- ❖ Gruppenbildung,
- ❖ Führungsfunktionen,
- ❖ Machtausübung,
- ❖ Normenentwicklung und Konformität,
- ❖ Entscheidungsfindung,
- ❖ Kontrollausübung.

Typische Konfliktquellen

Gruppenbildung

Wie oben hervorgehoben, sind Gruppen dynamische soziale Einheiten. Sie durchlaufen ein **fünfphasiges Entwicklungsschema**. Dieses Modell hat praktischen Nutzen und sollte vor allem von exponierten Funktionsträgern in Gruppen beachtet werden, weil es sie in ihrer Steuerungsaufgabe unterstützen kann.

Der Prozess der Gruppenbildung

Aus der **Führungsperspektive** erleichtert das Modell die Beurteilung der Gruppe. Beispielsweise kann man besser einschätzen, ob das Team so weit ist, hohe Leistungsanforderungen zu erfüllen. Oder man erhält Indizien dafür, aus welchen Gründen sich das Team in Reibereien aufzehrt. Oder man bekommt Antworten darauf, warum die interne Koordination nicht klappt. Das Modell hilft ferner dabei abzuklären, welche Erwartungen die Teammitglieder an die Führung stellen, also welche Aufgaben der Führende erfüllen muss.

Die **Perspektive der Teammitglieder** ist komplementär. Je nach Entwicklungsphase tragen sie spezifische Erwartungen an die Teamführung heran. Beispielsweise erwarten sie zu Beginn des Teamprozesses, dass die Führung Ziele formuliert, Aufgaben verteilt, Kompetenzen benennt, kontrolliert und koordiniert. Nach einiger Zeit erfolgreicher Zusammenarbeit verändern sich ihre Erwartungen dagegen. Jetzt sollte die Teamführung sich aus der operativen Dimension zurückziehen. Eingriffe erfolgen nur auf Wunsch. Würde in dieser Phase die Führung noch die Anfangserwartungen als Handlungsmaßstab nehmen, würde ihre Führung als anmaßend, von Misstrauen geprägt und dirigistisch bewertet werden. Überlässt dagegen der Führende gleich zu Beginn der Gruppe alle Freiheiten, dann wird dies häufig als faul, nachlässig und verantwortungslos interpretiert.

Das **fünfphasige Modell der Gruppenbildung** durchläuft folgende Entwicklungsstadien:

1. **Orientierung:** Die Gruppe konstituiert sich. Die neuen Kolleginnen und Kollegen kennen sich nicht oder kaum. Es gibt noch keine Rollen- und Funktions- sowie Führungsstrukturen. Es überwiegen mehrdeutige und Probe-Handlungen: Man probiert Verhaltensweisen aus, um die Wirkung auf ihre Akzeptanz hin zu testen. Die Teammitglieder bemühen sich, dem Selbstbild, das außerhalb des Teams gepflegt wurde, Geltung zu verschaffen und jene Strukturen zu etablieren, die man kennt. Insgesamt ist das Verhalten noch unkoordiniert. Regelungen, Pläne, Aufgabenzuteilungen sind noch provisorisch. – Diese Phase wird auch »Forming« genannt.

2. **Konflikt:** Das erste vorsichtige Ab- und Herantasten wird jetzt abgelöst durch Profilierungs- und Machtrangeleien. Es kommt zu Meinungsverschiedenheiten bezüglich Plänen, Kompetenzen und vieles mehr. Im Rahmen der Kämpfe um Status, Kompetenzen, Rollen kommt es zu Fraktionsbildungen, Polarisierungen und wechselnden Allianzen. Der Umgang miteinander und das Klima werden als emotional und explosiv empfunden. – Diese Phase wird auch »Storming« genannt.

3. **Integration:** Dieser für alle Beteiligten anstrengenden Phase folgt die Bemühung um Integration. Im Verlauf der turbulenten Auseinandersetzungen schälen sich Gemeinsamkeiten und Sympathien heraus. Konflikte werden sukzessive beigelegt, Oppositionen reduziert. Widerstand macht Unterstützung und Kooperation Platz. Es werden Gruppennormen oder Spielregeln erarbeitet, die für alle gelten. Mit dieser Basis der Übereinstimmung ist die Voraussetzung für eine effektive Zusammenarbeit gelegt. – Diese Phase wird auch »Norming« genannt.

4. **Leistung:** Die Spannungen sind weitestgehend gelöst. Rollen sind ausdifferenziert und die Aufgaben verteilt. Die Gruppenstrukturen sind nun etabliert. Das Team hat sich als funktionsfähige soziale Einheit

konstituiert. Konstruktives und zielorientiertes Arbeiten ist jetzt möglich; ihm wird der Hauptanteil der Energie gewidmet. Aufkommende Probleme oder Konflikte werden kooperativ behandelt. – Diese Phase wird auch »Performing« genannt.

5. **Stabilisierung:** Aufgrund der Zufriedenheit der Gruppenmitglieder mit der Gruppe und dem Status in ihr sind sie an Veränderungen nicht sonderlich interessiert. Vielmehr dominiert das Bestreben, den Zustand insofern zu zementieren, als sie Unruhe und negative Veränderungen vermeiden wollen.

Da sich die Bedingungen, unter denen eine Gruppe arbeitet, genauso ändern können wie ihre personelle Besetzung, kann es immer wieder zu neuen Durchläufen kommen. Es kann sein, dass eine Gruppe einzelne Phasen mehrfach durchlebt.

Folgende Konfliktquellen ergeben sich in erster Linie. Die erste haben wir bereits eingangs erwähnt: Wenn insbesondere Träger von Führungsfunktionen oder Teamentwickler nicht erkennen, in welchem Stadium sich die Gruppe befindet, wächst die Wahrscheinlichkeit unangemessenen Verhaltens. Wird dies nicht erkannt, nehmen Missverständnisse zu und die Eskalationsdynamik nimmt ihren Lauf.

Konfliktquellen in der Guppendynamik

Als zweite Konfliktquelle kann man erkennen: Der Gruppe wird nicht der Raum gelassen, insbesondere die Phasen eins bis drei zu durchlaufen, sondern von ihr wird sofortige Höchstleistung gefordert. Die Praxis zeigt: Was zu Beginn an Zeit gespart wird, muss im Arbeitsprozess zeitlich investiert werden. Denn die latenten Machtkämpfe wurden unterbunden. Damit fehlt es an sozialer Reibung, zu der ja auch Nähe und Sich-kennen-Lernen gehören. Dieser Mangel rächt sich während des Arbeitsprozesses. Es kommt oft zu echten und noch häufiger zu Schein-Gefechten. Die Energie und Fantasie, die hier verbraucht werden, fehlen bei der Sacharbeit. Der Zeitaufwand für die Zielerreichung wird somit größer. Oft leidet auch die Qualität.

Führungsfunktionen

Egal wie die Führungsfunktion genannt wird, ob »Gruppenführung«, »Team-leitung« oder »Projektleitung«, »Moderator« oder »Coach« – eine zentrale Aufgabe wird ihr stets zugeschrieben, nämlich die Verantwortung dafür, Gruppenaktivitäten zu bündeln und darauf hinzulenken, bestimmte Ziele zu erreichen. Diese **Lokomotions-Funktion** verlangt von der Führung (von Fall zu Fall in unterschiedlicher Gewichtung):

❖ die Gruppenziele klar zu kommunizieren,
❖ den Zielkontext zu erläutern,
❖ den Stellenwert der Einzelbeiträge hervorzuheben,
❖ die Aktivitäten zu koordinieren,
❖ Informationen und Kompetenzen bereitzustellen bzw. Zugang dazu zu sichern, um das Gruppenziel zu realisieren und ein zufrieden stellendes Klima zu schaffen,
❖ die Qualität der Beziehungen unter den Teammitgliedern zu überblicken,
❖ positive wie negative Sanktionen auszuüben,
❖ als Moderator oder Mediator zu fungieren,
❖ die Gruppe nach außen zu präsentieren.

In der **Kohäsions- und Integrationsfunktion** sorgt die Teamführung für die Entwicklung und Förderung des Teamzusammenhalts sowie dafür, dass die emotionalen Bedürfnisse aufgefangen werden. Die Teamleitung hat in dieser Funktion:

❖ anzuregen, Gruppenprozesse zu reflektieren,
❖ bei Konflikten die Aussprache zu initiieren,
❖ Spielregeln gemeinsam zu erarbeiten,
❖ in permanentem Feedback zu überprüfen, ob Aufgaben-, Kompetenz-, Rollenregelungen oder Spielregeln noch angemessen sind,
❖ für die Transparenz von Abläufen und Komunikation zu sorgen,
❖ sich darum zu kümmern, dass sich jedes Mitglied aktiv einbringen kann,
❖ zu moderieren.

Diese fast klassisch zu nennenden Führungsfunktionen können natürlich auf mehrere Personen verteilt werden.

Das Konfliktpotenzial verbirgt sich in zweierlei: zum einen in der Fähigkeit und Fertigkeit des Führenden, die an ihn herangetragenen Funktionen zu erfüllen. Versagt er, schlittert er in intrapersonelle Konflikte hinein, die sich in interpersonellen Spannungen fortpflanzen. Zum anderen sorgen nicht erfüllte Erwartungen der Gruppe an die Leitung für Spannungen und Dissonanzen. Daraus folgt: Werden wechselseitig die Erwartungen und Messkriterien nicht oder nur zum Teil geklärt, erhöht sich die Wahrscheinlichkeit, dass es zu Missverständnissen bis hin zu Konflikten kommt. Dabei spielen auch Machtprozesse eine wichtige Rolle. Zu dieser bedeutenden Variable im Gruppenprozess kommen wir jetzt.

Konfliktquellen im Führungsprozess

Machtausübung

Macht ist eine spezielle Form der sozialen Einflussnahme. Vom Machtinhaber wird angenommen, dass er über Mittel und Möglichkeiten verfügt, andere dazu zu bewegen, seine Interessen auch gegen deren Willen durchzusetzen. Machtausübung setzt voraus, dass sie von den anderen anerkannt wird. Macht ist immer eine Zuschreibung. Andere Personen müssen einen Menschen als mächtig empfinden.

Die Ausübung von Macht

Das Konfliktpotenzial finden wir in zweierlei Hinsicht: Erstens kann der Mächtige die an ihn herangetragenen Erwartungen und Anforderungen erfüllen oder nicht.

Konfliktquellen

> Eine Projektleiterin wird aufgefordert, sich bei der Geschäftsführung durchzusetzen, damit das Budget erhöht wird. Misslingt ihr das, kann es in der Gruppe zum Konflikt kommen. Denn die enttäuschten Mitglieder deuten ihr mangelndes Durchsetzungsvermögen als »schwach«. Sie halten sie in ihrer Funktion für »ungeeignet«. Neben ihrer Leistungsfähigkeit wird somit auch noch die Legitimation ihrer Führungsfunktion in Zweifel gezogen.

Zweitens kann ein existenter Machtanspruch auf eine **Gegenmacht** (Reaktanz) stoßen. In diesem Fall kommt es zum Machtkampf. Dies passiert insbesondere dann, wenn die Legitimation für die Machtposition infrage gestellt wird und/oder wenn sich Betroffene in ihrem Handlungs- und Freiheitsspielraum eingeengt fühlen.

Ein Teammitglied ist bekannt dafür, bei Konflikten erfolgreich zu schlichten. Ihm wird im Rahmen der Rolle »Vermittler« die Macht zugetraut. Inzwischen wird ganz selbstverständlich erwartet, dass ihm das Schlichten immer gelingt. Diese Machtzuschreibung hat im Verlauf der Zusammenarbeit dazu geführt, dass andere Teammitglieder nicht einmal mehr den Versuch unternehmen, Streitende auseinander zu bringen. Sondern reflexartig ertönt der Ruf nach dem Vermittler. Die Teammitglieder haben sich also vollkommen aus dieser Verantwortung herausgezogen und sie der einen Person übertragen. Ein personeller Wechsel führt dazu, dass eine weitere Person die Position des Mediators beansprucht. Mit diesem Neuzugang bekommt der Vermittler Gegenmacht zu spüren, weil das neue Teammitglied bestrebt ist, sich als mindestens genauso gut zu profilieren. Andernfalls sieht es sich in seinem Spielraum eingeengt. Denn es möchte sein Können in aller Breite demonstrieren.

Bemerkenswert für die Praxis sind zwei Eigentümlichkeiten. Zum einen zeigen Forschungen, dass Reaktanz selten prompt, sondern **zeitlich verzögert** erfolgt. In der Regel wartet die Person oder Gruppe auf eine günstige Gelegenheit, die den Erfolg der Bemühungen in Aussicht stellt.

Bezogen auf die obige Gruppensituation kann das beispielsweise bedeuten, dass das neue Mitglied auf das Ausscheiden des Rivalen wartet. Steht das in weiter Ferne, wird es seine Fähigkeiten beim nächsten Konflikt demonstrieren. Oder es wartet darauf, dass der Kontrahent den ersten Fehler macht.

Zum anderen wächst die Wahrscheinlichkeit der Reaktanz mit dem Grad empfundener Willkür. Dies trifft sowohl auf die Einengung des Handlungsspielraums zu als auch auf ihre Wiederherstellung.

Die Führungskraft eröffnet der Mitarbeiterin, sie solle beim eintägigen Teamworkshop die Moderation übernehmen. Nach zwei Stunden Workshop nimmt ihr der Chef die Leitung ohne Ankündigung und ohne Begründung aus der Hand. – Die Mitarbeiterin empfindet das als willkürliche, das heißt sachlich nicht nachvollziehbare Maßnahme. Sie sieht sich in ihrem Handlungsspielraum eingeengt und in ihrer Kompetenz beschnitten. Dies wiederum beschädigt ihr Selbstbild. Wenn sie couragiert ist, kann sie sofort Maßnahmen der Gegenmacht einleiten und ihren Chef vor Publikum darauf hinweisen, dass er die getroffene Vereinbarung missachtet. Der Chef wird dies als Kampfansage interpretieren und mit hoher Wahrscheinlichkeit ebenfalls zur Kampfstrategie greifen. – Sie kann aber auch auf den Abend warten und ihn dann allein darauf ansprechen. Diese Kompromissstrategie fällt in den Bereich der Reaktanz insofern, als sich die Mitarbeiterin mit ihrem Anliegen beim Chef durchsetzen will: Er soll Vereinbarungen einhalten und ihr die Moderation überlassen.

Nehmen wir an, der Chef, der die Moderation ungefragt übernommen hat, realisiert nach zwei bis drei Stunden, was er angerichtet hat. Wenn er dann plötzlich ankündigt: »Ach, Frau A., übernehmen Sie jetzt bitte wieder das Ruder«, wird der Prozess der Reaktanzbildung kaum gestoppt. Denn für die Mitarbeiterin bleibt die Motivation bzw. Begründung des Chefverhaltens wieder im Dunkeln.

> **Fazit**
>
> Sobald Menschen Handlungen als willkürlich wahrnehmen, ist es ihnen in der Regel gleichgültig, ob sie positiv oder negativ sind. Denn sie schlussfolgern, dass sich die Willkürhandlung jederzeit wiederholen kann. Einmal willkürlich – immer willkürlich. Zumindest rechnen wir damit und sind entsprechend unsicher bis misstrauisch. Damit wäre als **Konfliktquelle** identifiziert: unbegründete, nicht verständliche, nicht nachvollziehbare oder plötzliche Handlungen und Entscheidungen.

Normentwicklung und Konformität

Jede neu geformte Gruppe ist gefordert, implizite oder explizite Normen zu entwickeln und zu befolgen. Normen sind Festlegungen darüber, wie die individuellen Beiträge und Interessen gewichtet und koordiniert werden; was verboten und erlaubt, erwünscht und unerwünscht ist. Normen legen Leitplanken für das Verhalten in Form eines **Verhaltenskodex**. Sie regeln die Zusammenarbeit auf der Sach- und auf der Beziehungsebene und definieren, wer unter welchen Bedingungen dazugehört und wie sich Neuankömmlinge zu verhalten haben.

Normen und Anpassung

Zusätzlich zu den Verhaltensnormen werden **Beurteilungs- und Meinungsnormen** fixiert. Dies geschieht meist unbewusst. Das heißt: In Gruppen entstehen durch den gemeinsamen Bezugsrahmen neue Wahrnehmungs- und Bewertungsfilter sowie Bewertungsmaßstäbe.

Bisher erlebte ein Teil der Teammitglieder, dass ihre Einzelleistungen im Vordergrund der Beurteilung standen. Deshalb fixieren sie sich zu Beginn der Teamarbeit darauf, ihre Individualbeiträge perfekt zu machen. Die Kollektivnorm: »Es zählt in erster Linie das Teamresultat«, fordert von ihnen nun, ihre Einzelleistungen sowie deren Stellenwert neu zu bewerten und sie in das Leistungsnetzwerk der Gruppe einzuordnen. Außerdem müssen nun auch die anderen bei der Erfüllung unterstützt werden. Der Fokus muss nun weg von der perfekten Eigenarbeit und hin auf die Gruppenarbeit gerichtet werden. Der Akzent liegt auf Synergie aller Beiträge und nicht auf der Perfektion im Detail.

Die Frage, wann Konformität erzwungen wird, entscheidet **die Zielausrichtung der Gruppe**. Gruppendruck wird in der Regeln dann ausgeübt, wenn die Zielverfolgung leidet. Ist dies der Fall, wird der Störenfried mit Druck konfrontiert. Die Wahrscheinlichkeit seiner Verhaltensänderung wiederum wächst mit der Bedeutung, die das Mitglied der Druckmaßnahme beimisst. Unter welchen Bedingungen Teammitglieder bereit sind, sich dem Konformitätsdruck zu beugen, hängt entscheidend von der Einschätzung ab, welche Sanktionen tatsächlich ausgeübt werden können und welche Konsequenzen sie für den Betroffenen hätten.

Konfliktquellen   In dieser Konstellation stellen sich als Konfliktquellen zwei Aspekte dar: die vorhandene oder nicht vorhandene Sanktionsmacht und die Reaktion der Sanktionierten.

Zwei Teamkollegen – Tandem genannt, weil sie ständig zusammensitzen – halten hartnäckig daran fest, unvorbereitet in Meetings zu erscheinen. Sie weichen damit ab von der Spielregel: »Alle bereiten ihren Part für Sitzungen vor.« Die Teamleiterin kündigt – nach Absprache mit der Restgruppe – an, den beiden mit Ausschluss zu drohen. Realistisch ist das in den Augen des Tandems nicht. Die Verschärfung des Konflikts wird zunächst dadurch verhindert, dass das Tandem an der Drohung sieht, wie ernst es der Gruppe ist. Sie erkennt, dass das Ende der Geduld erreicht ist. – Allerdings: Bis zur Verhaltensänderung kann der Weg noch lang sein.

Entscheidungsprozesse

Von einer Entscheidung sprechen wir dann, wenn mindestens zwei Handlungsoptionen zur Wahl stehen und wir kognitive sowie interaktive Schritte unternehmen müssen, um zu »ent-scheiden«. Entscheidungen in Gruppen zu fällen ist grundsätzlich dann schwierig, wenn nicht die meisten oder die wichtigsten Mitglieder bereit sind zu kooperieren. Damit ist der bereits erwähnte Aspekte der *persönlichen Grundmotive* berührt. Denn:

Das Finden und Fällen von Entscheidungen

- ❖ Die kooperative Motivation sorgt für Fairness und Empathie und strebt Win-Win-Lösungen an.
- ❖ Die individualistische Motivation dagegen fokussiert die Optimierung des persönlichen Nutzens und lässt die Konsequenzen für andere weitgehend außer Acht (je nach Kalkulation).
- ❖ Die kompetitive oder rivalistische Motivation rückt die Gewinn- oder Nutzendifferenz und nicht die absolute Höhe des persönlichen Gewinns in den Mittelpunkt (Nullsummenspiel; eigener relativer Vorteil).

Diese Konfliktquelle führt zu Auseinandersetzungen, wenn in der Gruppe die Grundmotivationen so heterogen sind, dass es große Mühe kostet, um ein gemeinsames Arrangement zu finden. Experimentelle Forschungen zeigen, dass die Bereitschaft, kooperative Strategien anzuwenden steigt, wenn:

Konfliktquellen

- ❖ der innere Konflikt zwischen Eigen- und Kollektivinteresse abnimmt,
- ❖ der persönliche Nutzen aus der Kooperation eindeutig steigt,
- ❖ die anderen Mitglieder erkennbar kooperieren wollen,
- ❖ die Mitglieder direkt miteinander kommunizieren können.

Eine weitere wichtige Determinante für Konfliktquellen im Rahmen (individueller und) kollektiver Problemlösungs- und Entscheidungsprozesse verkörpern die Kriterien einer »guten« Entscheidung. Diejenigen, die die Erfolgswahrscheinlichkeit mit rationalen und erfahrungsbegründeten Mitteln errechnen und messen, legen Wert auf »Objektivität«. Konzentrieren sich dagegen andere Gruppenmitglieder auf Wahrscheinlichkeiten und mögliche Szenarien, bricht ein Konflikt aus. Hier sollten drei Faktoren berücksichtigt werden. Denn sie beeinflussen die **Entscheidungsfindung**:

- ❖ Menschen neigen dazu, die Häufigkeit und die Auftretenswahrscheinlichkeit von Ereignissen nach dem zu bemessen, wie leicht oder schwierig sie sie im Gedächtnis abrufen können. Daher tendieren sie dazu, das Auftreten seltener Ereignisse zu unterschätzen.

❖ Die subjektive Einschätzung der Auftretenswahrscheinlichkeit ist außerdem abhängig von dem Nutzen, den wir erwarten. Schätzen wir den Nutzwert hoch ein, halten wir das Eintreten des Ereignisses für wahrscheinlicher, als wenn wir ihn niedrig einschätzen.

❖ Menschen halten lange an eigenen Meinungen fest. Sie verändern sie meist erst, wenn die Gegenbeweise nicht mehr zu leugnen sind.

Nehmen wir die bisherigen Ausführungen zusammen, kann es nicht verwundern, dass ein Konfliktherd in der Praxis immer wieder Feuer entzündet, nämlich die Ansicht: *Entscheidungen in Gruppen müssten immer schnell und auf direktem Weg gefunden werden.* Es gehört zu den alltäglichen Erlebnissen, dass Gruppenentscheidungen selten geradlinig, im strikten Sinn effizient und effektiv gefällt werden. Denn bereits die Tatsache, dass jedes Gruppenmitglied in seiner »subjektiven Haut« steckt und den Umkreis seiner individuellen Erfahrungen und Eigenheiten nicht verlassen kann, verhindert, dass eine Gruppe, sofort die Autobahn mit ihrer direkten Verbindung vom Start- zum Zielort befahren kann. (Dass Autobahnen oft auch verstopft sind, davon wollen wir hier ganz schweigen.)

Kontrollprozesse

Die Ausübung von Kontrolle

Eine Frage, die im Alltag von Gruppenarbeit immer wieder auftaucht, richtet ihr Augenmerk auf Kontrollweisen. Sie lautet: Wie können wir sicherstellen, dass Gruppenentscheidungen eingehalten und umgesetzt werden? (Wir setzen dabei voraus, dass die gefällten Entscheidungen prinzipiell umgesetzt werden dürfen!)

Kontrolle ist ein Prozess der Überprüfung. Er wird durch verschiedene Arten sozialer Einflussnahme realisiert. Diese Arten haben verschiedene Gesichter: Formen der Überzeugung und Überredung bis hin zu Formen direkter und indirekter Machtausübung.

Konfliktquellen

Als **erste Konfliktquelle** können wir **konträres Kontrollbewusstsein** benennen. Personen mit einem ausgeprägten Kontrollbewusstsein gehen nämlich davon aus, dass sie ihre Umwelt wirksam steuern können, dass sie auch ihre Ziele erreichen. Sie neigen zu der Grundannahme, dass sie Menschen und Prozesse beherrschen können. Sie engagieren sich deshalb dafür, die Kontrolle über alles, was in der Gruppe geschieht, zu erlangen. Arbeiten diese Mitglieder mit anderen zusammen, die der Auffassung sind, Beherrsch- und Machbarkeit hätten prinzipielle und praktische Grenzen; man solle daher den selbstorganisierenden Kräften mehr vertrauen, treten Konflikte auf. Gegenmacht wird mobilisiert. Diese Konfliktquelle entspingt also dem Zusammenprall individueller Anschauungen und Kontrollhandlungen.

Die **zweite Konfliktquelle** nimmt **Kontrolltechniken** ins Visier:

❖ Kontrolltechniken, die den Gruppennormen zuwiderlaufen, erzeugen Gegenmacht. Sie schaden dem Kontrollerfolg und der Effektivität der Gruppe. Das ist beispielsweise der Fall, wenn die Norm »kooperativer Umgang« vereinbart wurde und die Gruppenleitung despotisch kontrolliert.

❖ Negative Sanktionen als Kontrolltechnik wirken allgemein schnell und sind einfach in der Handhabung. Sie haben (in Gestalt von Kritik, Bestrafung, sozialer Diskriminierung) aber einen hohen Preis. Denn sie provozieren Widerstände und Demotivation.

❖ Am wirksamsten sind Kontrolltechniken, die geringe Widerstände und Störungen produzieren. Dies gelingt, wenn sich negative und positive Sanktionen in Art und Ausmaß mit den Gerechtigkeitsvorstellungen der Betroffenen decken und Sanktionen vorhersehbar und nachvollziehbar sind.

Zusammenfassung der Konfliktquellen

❖ Fehleinschätzung der Motive für Verhaltensweisen.
❖ Unverträgliche Maßstäbe bei sozialen Vergleichsprozessen, die zu divergenten Selbst- und Fremdeinschätzungen führen.
❖ Beantwortung von Konformitätsansinnen mit Gegenmachtbestrebungen.
❖ Mangelnde Berücksichtigung der Forming- und Storming-Phase in der Gruppenentwicklung.
❖ Unangemessene Ausübung der Führungsfunktionen.
❖ Ausübung sozialer Macht, sodass Gegenmachtbestrebungen provoziert werden.
❖ Aufeinanderprallen unterschiedlicher bis unverträglicher Grundmotivationen in Verhalten und Verhandlungsstilen.
❖ Mangelnde Übereinkunft bei Gruppennormen und Spielregeln.
❖ Mangelnde Bereitschaft zur Kooperation.
❖ Anwendung unverträglicher Kriterien bei Gruppenentscheidungen.
❖ Anwendung inadäquater Kontrolltechniken.

Wodurch eskalieren soziale Konflikte?

Die Logik der Eskalationsdynamik

Die Prozesse, die bei inneren und zwischenmenschlichen Konflikten ablaufen, wirken auch im sozialen Konflikt. Das Gleiche trifft auf die Eskalationsdynamik zu. Statt einer Wiederholung möchte ich an die fundamentale Logik der Konfliktverschärfung erinnern.

Grundsätzlich nimmt mindestens ein Akteur Unvereinbarkeiten oder Unverträglichkeiten in Handlungen oder Zielen wahr. Jeder soziale Konflikt berührt Sach- und Beziehungsfragen und erhält zusätzlich Nahrung aus Einstellungen, Wertüberzeugungen und Bedürfnissen. Diese Konfliktdimensionen bedingen sich wechselseitig und initiieren einen **Teufelskreis der Eskalation**.

Ob und inwiefern der Konfliktverlauf eine **Eigendynamik** entwickelt, hängt zunächst einmal davon ab, ob die Kontrahenten die Situation als **kooperativ** oder aber als **rivalistisch** oder **kompetitiv** einschätzen. Die kooperative Orientierung verfolgt die Logik des Win-Win: Die Zielerreichung korreliert positiv, das heißt, der Erfolg der einen Seite hängt von dem der anderen ab. Der Konflikt wird als gemeinsam zu lösendes Problem behandelt. Die rivalistische Orientierung gleicht ebenso wie die kompetitive einem Nullsummenspiel. Bei ihnen wird der Gewinn der einen auf Kosten der anderen Seite erzielt (Win-Lose-Prinzip). Der Konflikt wird hier als Kampfsituation inszeniert. Wird der Konflikt als kompetitiver oder rivalistischer Prozess gestaltet, tendiert er dazu, sich auszubreiten. Der Konflikt ergreift dann von uns Besitz und entzieht sich zunehmend der Steuerung. Parallel dazu nimmt die Fixierung auf Machtstrategien zu. Verständigungsversuche und Empathie nehmen ab; Misstrauen und Argwohn dagegen zu. Die feindselige Haltung schärft die Aufmerksamkeit für Gegensätze und reduziert die Antennen für die Wahrnehmung von Gemeinsamkeiten und möglichen Kompromissen.

Im letzten Abschnitt haben wir erörtert, dass insbesondere kompetitive oder rivalistische sowie individualistische Verhaltensausrichtungen Gegensätzlichkeiten verstärken und eine kooperative Behandlung kollektiver Konflikte erschweren bzw. unmöglich machen. Dominieren sie, ist die Wahrscheinlichkeit groß, dass die Eskalation in die dritte Phase wächst. In einer solchen Konstellation wirken folgende Tendenzen eskalierend und beschleunigen die Entstehung der »Freund-Feind«-Logik in Wahrnehmen und Denken, Fühlen und Handeln:

- ❖ Eigene Ideen, Interessen und Vorschläge werden höher gewichtet und als legitimer angesehen als die der Kontrahenten.
- ❖ Die Anliegen der Kontrahenten werden minder bewertet oder ihre Berechtigung verworfen.
- ❖ Der Triumph über den Gegner wird zum eigenständigen Ziel. Kompromissbereitschaft wird in der eigenen Gruppe als Verrat und in der Gegner-Gruppe als Schwäche gedeutet.
- ❖ Fortschritte werden eher blockiert als protegiert, sobald sie Abstriche von eigenen Zielen erahnen lassen.
- ❖ Interventionen Dritter sind nur dann willkommen, wenn sie uneingeschränkt die eigene Sicht unterstützen.

Verstärken sich die Prozesse der Polarisierung, steigen Anspannung, Handlungsdruck und Zugzwang. Dies entlädt sich schließlich darin, dass die Schwelle zur nächsten Eskalationsstufe überschritten wird. Es folgen Taten statt Worte, Imageschädigungen, Gesichtsverluste und Drohgebärden. An dieser Eskalationsstufe 6 angelangt, bringt jeder weitere Schritt eine Annäherung an die Zerstörung, der alle zum Opfer fallen.

Wie können wir soziale Konflikte konstruktiv nutzen?

Konstruktive Strategien zur Konfliktbehandlung

Wir haben viel Vorarbeit geleistet, um die persönliche Konfliktfähigkeit zu steigern. Im Kapitel »Innere Konflikte« führten wir uns vor Augen, welche Handlungsoptionen uns die

❖ Grundhaltung zum Konflikt,
❖ die Typologie innerer Konflikte,
❖ die Tiefenpsychologien,
❖ die Verhaltenspsychologie und
❖ die Entscheidungs- und kognitive Psychologie

an die Hand geben. Zudem vergegenwärtigten wir uns, welche »Techniken« oder mentale »Tricks« die Suche nach einem konstruktiven Umgang mit dem Konflikthaften erleichtert.

Im Kapitel »Zwischenmenschliche Konflikte« betrachteten wir

❖ fünf fundamentale Strategien,
❖ unterschiedliche Konfliktarten und ihren jeweils spezifischen Handlungsfokus und ließen einige methodische Anregungen Revue passieren, die helfen, eine tragfähige Einigung zu finden.

Auf dieses Wissen und die besprochenen Strategien sollten Sie im sozialen Konflikt zurückgreifen. Da Konflikte in Gruppen schnell unübersichtlich werden, möchte ich Ihnen zusätzlich eine (von F. Glasl entworfene) pragmatische Systematik der Konfliktbehandlung vorstellen. Dabei handelt es sich um ein **Raster zur Diagnose und Konfliktbehandlung**. Es besteht aus den folgenden vier Fragekategorien:

❖ **Konflikt-Inhalte:** Um was geht es?
❖ **Konflikt-Verlauf:** Wie beschreiben die Parteien den aktuellen Stand und die Geschichte des Konflikts?
❖ **Konflikt-Parteien:** Wer streitet und in welcher Beziehung stehen die Kontrahenten?
❖ **Grundeinstellung zum Konflikt:** Wie begegnen die Parteien dem Konflikt grundsätzlich? Zu welchen Verhaltensweisen sind sie bereit, um den weiteren Verlauf des Konflikts mitzugestalten? Wie definieren sie das Ende des Konflikts? Was sind dafür zu tun bereit?

Die vier Fragekategorien

Im Folgenden erfahren Sie die Hauptfragen pro Fragekategorie, die damit verbundenen Ziele sowie Anregungen, wie Sie methodisch vorgehen können.

Raster zur Diagnose und Konfliktbehandlung

Konflikt-Inhalte

Hauptfrage: Um was geht es?

❖ Welche Inhalte, Konfliktpunkte formulieren die Akteure?
❖ Wo gibt es Gemeinsamkeiten, Überschneidungen? Wo lassen sich Trennendes, Gegensätzliches, Unvereinbares, Berührungs- oder Anknüpfungspunkte erkennen?
❖ Welche Akzente sehen die Akteure in den Konflikten? Welche Konfliktarten sehen sie vertreten?
❖ Auf welche Aspekte werden Gewichtungen und Prioritäten gelegt?

Fragen Sie nach den Inhalten des Konflikts

Ziele: Herstellen grundsätzlicher Akzeptanz und Bereitschaft zu Kooperation.

❖ Wechselseitiges Kennenlernen und Verstehen der Konfliktinhalte.
❖ Empathie herstellen: Akzeptieren der Konfliktinhalte und der Subjektivität der Konfliktpunkte; Distanz gewinnen in Bezug auf die eigene Fixierung; Einnehmen der Perspektive der Kontrahenten, Bereitschaft zum Sichtwechsel.
❖ Einigung auf das, was als Konfliktpunkt definiert und behandelt werden soll und in welcher inhaltlichen Gewichtung und Rangfolge.

Methode: Aufnehmen (Inventarisieren) der Konfliktinhalte.

1. Entwerfen einer Konfliktlandschaft: Jeder Betroffene bzw. jedes Bündnis (Subgruppe, Fraktion) notiert auf Kärtchen, was aus der eigenen Sicht Konfliktpunkte sind und steckt sie an die Pinwand.
2. Jede Partei erklärt, inwiefern für sie etwas ein Konfliktpunkt ist sowie welcher Konfliktart er zugeschrieben wird. Ausschließlich Verständnisfragen werden erörtert.
3. Jede Partei fasst die von den Kontrahenten formulierten Konfliktpunkte zusammen.
4. Jede Partei nennt bzw. notiert die Konfliktpunkte der anderen, mit denen sie übereinstimmt und nicht übereinstimmt.
5. Cluster-Bildung und Formulierung einer Konkretisierungstreppe: Gemeinsam werden die einzelnen Kärtchen mit ihren Punkten nach *Problemfeldern* und *Oberthemen* gruppiert und anschließend konkretisiert. Die leitenden Fragen dabei lauten: »Was bedeutet das konkret? Worin zeigt sich … genau? Was muss konkret getan werden, damit …?«
6. Die Parteien einigen sich auf Gewichtungen und Prioritäten in der Bearbeitung, indem sie beispielsweise Punkte vergeben: Jede Person hat eine gewisse Anzahl Klebepunkte, die sie auf die Konfliktcluster nach ihrem Belieben verteilt. Wenn es für sie beispielsweise nur einen Punkt gibt, der den Konflikt ihres Erachtens ausmacht, dann kann sie diesem Punkt sämtliche Klebepunkte geben. Oder: Die Gewichtung wird in einer offenen Diskussion erarbeitet und das Fazit visuell festgehalten.

Konflikt-Verlauf

Hauptfrage: Wie beschreiben die Parteien den aktuellen Stand und die Geschichte des Konflikts?

Fragen Sie nach der subjektiven Beschreibung der Konfliktgeschichte

❖ Wie sehen die Parteien den aktuellen Stand des Konflikts?
❖ Welche Eskalationsstufe ist nach den Meinungen der Kontrahenten erreicht?
❖ Worin sehen sie die Ursachen bzw. Anlässe für den Konflikt?
❖ Welche Ereignisse und Verhaltensweisen bewerten sie als »kritisch«, »entscheidend«, »maßgeblich« für den Konfliktverlauf?
❖ Worin sehen sie Wendepunkte, die eskalierend gewirkt haben?

Ziel: Vertiefen des wechselseitigen Verständnisses (Verstehens).

❖ Erfahren, wie der Status quo von den Kontrahenten erlebt wird.
❖ Verstehen der subjektiven Sicht, was den Konflikt veranlasst und intensiviert hat.
❖ Möglichkeit erarbeiten, durch bewusstes Wahrnehmen der eigenen und fremden Perspektive, sich gegen eskalierend wirkende Mechanismen zu immunisieren oder ihre Macht zumindest zu verringern.
❖ Gewahr werden, dass die Parteien den weiteren Verlauf und die Konfliktlösung gezielt beeinflussen können.

Methode: Aufnehmen der einzelnen Perpektiven und Wertungen.

1. Jede Partei notiert auf Kärtchen sowohl ihre Sicht des Status quo als auch ihre subjektive Geschichte des Konflikts mit den bedeutsamen Ereignissen.
2. Bei der Präsentation werden die Stichworte erläutert. Dabei gilt: Gefühle auszusprechen ist erlaubt, ja geboten! Wieder sind ausschließlich Verständnisfragen gestattet.
3. Als Folgerungen aus dem Austausch der Wahrnehmungen, Empfindungen und Bewertungen vereinbaren die Kontrahenten Spielregeln, die ab sofort im Umgang miteinander gelten.

Konflikt-Parteien

Hauptfrage: Wer streitet und in welcher Beziehung stehen die Kontrahenten?

- ❖ Wer sind die Parteien (Einzelne gegen Einzelne, Einzelne gegen Fraktionen, Fraktionen gegeneinander)?
- ❖ Wer sind die direkten Beteiligten, die Schlüssel- oder Kernpersonen bzw. -gruppen?
- ❖ Wer ist betroffen oder indirekt beteiligt (Einflusspersonen, -gruppen)?
- ❖ Welche Beziehung haben die Parteien zueinander: formell/informell? In welchen Abhängigkeitsbeziehungen stehen sie?
- ❖ Welche Forderungen formulieren die Parteien aufgrund der Beziehungen und Abhängigkeitsverhältnisse? Wie werden die Forderungen begründet? Welche Forderungen werden anerkannt, welche nicht?

Ziel: Erringen eines vertieften Einblicks in die Qualität und Bedingungen der Beziehungskonstellation.

- ❖ Identifizieren von Hauptakteuren, indirekt beeinflussenden und beeinflussten (betroffenen) Personen/Gruppen.
- ❖ Herausarbeiten der wahrgenommenen Beziehungsdeterminanten, die den Konfliktverlauf mitbestimmen.
- ❖ Einblick in und Verstehen von Forderungen und deren Begründung.
- ❖ Offenlegen, welche Forderungen auf positive bzw. negative Resonanz stoßen.

Methode: Inventarisieren der Sichtweisen der Beziehung und Forderungen.

1. Jede Partei notiert auf Kärtchen, wen sie für Hauptakteure, für maßgeblich beeinflussende Akteure und für Betroffene hält.
2. Die Parteien notieren – wieder voneinander getrennt – in Stichworten, wie sie die Abhängigkeitsbeziehungen sehen.
3. Die Parteien stellen einander die Sichtweisen vor und diskutieren diese.
4. Die Parteien notieren – wieder jede für sich –, welche Forderungen sie an die Kontrahenten stellen und wie sie sie legitimieren.
5. Die Kontrahenten stellen einander die Stichworte vor (wie oben).
6. Sie notieren oder markieren, welche Forderungen sie akzeptieren, welche nicht und warum – ohne vorher miteinander darüber zu diskutieren.
7. Sie diskutieren die Annahme bzw. Ablehnung.
8. Gemeinsam überprüfen die Kontrahenten, inwiefern die Antworten auf Frage 1: »Um was geht es?«, noch Gültigkeit besitzen (Feedbackschlaufe).

Die Fragen 1. bis 5. können auch in einer offener Diskussion bearbeitet werden. Abgesehen davon, dass dies anstrengender ist und den Nachteil hat, dass Informationen verloren gehen, muss hier besonders strikt darauf geachtet werden, dass man einander ausreden lässt, jede Person zu Wort bittet, zuhört und Verständnisfragen klärt. Die mündliche Version verlangt allen Beteiligten enorme Disziplin ab! *Mündliche Version*

Grundeinstellung zum Konflikt

Hauptfragen: Wie begegnen die Parteien dem Konflikt grundsätzlich? Zu welchen Verhaltensweisen sind sie bereit, um den weiteren Verlauf des Konflikts mitzugestalten? Wie definieren Sie das Ende des Konflikts? Was sind sie dafür zu tun bereit? *Fragen Sie nach den Einstellungen und Bewertungen*

- ❖ Wie beurteilen die Parteien die Gesamtsituation: Halten sie die Konfrontation für unvermeidlich und den Konsens für unmöglich? Für unvermeidbar, aber fruchtbar und Konsens für möglich? Oder für vermeidbar, aber den Konsens für unmöglich? Oder für vermeidbar und Konsens für möglich?
- ❖ Worin sehen die Parteien die Ursachen für den Konflikt?
- ❖ Welchen Nutzen und welche Vorteile verbuchen die Parteien vom bisherigen Verlauf des Konflikts?
- ❖ Welche Vorteile und welchen Nutzen erhoffen sie sich von der Auseinandersetzung?
- ❖ Wie beurteilen sie den dafür nötigen Einsatz?
- ❖ Welche strategischen Überlegungen leiten ihr weiteres Verhalten?
- ❖ Welche Vorschläge haben die Parteien, den Konfliktverlauf effektiver zu steuern?
- ❖ Was haben sie bis dato unternommen? Was haben sie noch nicht versucht? Was wäre einen Versuch wert?
- ❖ Zu welchen Konzessionen sind sie bereit? Welche Maximal-, welche Minimalziele formulieren sie?
- ❖ Wie beschreiben die Parteien, wann: unter welchen Bedingungen sie den Konflikt als beendet betrachten?

Ziele: Abklären von Zielrichtung, Vorgehen und Vorstellungen der Lösung/ Beendigung des Konflikts.

❖ Kennenlernen der prinzipiellen Einstellung zum Konflikt und damit die Möglichkeit, Verhalten und Sichtweisen nachzuvollziehen und sich darauf bewusst einzustellen, um Missverständnisse eindämmen zu können.

❖ Bewusstmachen und Kennenlernen der Funktionen, die der Konflikt für die Beteiligten hat.

❖ Austausch über Hoffnungen und Erwartungen an den weiteren Verlauf.

❖ Offenlegen der Handlungsbereitschaften und Offen legen der Maximal- und Minimalziele sowie der Vorstellungen über die Beendigung des Konflikts.

❖ Wiederholte Chance, die Ziele zu überprüfen.

Methode: Einleiten konstruktiver Maßnahmen zur Beendigung des Konflikts.

1. Diskussion über die Grundeinstellungen zum Konflikt: Warum er ausgebrochen ist und welche Chancen aus welchen Gründen bestehen, dass er ein tragfähiges Ende findet oder nicht. Über Möglichkeiten sinnieren, warum eine kooperative Strategie ein gutes Ende herbeiführen könnte und welche Vorteile die Parteien davon hätten.

2. Jede Partei notiert auf Kärtchen, welchen Nutzen der Konflikt bisher für sie hatte; inwiefern sie diesen Nutzen, diese Vorteile brauchen; auf welchen anderen Wegen sie sich vorstellen können, diese Vorteile ebenfalls zu erzielen; welche Hoffnungen und Erwartungen sie mit der weiteren Entwicklung verbinden; welche Initiativen sie starten werden oder würden, um den weiteren Verlauf konstruktiv zu beeinflussen; welche Vorschläge sie haben, um den weiteren Gang des Konflikts effektiver zu gestalten; anhand welcher Kriterien oder Bedingungen sie den Konflikt für beendet betrachten.

3. Die Parteien stellen ihre Ideen vor; wieder sind zunächst nur Verständnisfragen erlaubt.

4. Gemeinsam erarbeiten die Parteien: worin sie übereinstimmen; worin sie nicht übereinstimmen, aber Kompromissmöglichkeiten sehen, worin sie nicht übereinstimmen und keine Einigungsmöglichkeiten sehen.

5. Die Parteien konzentrieren ihre Aufmerksamkeit darauf, worin sie übereinstimmen, sowie darauf, worin sie nicht übereinstimmen, aber Kompromissmöglichkeiten sehen. Dann einigen sie sich auf Schwerpunkte für das weitere Vorgehen sowie auf Lösungsmöglichkeiten. Die

Parteien vereinbaren konkrete Maßnahmen und legen fest, wann und wie deren Einhaltung kontrolliert wird.

6. Die aufgelisteten Konfliktinhalte, die Punkte betreffen, zu denen die Parteien keine Einigungsmöglichkeiten sehen, bleiben als unerledigt bestehen. Die Parteien vereinbaren, sie nach einem vereinbarten Zeitraum gemeinsam zu bearbeiten.

Sie haben sicherlich bemerkt, dass sich Fragen überschneiden oder auf Ähnliches hinweisen. Das ist durchaus beabsichtigt. Das Raster mit seinen Fragen hat Anregungscharakter: Die Fragen geben Aspekte und Richtungen vor, die zu beachten sind, wenn Sie in einem Konflikt intervenieren wollen. Die Fragen haben insofern auch eine Orientierungsfunktion: Sie dirigieren die Aufmerksamkeit auf bedeutsame Gesichtspunkte. Im konkreten Einzelfall müssen die Beteiligten jeweils neu entscheiden, welche Fragen sie in der Analyse, Diagnose und Behandlung des Konflikts weiterbringen. Nutzen Sie die Fragen also bitte als Anregungen, nicht als Rezeptur.

Allgemeine Empfehlungen zur Nutzung des Rasters

Zunächst: Ein *gravierender Konflikt* ist nicht innerhalb eines Meetings lösbar. Jeder (intensive) Konflikt setzt Emotionen frei. Heftige Gefühle brauchen Raum: Zeit *und* Geduld *und* Verständnis *und* Toleranz, um sich der konstruktiven Seite des Fühlens, Denkens und Wollens wieder zu öffnen.

Tragen Sie der Psycho-Logik im Konflikterleben und Konfliktgeschehen Rechnung

Zeit, Geduld, Verständnis und Toleranz sind es auch, die den Nährboden für Vertrauen und Zutrauen säen. **Vertrauen** in die Empathiebereitschaft der Kontrahenten und **Zutrauen** zu deren Fähigkeit, die je fremde (»gegnerische«) Perspektive zumindest einmal in einer Art Rollentausch auszuprobieren. Gefühle benötigen in unserer betrieblichen Alltagswelt zudem Ihren **Mut:** Mut dazu, die Kontrahenten nachvollziehen zu lassen, inwiefern der Konflikt Sie belastet, enttäuscht, traurig, wütend, hilflos oder kämpferisch macht. Daraus entsteht eine **Chance für ein verbessertes Verständnis.** Horchen Sie daher in sich selbst hinein und geben Sie auch den anderen diese Möglichkeit.

Sodann: Bei einem tief greifenden Konflikt beachten Sie bitte, dass die Intervalle, in denen sich die Konfliktparteien treffen, nicht zu lange auseinander liegen. Die Parteien sollten sich trotz vorhandener Arbeitsüberlastung einmal wöchentlich für einige Stunden ungestört zusammensetzen können. Bedenken Sie, dass unbehandelte Konflikte in der Latenz wirken und der Preis der Verdrängung, Verleugnung oder des »So-tun-als-ob-nichts-wäre« hoch ist.

Innerhalb des Unternehmens wählen Sie bitte einen Raum mit Moderations-instrumenten. Wollen Sie konzentriert an einem Konflikt arbeiten, ist es klug, sich für ein Wochenende oder auch zwei außerhalb der Firma zu treffen. (Selbst wenn der Konflikt an diesen »Auszeiten« nicht gelöst werden kann: Eine Initialzündung ist erfolgt. Sie erleichtert den weiteren Fortgang auf jeden Fall.) Gehen Sie in ein Hotel. Sorgen Sie dafür, dass es über die nötigen Moderationsmedien verfügt. Ist das nicht der Fall, kümmern Sie sich um die notwendigsten Medien.

Schließlich: Obwohl der Aufwand groß und müßig erscheint:

Visualisieren Sie Schritte und Schlussfolgerungen in der Konfliktbehandlung

❖ Halten Sie zumindest die wichtigsten Schritte und Stichworte schriftlich auf Moderationskarten fest und nehmen Sie sie zu jedem Meeting mit.

❖ Strukturieren Sie gegebenenfalls mit Farben der Karten, beispielsweise für jeden Fragekomplex eine Farbe.

❖ Arbeiten Sie mit den unterschiedlichen Kartengrößen und/oder Kartenformen. Wählen Sie für Fazitformulierungen oder Übereinkünfte beispielsweise eine große oder runde oder wolkenförmige Moderationskarte.

❖ Fertigen Sie ein Mind-Map an, das zumindest die Fortschritte und die geplanten Maßnahmen festhält.

Diese schriftliche Fixierungen und Visualisierung erfüllen zum einen die erwähnten praktischen Funktionen. Zu ihnen gehört zudem der moderationsbezogene Vorteil, dass Visualisierung die Gesprächsführung (gerade dann, wenn es keinen definierten Moderator gibt) erleichtert. Ferner demonstrieren sie: Jeder wird ernst genommen. Und als Letztes sei erwähnt, dass anhand der Visualisierungen die Fortschritte jederzeit einsehbar, nachvollziehbar und überprüfbar sind. Das bewahrt davor, bei jedem Meeting wieder bei Adam und Eva zu beginnen und darüber zu debattieren, wieso das Paradies zur Hölle mutiert ist.

Zum anderen führen Visualisierungen der individuellen und kollektiven Bemühungen und der Aufarbeitung der Geschichte der Konfliktbehandlung psychologische Geschenke im Gepäck. Sie symbolisieren die Gemeinsamkeit in der Anstrengung. Sie zeigen Kooperation, Fortschritte und Teilerfolge – und das macht stolz. Und wenn einige der Kontrahenten ihren Humor nicht ganz verloren haben, entlockt die eine oder andere lustige Zeichnung (Bilder statt Worte!) dem Betrachter in der Erinnerung der damaligen Situation gar ein Lächeln. Und dann fühlt man sich sogar noch recht wohl!

Fallstudien

Wie in den bisherigen Kapiteln möchte ich Ihnen wieder die Möglichkeit geben, selbstständig den Durchlauf einer Konfliktanalyse zu wagen. Wieder biete ich Ihnen zwei Fallstudien mit Aufgabenstellung und anschließenden Betrachtungsvorschlägen an. Auch anlässlich dieser Fallstudien und meiner Bemerkungen dazu weise ich darauf hin, dass es verschiedene Perspektiven und Behandlungsmöglichkeiten gibt, von denen ich nur eine offeriere. Ziel und Sinn dieser Bearbeitung liegen ja nicht darin, Ihnen Patentlösungen anzuraten, sondern darin, einen kontrollierten Probelauf mit einem methodischen Instrumentarium zu unternehmen. Dabei wünsche ich Ihnen Neugier und Freude.

Experimentieren Sie mit Ihrem Wissen: Fallstudien

Fallstudie: Anerkennung der Teamleitung

Allgemeine Informationen: Das Projektteam »Produktinnovation und Aufdecken von Marktnischen« setzt sich aus Mitarbeiterinnen und Mitarbeitern folgender Bereiche bzw. Abteilungen zusammen:

❖ Forschung und Entwicklung (F&E),
❖ Marketing,
❖ Produktion,
❖ EDV,
❖ Vertrieb,
❖ Verkauf,
❖ Controlling.

Da es sich um ein strategisches Projekt mit besonderer Bedeutung handelt, ist es personell breit besetzt:

❖ Bereichsleiterin (BL) Frau Frenn und Mitarbeiter Herr Eder aus F&E,
❖ stellvertretende BL Frau Mender und Mitarbeiter Herr Mumms aus dem Marketing,

- ❖ BL Herr Prost aus der Produktion,
- ❖ stellvertretender BL Herr Demm aus der EDV,
- ❖ BL Frau Vogel aus dem Vertrieb,
- ❖ Regionsleiter Herr Sommer und Regionsleiterin Frau Rös aus dem Verkauf,
- ❖ Projektleiter Herr Ceron aus dem Controlling.

Geleitet wird das Projekt von Herrn Ceron, Chef des Controllings. Er wurde von der Geschäftsleitung (GL) eingesetzt, sowohl als Projektleiter zu fungieren als auch die Perspektive seiner Abteilung in dem Projekt zu vertreten. Die anderen neun Teammitglieder wurden ebenfalls von der GL bestellt, die rigide an ihrer Auswahl festhielt und individuelle Umsetzungswünsche nicht berücksichtigte.

Das Projekt ist auf zwei Jahre angelegt. Es läuft seit sechs Monaten, innerhalb derer sich das Gesamtteam fünfmal getroffen hat. Zwischenzeitlich taten sich einzelne Mitglieder zusammen, um spezielle Arbeiten abzustimmen und Spezialfragen zu klären.

Die Projektmitglieder kennen sich unterschiedlich lange und unterschiedlich gut. Das zeigt sich in dem aktuellen Zustand. Inzwischen beherrschen zwei gegnerische Bündnisse und persönliche Reibereien die Szenerie. Die zwei Lager bilden auf der einen Seite Frau Frenn, Herr Eder (beide F&E) und Herr Prost (Produktion); auf der anderen Seite Herr Sommer (Verkauf), Frau Vogel (Vertrieb) und Herr Demm (EDV). Es gibt Sympathisanten für die erste Fraktion innerhalb der Gesamtgruppe; für die zweite nicht. Die polemischen Spitzen werden kreuz und quer abgeschossen, als besonders beliebte Zielscheibe dient Herr Ceron, der Projektleiter.

Perspektive Herr Ceron (Controlling, Projektleiter)

Herr Ceron fungiert in zwei Rollen im Team. Einerseits leitet er es und nimmt sämtliche damit verbundenen Verantwortungen und Rollen wahr; andererseits vertritt er die Interessen des Controllings. Er hat die Funktion des Teamleiters nicht gern übernommen, weil er in der Vergangenheit erst zwei Projekte als Leiter betreut hat und diese Projekte kleiner und weniger wichtig waren. Hinzu kommt seine vierjährige Erfahrung als Chef des Controllings: Die Abteilung wird mehr als Zensor, als Kontrolleur, betrachtet denn als Prozessbegleitung. Daher ist die Abteilung nicht gut angesehen.

Herr Ceron war souverän genug, diese Bedenken der GL mitzuteilen. Er empfahl, statt seiner Person doch den BL Verkauf, Herr Lamm, zu wählen. Dies entschied die GL abschlägig. Denn erstens, so argumentierte sie, sei Herrn Lamm mit anderen relevanten Projekten bereits überlastet und zweitens sei die Wahl ganz bewusst auf ihn, Herrn Ceron, gefallen. Neben sachlichen Gründen, die es ratsam erscheinen ließen, den Chef Controlling in eine exponierte Stellung zu setzen, spiele noch eine weitere Absicht mit. Die GL wolle sehen, ob sich Herr Ceron über dieses Projekt als zukünftiges Mitglied der GL qualifizieren könne. Denn in eineinhalb Jahren scheide der amtierende Vertreter des Controllings aus und er sei eigentlich der Wunschkandidat.

Herr Ceron verließ die Unterredung einerseits mit stolz geschwellter Brust und andererseits mit herabhängenden Armen. Am Schluss dieses inneren Gerangels nahm er die Herausforderung an. Selbstverständlich besorgte er sich im Vorlauf alle ihm wichtig erscheinenden Informationen, um beim Kick-off-Meeting gut gewappnet zu sein. Zu diesem Zweck traf er sich mit einigen Teammitgliedern und arbeitete zudem eng mit der GL zusammen.

Das erste, einen halben Tag dauernde, Meeting verlief bereits schwierig. Herr Ceron blieben schon dort Allianzen, Feindseligkeiten und Spannungen nicht verborgen. Da er sich und der Gruppe indes beweisen wollte, dass sie trotzdem erfolgreich sein könnten, setzte er alles daran, die vorgesehenen Tagesordnungspunkte (TOPs) abzuarbeiten. Deshalb legte er seinen Schwerpunkt auf eine direktive Diskussionsführung, sodass das sachliche Ziel, die Erledigung alle Tagesordnungspunkte, erreicht wurde.

In den darauf folgenden vier Sitzungen fiel ihm eine saubere Moderation zunehmend schwerer und er musste diesbezüglich Niederlagen hinnehmen. Er hatte über die einzelnen Sitzungen versucht, ein Gemeinschaftsgefühl aufzubauen, doch dieses Ziel gehört heute, nach der fünften Sitzung, der Vergangenheit an. Angesichts der Streitereien resigniert er vor der Aufgabe, einen Gruppenzusammenhalt und die damit verbundene Motivation, in einer wichtigen Aufgabe zu kooperieren, ins Leben zu rufen.

Inzwischen haben sich Bündnisse wie Feindschaften zwischen einzelnen Mitgliedern gefestigt. Er selbst blieb von Angriffen nicht verschont, sondern diese nahmen zudem stetig zu. Herr Ceron fühlte sich bereits nach dem vierten Meeting der Situation nicht mehr gewachsen, wollte aber nicht kapitulieren.

Nach seiner Beobachtung zeichnete er das folgende Bild *Bündnis eins*: Frau Frenn, Herr Eder (beide F38;E) und Herr Prost; *Bündnis zwei:* Herr Sommer (Verkauf), Herr Demm (EDV) und Frau Vogel (Vertrieb). Einerseits scheint es um klare Interessengegensätze zu gehen, andererseits scheinen persönliche

Altlasten eine Rolle zu spielen. Ferner: Frau Mender und Herr Mumms (beide Marketing) rivalisieren miteinander. Jedenfalls giften sie sich bei jeder Gelegenheit an, überziehen den je anderen mit sarkastischen Bemerkungen, lassen an den Argumenten des anderen kein gutes Haar und drücken zusätzlich nonverbal aus, was sie voneinander halten, nämlich nichts Gutes. Herr Ceron vermutet, dass diese Rivalität begründet liegt in der neu zu besetzenden BL-Stelle, auf die sich beide Hoffnungen machen. Interessanterweise reagieren die anderen auf diese Wortgefechte mit rollenden Augen, wissendem Grinsen oder wegwerfenden Handbewegungen. Nimmt der Unterhaltungswert des Gerangels ab und dauert das Gefecht einem der anderen zu lange, wird dem jeweils sprechenden Kontrahenten kurzerhand das Wort abgeschnitten und zur Tagesordnung übergegangen. Fast alle, mit Ausnahme insbesondere von Frau Frenn und Herrn Prost, sind sich offenkundig in einem einig: dass Herr Ceron der ideale Blitzableiter und Prügelknabe ist.

Nach dieser Analyse fühlte sich Herr Ceron entmutigt und hilflos und hoffnungslos überfordert. Wie sollte er das alles überwinden und die Gruppe gut führen? – In seiner Not vertraute er sich in einem Gespräch Frau Frenn und Herrn Prost an. Beide gelten über ihre Bereiche hinaus als vertrauenswürdig und waren für Herrn Ceron ohnehin die einzigen Anlaufpersonen, die er in der Gruppe identifizieren konnte. Die beiden Kollegen gaben ihm den Tipp, eine Aussprache mit der Gruppe und unter den Mitgliedern außerhalb des Unternehmens vorzuschlagen. Dies sollte er gleich bei dem nächsten, dem fünften Meeting tun.

Das fünfte Meeting kam – und mit ihm der Eklat. Herr Ceron leitete die Sitzung durch eine Zusammenfassung der bisherigen Ergebnisse ein. Schon dabei kam es zu weit massiveren Störungen, als er dies bisher kannte. Herr Sommer und Herr Demm unterbrachen ihn mitten im Satz und öfter als sonst. Schärfer als gewöhnlich verpackten beide Herren ihre polemischen Attacken gegen ihn. Die Fragen und Aussagen, die die beiden an ihn richteten, wurden außerdem von spöttischem Grinsen begleitet. Sie sparten auch nicht mit Anspielungen in Bezug auf das bilaterale Gespräch mit Herrn Prost und Frau Frenn und kleideten es so in Worte, als wolle Herr Ceron mit den beiden einen geheimen Plan durchziehen. Zusätzlich verunsicherte ihn, dass die Fraktion Sommer/Vogel/Demm sowie – als Einzelkämpfer – Herr Mumms das Meeting öfter als sonst für einige Minuten verließen, was wiederum Frau Rös und Frau Mender dazu veranlasste, spitze Bemerkungen loszuwerden und durch laute Kommentare zum Benehmen der erwähnten Personen zu provozieren. – Kurz: Nach etwa eineinhalb Stunden gab es ein heilloses Durcheinander; von sachlicher Arbeit und Effektivität ganz zu schweigen. In seiner Verzweiflung beschloss Herr Ceron umso grimmiger und dezidierter, den Vorschlag von Frau Frenn und Herrn Prost aufzugreifen. Er atmete tief durch, um ruhig zu werden und sich selbst zu ermutigen und wollte gerade zum Reden ansetzen, als Herr Sommer plötzlich aufsprang, lauthals verkündete, er mache dieses Theater nicht länger mit – und ging. Ihm folgten Frau Vogel und Herr Demm.

Perspektive Fraktion Herr Sommer (Verkauf), Herr Demm (EDV), Frau Vogel (Vertrieb)

Die drei Personen kennen sich seit langem und haben in diversen Projekten ihre Interessen erfolgreich durchgesetzt. Sie halten sich für »gewiefte Projekthasen« und wissen, dass sie als Crew mehr gefürchtet als respektiert sind. Zwischen den dreien gibt es sachlich fundierte Verzahnungen und besondere persönliche Sympathien. Sie sind ein eingespieltes Team und präsentieren sich auch so.

Die Vorschläge und Interessen ihres »Lieblingsfeindes«, nämlich den ebenfalls »erfahrenen Projekthasen« Frenn/Eder/Prost, halten sie für inakzeptabel. Das gegnerische Trio vertritt nämlich die hahnebüchene Meinung, mit dem Nachdenken über neue Produkte und Marktnischen stünden »selbstverständlich« auch bisherige Strukturen, Abläufe und organisatorische Regelungen zur Disposition und plädieren für eine projekt- anstatt verrichtungsorientierte Organisation. Demgegenüber engagiert sich die Crew Sommer/Demm/Vogel für die Beibehaltung des Bisherigen. Sie argumentieren: Das Unternehmen mit seinen knapp 3.000 Mitarbeitern habe seit seiner Gründung vor siebzehn Jahren keine grundlegenden Umstrukturierungen durchlaufen müssen und sei trotzdem erfolgreich. Es werde auch die aktuellen Moden, zu denen das ganze Gerede über Projektorganisation und Prozessmanagement gehöre, überstehen. Außerdem gäbe es keinen Grund, gerade das Nachdenken über Produktinnovation und Marktnischen zum Anlass zu nehmen, bewährte Traditionen infrage zu stellen. Deshalb sei die Demarkationslinie, entlang derer die Suche nach neuen Märkten zu laufen hätte, klar abgesteckt. Dieser Auffassung widersetzt sich die andere Crew vehement und vertritt den konträren Standpunkt: Gerade jetzt sei die Gelegenheit, Kreativität und Innovation freien Lauf zu lassen und mit neuen Strukturen und Prozeduren – ebenso wie mit neuen Produkten und Marktnischen – mindestens konzeptionell zu experimentieren.

Dieser Konflikt wird noch verschärft durch die Beziehung der Fraktion zum Projektleiter. Was den Projektleiter, Herrn Ceron, betrifft, sind sich die drei einig: Er sei ein Grünschnabel, nicht ernst zu nehmen; er gebe eine schwächliche Figur ab, habe die Zügel nicht in der Hand und habe von der Sache keine Ahnung. Dementsprechend torpedieren sie ihn dort, wo er ihren Interessen entgegenhandelt und stützen ihn dort, wo er mit ihnen konvergiert und der Fraktion also nutzt.

Zufällig hatte Herr Sommer mitbekommen, dass Herr Ceron mit Frau Frenn und Herrn Prost zusammensaß und dass es in dem Gespräch wohl um das Projekt ging. Prompt lief er zu Frau Vogel und Herrn Demm und unterrichtete sie davon. Für die drei stand schnell fest: Frenn und Co haben den Projektleiter für sich gewonnen und spannen ihn für ihre Ziele ein. Schwach, wie er ist, kann sich Herr Ceron dagegen nicht wehren. Folglich ist klar, dass er ferngesteuert wird. Da Herr Ceron zudem – das ist bekannt – einen starken Rückhalt in der GL hat, hat er großen Einfluss auf das, was im Projekt umgesetzt wird. Fazit: Torpedieren, was das Zeug hält, um die Marionette des Gegners nicht zum Zuge kommen zu lassen. Schließlich, so die Begründung, stehen Interessen und die Zukunft der eigenen Bereiche auf dem Spiel. Es gibt, so die Devise der drei, viel zu verlieren und kaum etwas zu gewinnen. Aus diesen Gründen inszenierte das Trio das Tohuwabohu an der letzten (fünften) Sitzung, ließ »die Bombe platzen« und verließ das Meeting.

Perspektive Fraktion Frau Frenn und Herr Eder (beide F&E) und Herr Prost (Produktion)

Die drei sind ein eingespieltes Team und genießen großen Rückhalt in ihren Bereichen sowie über diese hinaus. Tauchen sie in Projekten zusammen auf, sind sie als Kleeblatt (wie die Crew Sommer/Demm/Vogel) bekannt. Im Vergleich zu der gegnerischen Fraktion haben Frenn, Eder, Prost den Ruf, ihre Interessen zwar hart, energisch, engagiert und fast rigide, aber immer fair zu vertreten. Aufgrund ihrer argumentativen Stärke gewinnen sie in der Regel schnell Resonanz und Sympathien bei anderen in der Gruppe. So auch in diesem Projekt, in dem sie große Chancen haben, ihre Perspektive als Leitlinie für die Arbeit zu platzieren. Ausdrücklich bekämpft werden sie von der anderen Crew.

Inhaltlich dreht sich der Zwist um die Frage: Sollen mit der Suche nach neuen Produkten und Marktnischen strukturelle und organisatorische Veränderungen in Erwägung gezogen und das Paradigma verrichtungs-, also hierarchieorientierter Arbeitsorganisation durch prozess- und projektbezogene

Strukturen und Prozeduren ersetzt werden oder nicht. Sollte zumindest in Gedanken, in der Phase des Nachdenkens und Konzeptionellen mit neuartigen Szenerien experimentiert und daher das Althergebrachte zur Disposition gestellt werden oder nicht. Das Kleeblatt Frenn/Eder/Prost plädiert dafür. Die drei argumentieren vor allem mit Zukunftsmärkten, der internationalen Marktöffnung und zunehmenden Virtualität von Teams, die die Arbeit erledigen, mit Flexibiltätsgewinn und der strategischen Positionierung des Unternehmens in zehn Jahren. Die gegnerische Crew votiert für ein klares Nein und beruft sich dabei auf bisherige Erfahrungen und Erfolg.

Die Meetings der Gesamtgruppe verlaufen in den Augen des Kleeblatts nicht eben optimal. Sie halten die Wahl von Herrn Ceron für die Leitung nicht für glücklich. Denn der Projektleiter verfügt nicht über das Standing, die Projektprofis im Zaum zu halten. Zudem handelt es sich um ein strategisch außergewöhnlich gewichtiges Projekt. Und ferner ist die personelle Besetzung explosiv, weil fachlich hoch kompetente, aber persönlich äußerst unterschiedliche, ja unverträgliche Temperamente vertreten sind, die konträre Interessen und Ziele anvisieren und dazu gebracht werden müssen, an demselben Strick in dieselbe Richtung zu ziehen. In dieser Funktion hat Herr Ceron bis dato versagt. Die drei wollen ihn aber nicht im Regen stehen lassen, sondern ihm unter die Arme greifen und ihn in seiner Leitungsfunktion durchaus aktiv unterstützen.

Aus diesem Grund fand Herr Ceron, als er vor der letzten (der fünften) Sitzung Frau Frenn und Herrn Prost um ein Gespräch bat, offene Ohren. Sie hörten sich seine Probleme an und rieten ihm, eine Art Workshop außerhalb des Unternehmens vorzuschlagen, um das soziale Klima und die Zusammenarbeit zum Thema zu machen.

Perspektive Frau Mender

Sie interessiert das Projektziel außerordentlich, weil sie sich bereits seit einigen Monaten für ein Überdenken der grundsätzlichen Produktstrategie einsetzt und allem, was damit zu tun hat. Gleichzeitig wird ihr Engagement »abgelenkt«; denn ihr »Erzrivale«, Herr Mumms, ist ebenfalls mit von der Partie. Die Kooperation fällt ihr schwer; denn sie weiß, dass auch er ein Auge auf die Nachfolge des noch amtierenden Bereichsleiters geworfen hat. Deshalb tritt sie in der Sache als kompetente und innovationsfreudige Fachfrau auf und arbeitet motiviert mit. Sachlich unterstützt sie im Übrigen die Position der Fraktion Frenn/Eder/Prost.

Gleichzeitig nutzt sie die Meetings als Forum, um sich als geeignete Bereichsleiterin in spe zu profilieren. In dieser Hinsicht argumentiert sie aggressiv gegen alles, was Herr Mumms von sich gibt. Da sie eine temperamentvolle Frau ist, verrennt sie sich in ihren Einwänden durchaus des Öfteren. Sie weiß das, ist deshalb wütend über sich und wäre dankbar, wenn der Projektleiter sie bremste. Von Herrn Ceron ist allerdings keine Hilfe zu erwarten, weil er, so ihre Wahrnehmung, mit dem Rücken zur Wand steht.

Perspektive Herr Mumms

Herr Mumms wäre lieber gar nicht im Projekt. Denn erstens ist er in drei weiteren Projekten engagiert und zweitens interessiert ihn das Thema nicht. Trotzdem wagte er nicht, sich herauszuziehen, weil seine Rivalin im Projekt mitarbeitet. Zur Rivalin ist sie erst dadurch geworden, dass auch sie sich Hoffnungen auf die Nachfolge des Bereichsleiters macht. Folglich, so seine Konklusion, könne er, Herr Mumms, ihr kein maßgebliches Profilierungsforum überlassen.

Infolge seines gemäßigten sachlichen Interesses konzentriert er seine Ambitionen ganz darauf, sich als geeigneten Nachfolger zu positionieren und wählt als Weg, seine Kollegin bloßzustellen. Die Befürchtung, er könnte in seinen polemischen und zynischen Ausschweifungen durch den Projektleiter gestoppt werden, verflog bereits nach der ersten Sitzung, da dieser offensichtlich mehr mit sich selbst zu tun hat und seine Position verteidigen muss.

Übung

Bitte nehmen Sie die Fragen des Rasters als Leitlinie und skizzieren Sie, wie sich Ihnen der Konflikt darstellt. Sie können das für jede Perspektive einzeln tun; Sie können sich in die Rolle des Projektleiters begeben oder in die Rolle des Beobachters, der alle Perspektiven kennt. In meinem Vorschlag für die Auswertung werde ich zu den Fragen das einbringen, was in den Perspektiven der Akteure beschrieben steht.

Anregungen

Konflikt-Inhalte: Konfliktpunkte und Konfliktarten

Perspektive Ceron: Mangelnde Anerkennung seiner Leitungsfunktionen. Manifestiert sich in persönlichen Angriffen, insbesondere von Fraktion Sommer/Demm/Vogel; Macht- und Beziehungskonflikt. Mangelndes Engagement und mangelnde Disziplin der Teammitglieder; manifestiert sich in wechselseitigen Provokationen der Teammitglieder untereinander, keine Rücksichtnahme auf die Projektziele, Entfalten persönlicher Differenzen in unsachlichen Ausschweifungen und nonverbalen Zeichen von Antipathie, Rivalität und Verächtlichkeit; Macht- und Beziehungskonflikt.

Überforderung des Projektleiters mit dem Aufgabenbündel der Projektleitung und mit der Situation verfeindeter Lager sowie Einzelpersonen; manifestiert sich in Gefühlen der Hilf- und Ratlosigkeit sowie in der Ratsuche bei Frau Frenn und Herrn Prost; Intrarollenkonflikt und Macht-, Beziehungskonflikt.

Perspektive Fraktion Sommer/Demm/Vogel: Sachliche Differenzen insbesondere mit Fraktion Frenn/Eder/Prost (und deren Sympathisanten); manifestiert sich in scharfen Debatten mit unsachlichen Komponenten; vor allem Sachkonflikt.

Macht- und Interessenkonflikt insofern, als die eigene Fraktion über die andere siegen und die eigenen Interessen durchsetzen will. Denn das Image der eigenen Truppe als »Hardliner«, die sich immer durchsetzen können, soll nach innen und außen bewahrt werden; das hat Folgen für die Beziehung.

Beziehungskonflikt, manifestiert sich in Abwertungen der Argumente und Personen sowie in der Fixierung des Engagements auf den Sieg über den »Gegner«. Macht- und Beziehungskonflikt mit dem Projektleiter; manifestiert sich in persönlichen Attacken und Bloßstellungen, Despektierlichkeiten mit dem Ziel der Blamage; in erhöhtem Misstrauen gegen den Projektleiter wegen der Vermutung, infolge des vertraulichen bilateralen Gesprächs von der gegnerischen Fraktion eingenommen und einseitig parteilich zu sein; Instrumentalisierung des Projektleiters für eigene Ziele (Sieg und Verlagerung des Steuerungseinflusses von Projektleiter auf die eigene Fraktion).

Perspektive Fraktion Frenn/Eder/Prost: Sach- und Interessenkonflikt mit anderer Fraktion; manifestiert in: harten Debatten, vor allem in der Polemik und der kognitiven/argumentativen Unempfänglichkeit der gegnerischen Fraktion.

Machtkonflikt mit der besagten Fraktion in Bezug auf den Projektleiter; manifestiert sich in Unterstützungsbemühungen seitens der eigenen Fraktion, die mit den Versuchen der Demontage des Kontrahenten konfligieren.

Perspektive Mender: Verteilungskonflikt und Macht-, Beziehungskonflikt mit Herrn Mumms; manifestiert sich in »Kontrahaltung aus Prinzip«. Intrazielkonflikt; manifestiert sich im Hin- und Herlavieren zwischen dem Ziel, ein konstruktives Projektmitglied zu sein, und dem Ziel, sich gegenüber Herrn Mumms als überlegen und daher für die Nachfolge der Bereichsleitung geeigneter zu sein (Rivalitätsverhalten).

Enttäuschung über die Moderationsleistung des Projektleiters, von der Frau Mender sich Disziplinierung erhofft. (Anmerkung: Die Gruppe erlebt das nicht als wesentlichen Teil des sozialen Konflikts; deshalb kann diese Perspektive im Folgenden vernachlässigt werden.)

Perspektive Herr Mumm: Erlebt einen Verteilungs- und Macht-, Beziehungskonflikt mit Frau Mender wegen beidseitiger Nachfolgeambition. (Anmerkung: Die Gruppe erlebt auch dies nicht als wesentlichen Teil des sozialen Konflikts; deshalb kann diese Perspektive im Folgenden ebenfalls vernachlässigt werden.)

Gemeinsamkeiten, Berührungs-, Anknüpfungspunkte bzw. Trennendes

Gemeinsamkeiten, Berührungs-, Anknüpfungspunkte sind: Alle wollen (mehr oder weniger motiviert) die Blamage vor der Geschäftsleitung vermeiden und daher das Projektziel erreichen. Ferner erleben sie als gemeinsamen Wunsch, die Unzufriedenheit mit dem Projektleiter zu beseitigen, indem er seine Leitungskompetenzen ausbaut und die Moderation sowie Zielorientierung optimiert.

Trennendes: Alle bis auf die Fraktion Sommer/Demm/Vogel sind bereit, die tradierten Strukturen etc., die Betrachtung probater Rahmenbedingungen auf Veränderungen hin zu öffnen.

Gewichtung und Priorisierung:

- ❖ Sach-, Interessen-, Macht- und Beziehungskonflikt zwischen den beiden Fraktionen,
- ❖ Macht-, Beziehungskonflikt zwischen der Fraktion Sommer/Demm/Vogel und Projektleiter,
- ❖ Autoritätskonflikt der Gruppe mit Projektleiter.

Konflikt-Verlauf aus Sicht der einzelnen Perspektiven

1. Stand, Eskalationsstufe,
2. Ursachen, Anlässe,
3. kritische Ereignisse, Wendepunkte.

Perspektive Herr Ceron:

1. Stufe 4, Anzeichen von Stufe 7.
2. Eigene Überforderung und zu spätes Reagieren auf Macht- und Beziehungskonflikte; rücksichtsloses Austragen von Feindseligkeiten; Dominanz projektzielunabhängiger Interessen und Ziele; unterschwellige Gemeinheiten, Undiszipliniertheit in der Zielorientierung.
3. Eklat: Einzelne Teilnehmer verlassen das fünfte Meeting; Abnahme der Projektzielbezogenheit; zunehmend scharfe persönliche Angriffe; eigene Verzweiflung; Ratsuche bei Frau Frenn und Herrn Prost.

Perspektive Fraktion Sommer/Demm/Vogel:

1. In Bezug auf Gegner-Fraktion: Hin- und Herschwanken zwischen Stufen 2 und 4; in Bezug auf Projektleiter: Stufe 4.
2. Wille zum Sieg in der Sache über Gegner-Fraktion und deren Anhänger: Umschlagen von produktiver Konkurrenz in Rivalität sowohl in der Sache als auch in Fragen von Macht (sozialer Einflussnahme); in Bezug auf den Projektleiter: Einschätzung als unfähig, daher Verlagerung der Interaktion von Sach- auf Beziehungsebene.
3. Vertrauliches bilaterales Gespräch zwischen Projektleiter und Gegener-Fraktion (Frau Frenn und Herr Prost als Gesprächspartner): schürte Misstrauen und führte zur Annahme: Projektleiter wird von Gegner eingenommen und ficht für deren Ziele und Interessen; in Bezug auf die Gegner-Fraktion: mitgebrachte Rivalität (»Altlasten«). All dies mündet in die Verlagerung des Schwerpunkts des eigenen Handelns: Sieg in der Sache wird mit Sieg über Personen/Fraktion verknüpft.

Perspektive Fraktion Frenn/Eder/Prost

1. In Bezug auf die Gegner-Fraktion: Stufe 2; Wahrnehmung der Beziehung zwischen Projektleiter und Gegner-Fraktion: Stufe 4.
2. Zunehmende Dominanz der Wirkung der Altlasten bezüglich der Beziehung eigene und Gegner-Fraktion, damit Fixierung auf Triumph, auf Durchsetzung der eigenen Interessen und Macht- wie Imagegewinne.
3. Bloßstellung von Projektleiter (Verlassen des Meetings); Zunahme reiner Polemik und Gehässigkeiten in der Auseinandersetzung mit den konträren Positionen beider Bündnisse.

Spielregeln

Die gemeinsam zu erarbeitenden Spielregeln können zum Beispiel umfassen:

- ❖ Jeder respektiert den Projektleiter und ist bereit, ihn zu unterstützen.
- ❖ Jeder bemüht sich darum, die Perspektive des anderen zu verstehen, und verpflichtet sich daher dazu, den anderen ausreden zu lassen, ihm genau zuzuhören, die sachliche Botschaft zu fokussieren, bevor er einen gewichtigen Einwand formuliert, das Argument des anderen zu wiederholen und von ihm als richtig quittieren zu lassen.
- ❖ Jeder erbittet eine Auszeit, sobald sich für ihn gravierende Beziehungskonflikte anbahnen oder er das soziale Klima gestört sieht: Bedeutsame, die Effektivität behindernde Störungen haben Vorrang vor der Sachorientierung.

Konflikt-Parteien: direkt und indirekt

Perspektive Herr Ceron

Direkt: Alle Projektmitglieder, besonders die Mitglieder der Bündnisse und der Projektleiter. *Indirekt*: Geschäftsleitung und deren Erwartung an die Leistung des Projektleiters.

Perspektive Fraktion Sommer/Demm/Vogel

Direkt: Fraktion Frenn/Eder/Prost; Projektleiter. *Indirekt*: Mitarbeiter in je eigenen Bereichen/Abteilungen durch ihre Erwartung, dass das Trio und jeder Einzelne der Fraktion ihren Ruf als kompromisslose Hardliner verteidigen, das heißt: Imagepflege.

Perspektive Fraktion Frenn/Eder/Prost

Direkt: Fraktion Frenn/Eder/Prost; Projektleiter. *Indirekt*: Erwartung eigener Mitarbeiter und relevanter Personen/Gruppen über eigene Bereiche/Abteilungen hinaus, dass das Trio seine Reputation als faire und argumentierende Verhandlungspartner verteidigt und kooperativ seine Interessen einbringt.

Abhängigkeiten

Gemeinsam stellen die Kontrahenten fest: Das Projektziel ist nur erreichbar, wenn jeder hinter dem Ziel steht und bereit ist, dafür zu engagieren. Dazu gehört maßgeblich, dass jedes Projektmitglied sein Wissen und Können einbringt. Dieser wechselseitigen Abhängigkeit sind alle formalen hierarchischen Beziehungsstrukturen unterzuordnen; sie spielen im Projekt keine Rolle. Die exponierte Autoritätsposition des Projektleiters bezieht sich auf die Prozesssteuerung und -verantwortung und ist Komponente der gemeinsamen Zielorientierung.

Forderungen und ihre Akzeptanz

Perspektive Herr Ceron

Durch die Funktion als Projektleiter fordert er: die Respektierung seiner exponierten Zielsteuerungs-, Koordinations- und Moderationsaufgaben und dass sich die Mitglieder auf das Projektziel konzentrieren, zielbewusst verhalten und kooperieren und wieder auf die Sitzungen vorbereiten.

Perspektive Fraktionen Sommer/Demm/Vogel bzw. Frenn/Eder/Prost

Die Fraktionen stellen jeweils die Forderung nach der Integration ihrer Sichtweisen (Befürchtungen und Hoffnungen) in die konzeptionelle Ausrichtung der Projektarbeit; ferner nach verstärkt sachlicher Auseinandersetzung; außerdem danach, das Projektziel wieder in den Brennpunkt zu rücken; schließlich danach, dass der Projektleiter seinen moderativen und koordinierenden Aufgaben besser gerecht wird.

Die Forderungen werden wechselseitig anerkannt. An die Forderung an den Projektleiter wird als Bedingung geknüpft: ein Training in sachen Moderation zu besuchen. Dies wird vom Projektleiter akzeptiert (weil er diese Schwäche einsieht.

Grundeinstellung zum Konflikt

Perspektive Herr Ceron

Akzeptanz-Konflikt zwischen Projektleitung und Fraktionen, insbesondere Fraktion Sommer/Demm/Vogel: unvermeidbar (wegen der Nichterfüllbarkeit der Erwartungen an die Projektleitung) und lösbar (weil sich Projektleitung verbessern kann).

Konflikt zwischen den Fraktionen: unvermeidbar (wegen der diametral entgegengesetzten Ansichten) und lösbar (weil alle Beteiligten denkende Wesen sind).

Glaubenssatz idealistisch: Konflikte als Chance für Verständigung und Weiterentwicklung.

Perspektive Fraktion Sommer/Demm/Vogel

Macht-, Beziehungskonflikt mit Projektleiter: unvermeidbar (wegen enttäuschter Erwartungen und Instrumentalisierung im Dienst der eigenen Interessen), aber lösbar (durch Verbesserung dessen Leistung und Verzicht auf Instrumentalisierung).

Macht-, Beziehungs- und Sach-, Interessenkonflikt mit Gegner-Fraktion: unvermeidbar (wegen Mitschleppen von Altlasten auf der Image- und Sachebene, wegen unverträglicher Grundansichten) und nur schwerlich, wenn nicht gar nicht lösbar (wegen des fehlenden Zugangs zu den Denkwelten).

Glaubenssatz eher materialistisch: Konflikte wurzeln in Strukturen und begrenzten Ressourcen (Struktur-, Verteilungskonflikte).

Perspektive Fraktion Frenn/Eder/Prost:

Macht-, Beziehungskonflikt zwischen Gegner-Fraktion und Projektleiter: unvermeidbar (wegen enttäuschter Erwartungen und Instrumentalisierung im Dienst der eigenen Interessen), aber lösbar (durch Verbesserung dessen Leistung und Verzicht auf Instrumentalisierung).

Macht-, Beziehungs-, insbesondere Interessen- und Sachkonflikt mit Gegner-Fraktion: unvermeidbar (wegen divergenter Grundbetrachtungen; Beziehungskonflikt erscheint weniger relevant, wirkt aber wegen der Altlasten, also vergangener Erfahrungen), aber lösbar (wegen eigener Konzessionsbereitschaft, sich auf Sicht der anderen Fraktion stärker einzulassen und sie mitzuberücksichtigen).

Glaubenssatz mit realistischen und idealistischen Komponenten: Konflikte gehören zum Leben und erweitern den Horizont des Denkens und Handelns.

Perspektive Frau Mender und Herr Mumms:

Verteilungskonflikt ist unvermeidbar (solange beide an der Ambition, die Nachfolge der Bereichsleitung anzutreten, festhalten) und (unter dieser Bedingung) nicht lösbar.

Glaubenssatz (nur in Bezug auf den konkreten Konflikt identifizierbar) materialistisch: Konflikt wurzelt in begrenzten Ressourcen.

a) Nutzen, Vorteile und b) Hoffnung, Erwartungen

Perspektive Herr Ceron

a) Bewusstwerden, was er noch lernen muss, um ein guter Projektleiter zu werden; Bewusstwerden, dass mehr Zeit für die und bessere Steuerung der Storming-Phase nötig ist; Unterstützung von Frau Frenn und Herrn Prost.

b) Erreichen der Performing-Phase für eine erfolgreiche Projektarbeit; Sich-Bewähren als Projektleiter in den Augen der Gruppe und der Geschäftsleitung.

Perspektive Fraktion Sommer/Demm/Vogel:

a) Image-Pflege nach außen als Hardliner.
b) Berücksichtigung der vertretenen Anliegen nach Kontinuität und Stabilität wesentlicher Strukturen und Prozeduren; Einigung, die Gesichtwahrung garantiert.

Perspektive Fraktion Frenn/Eder/Prost:

a) Image-Pflege nach innen und außen als faire und konstruktive Verhandlungspartner.
b) Argumentative Auseinandersetzung mit Pro- und Kontra-Gründen für die eigene und die Ansicht der anderen Fraktion; Einigung auf ein So-wohl-als-auch.

Definitorische Elemente für das Konfliktende, Vorschläge zum Prozedere

Perspektive Herr Ceron

Akzeptanzgefühl in der Funktion der Projektleitung durch Unterstützung der Gruppe und durch eigene Fortbildung.

Effektive Zusammenarbeit auch in den Meetings, bei Bedarf Workshops für die Aufarbeitung heftiger (Beziehungs-)Konflikte; disziplinierte Vorbereitung; Konsens erzielen über das gemeinsame Vorgehen.

Perspektive Fraktion Sommer/Demm/Vogel: Wechsel von Rivalitäts- und Triumph-Linie auf Kompromissstrategie:

Gesichtwahrung nach außen als »Auch-Sieger« durch die Berücksichtigung, Integration der eigenen Bedürfnisse nach begrenztem Risiko bezüglich Veränderungen von Strukturen, Abläufen etc.

Konzept für Projektarbeit, das Bewährtes erhält durch eigene forcierte Suche nach Möglichkeiten, Neues mit Altem zu verbinden, und durch ernsthaftere Bemühung um die Abstimmung mit den Vertretern der konträren Sichtweise.

Perspektive Fraktion Frenn/Eder/Prost

Beibehalten der Integrationsstrategie mit der gesteigerten Bereitschaft, mit einem Kompromiss zufrieden zu sein. Dies durch: das Verweben der Interessen beider Fraktionen; durch Berücksichtigung von Befürchtungen und Hoffnungen, sodass ein Kompromiss bereits das Konfliktende sein kann und dadurch dass einzelne ausgewählte Elemente des Etablierten zur Disposition stehen.

Vereinbarung von Primärziel und Maßnahmen

Primärziel: Entschärfung der Konflikte so, dass die Arbeitsfähigkeit und damit die Erarbeitung eines Konzepts für das Vorgehen der Gruppe wieder hergestellt ist.

Maßnahmen:

❖ Herr Ceron: Training Moderation und Formulierung für gezielte Unterstützungsleistungen aus der Gruppe.

❖ Fraktion Sommer/Demm/Vogel: Erarbeiten der Punkte (strukturelle, organisatorische und prozessuale Gegebenheiten), die konkret bestehen bleiben sollen, einschließlich der fundierten Angabe von Gründen und Nutzen; gegebenenfalls ist in der gemeinsamen Diskussion zu prüfen, ob die Nutzenfunktionen durch Alternativen (funktionale Äquivalente) hergestellt werden können.

❖ Fraktion Frenn/Eder/Prost und deren Sympathisanten: Erarbeiten der konkreten Dinge, deren Veränderung zur Disposition gestellt werden soll, einschließlich der fundierten Angabe von Gründen und Nutzen; gegebenenfalls ist auch hier in der gemeinsamen Diskussion zu prüfen, ob die Nutzenfunktionen durch Alternativen (funktionale Äquivalente) hergestellt werden können.

❖ Beide Lager und deren Anhänger nehmen in der Ausarbeitung bei jenen Gegebenheiten, die entweder bleiben oder der Veränderung offen stehen sollen, die Sichtweise des Konfliktpartners ein und notieren »seine« Argumente gegen die eigene Position.

❖ Bei dem nächsten Meeting werden die Ergebnisse der Arbeiten vorgestellt. Jede Interessengruppe bringt (vielleicht im Wechsel) sowohl das eigene als auch das vermutete Statement/Argumentation der anderen vor. Die Ergebnisse/Vorschläge/Statements/Plädoyers werden in der Diskussion abgearbeitet, damit nichts verloren geht und die Grundlage für ein tragfähiges Konzept der weiteren Projektarbeit gelegt ist.

Fallstudie: Kaizen-Workshop

Frau Timm leitet den Bereich Produktion seit 14 Jahren. Der Bereich ist in drei Abteilungen gegliedert und hat insgesamt 250 Mitarbeiterinnen und Mitarbeiter. Seit fünf Jahren arbeitet Frau Timm mit ihren Leuten darauf hin, die Produktion nach dem Leitgedanken des Kaizen zu organisieren und zu führen.

Die dafür nötigen Umstrukturierungen sind vollzogen. Das entsprechende Verhalten in den Abteilungen hinkt allerdings den neuen Strukturen hinterher. Außerdem hat sie in zahlreichen Gesprächen den Eindruck gewonnen, dass die Philosophie des Kaizen noch nicht in alle Köpfe eingedrungen ist. Diesen Umstand führt sie nicht zuletzt darauf zurück, dass die Begeisterung für diese Philosophie der kontinuierlichen Verbesserung und Eigenverantwortung in den drei Abteilungen unterschiedlich ausgeprägt ist.

Aus diesen Gründen will sie einen zweitägigen Workshop außerhalb des Unternehmens organisieren, in dem die Fortschritte und laufenden Projekte präsentiert und Diskussionswünsche aufgenommen werden. Zu diesem Zweck bildet sie ein Team aus den drei Abteilungen. Aus der Abteilung »Mechanische und Elektronische Produktion« (MEP), 120 Mitarbeiter, bittet sie drei Personen (die Herren Pinn, Penn, Peel), aus der Abteilung »System-Integration«, 70 Mitarbeiter, zwei Personen (die Herren Semm und Sell), und aus der Abteilung »Logistik«, 60 Mitarbeiter, bittet sie ebenfalls zwei Personen (die Herren Lehr und Luff), als Kernteam ein Konzept für den Workshop zu erstellen, an dem alle 250 Mitarbeitenden teilnehmen sollen.

Diese sieben Personen aus den drei Abteilungen hat Frau Timm gezielt ausgesucht. Erstens vertreten sie ihre Abteilungen als deren Leiter. Zweitens fungieren sie faktisch als Opinionleader, haben also großen Einfluss auf ihre Mannschaft. Drittens repräsentieren sie den Grad der Begeisterung und den Fortschritt in den Abteilungen: Die Abteilung MEP mit den Herren Pinn, Penn, Peel war von Beginn an euphorisch für das Gesamtprojekt und startete die meisten Initiativen. Die Herren Semm und Sell aus der »System-Integration« waren von Anfang an vehement dagegen und blockieren noch heute, wo immer sie es können. Die Herren Lehr und Luff verhielten sich abwartend, sind bis heute zurückhaltend.

Die Kollegen kennen sich seit Jahren, arbeiten aber erstmalig in einem Team zusammen, das keine Fachprobleme bearbeitet. Frau Timm hat alle sieben Leiter einzeln über ihre Berufung informiert und mit ihnen einen Termin für die Start-Sitzung (zwei Stunden) vereinbart.

Erstes Treffen (Start-Sitzung)

Frau Timm kündigt gleich zu Beginn an, nur eine halbe Stunde bleiben zu können. In dieser Zeit teilt sie ihren Mitarbeitern Folgendes mit:

- Die Gruppe hat dreieinhalb Monate Zeit, um ein Konzept für den geplanten Workshop zu erstellen.
- Ziel des zweitägigen Workshops ist es: laufende Projekte und die Fortschritte in den Abteilungen zu präsentieren; Klärungsbedarf aufzunehmen, Diskussionsgruppen dazu zu bilden und Maßnahmen für weitere Initiativen zu entwerfen. Bei der Konzepterstellung sollten die Herren Fantasie walten lassen, damit die zwei Tage auch Spaß machen.
- Der Kostenrahmen liegt bei 100.000 DM.
- Sie erwartet spätestens vier Wochen vor Ablauf der Frist einen praktikablen Entwurf, damit sie ihn selbst durchsehen und organisatorische Vorkehrungen treffen kann (beispielsweise Externe einladen, Infrastruktur bereitstellen, Abendveranstaltungen durchführen).
- Sie steht für die Mitarbeit am Konzept nicht zur Verfügung, sondern verlässt sich ganz auf das Team.

Nachdem sie die Herren informiert hat, verlässt sie die Gruppe. In den ersten Minuten herrschen Ratlosigkeit und verlegenes Schweigen. Dies wird abgelöst durch gemeinsames Spötteln über die Chefin: »Management by Helicopter: Staub aufwirbeln und abdrehen.« Diese Einigkeit verfliegt, als Herr Penn dazu übergeht, zur Sache zu kommen. Er fragt, wie sie denn die Aufgaben verteilen sollten. Es entspinnt sich etwa der folgende Dialog (Auszug).

Semm: »*Was heißt hier, Aufgaben verteilen! – Weiß denn hier jemand, was wir eigentlich tun sollen?!*«

Lehr: »*Na, den Workshop organisieren. Ich glaube, dazu gehört es zu überlegen, was wir in unseren Abteilungen für Kaizen bisher getan haben und tun wollen.*«

Semm grummelt mürrisch vor sich hin. Sell, der neben ihm sitzt, nickt.

Peel: »*Herr Semm, haben Sie andere Vorstellungen?*«

Semm: »*Ich? – Nein. Ich halte das Ganze ohnehin für überflüssig.*«

Pinn: »*Aber wieso denn?! Das Projekt läuft jetzt seit fünf Jahren und …*«

Senn unterbricht: »*Eben: Fünf Jahre zu lange! Was uns das schon an Zeit gekostet hat! Wir werden dafür bezahlt, Leistung zu bringen, und nicht dafür, herumzuphilosophieren*!«

Sell: »*Kann ich dir nur beipflichten. Allein schon die Zeit, die wir jetzt noch für diesen Workshop von unserer Arbeitszeit abknapsen müssen! Als hätten wir nichts Besseres zu tun!*«

Penn: »*Also ehrlich gesagt: Ich finde es prima, dass sich das Unternehmen das Gesamtprojekt etwas kosten lässt. Und ich denke, der Workshop ist überfällig. Denn im Grunde wissen doch längst nicht alle, was in Bezug auf Kaizen in den Abteilungen läuft, was funktioniert und was nicht. – Was ist, wollen wir nicht ein Brainstorming machen? Wir haben noch 50 Minuten Zeit.*«

Senn, Sell, Lehr und Peel plädieren dagegen, wenn auch aus unterschiedlichen Gründen. Es wird beschlossen, die Termine für die weiteren Meetings zu fixieren und in der Zeit zum nächsten Treffen Vorschläge zu erarbeiten. Das zweite Treffen soll in zwei Wochen stattfinden. Penn beschließt die Start-Sitzung: »*Soll ich davon noch ein Protokoll machen und eine Erinnerung für den nächsten Termin verschicken?*«

Schulterzucken, Nicken bei den meisten.

Sell: »*Wenn Sie Zeit für so etwas haben, können Sie das gerne machen.*«

Zweites Treffen

Die Truppe Penn/Pinn/Peel erscheint hoch motiviert und hervorragend vorbereitet. Lehr und Luff haben einige Punkte zusammengetragen; Semm und Sell sind ohne Vorlage erschienen. Herr Penn eröffnet die Sitzung: »*Schön, dass alle da sind. Wie wollen wir verfahren? Hat jemand Präferenzen?*«

Semm: »*Wir haben keinen Vorschlag erarbeitet. Die Zeit war zu knapp. Dringende Geschäfte. Also können Sie ja loslegen.*«

Verdutztes Schweigen. Luff fühlt sich sichtlich unwohl.

Luff: »*Tja, dann, äh, vielleicht können Sie, Herr Penn, ja wirklich beginnen. Herr Lehr und ich haben nämlich nur einige Punkte notiert, keinen ausgearbeiteten Plan. Wir können uns ja einklinken.*«

Penn schaut seine Kollegen fragend an; diese nicken ihm zu.

Penn: »*Na, gut. Beginnen wir. Wenn Sie einverstanden sind, möchten wir Ihnen unsere Idee erst ganz vorstellen, bevor sie diskutiert wird. Ist das in Ordnung?*«

Zustimmung. Peel steht auf und geht zur Pinnwand.

Peel, in lebhaftem und begeistertem Ton: »*Wir haben die Stichworte auf Karten notiert, damit Sie unseren Vorstellungen besser folgen und wir anschließend gezielter diskutieren können. – Unser Grundgedanke ist, dass die zwei*

Tage ein echtes Event werden sollen. Der Workshop soll noch Monate danach Gesprächsthema und ein Erlebnis sein, an das sich die Leute gern erinnern. Wir glauben, dass wir Begeisterung nur dann vermitteln können, wenn …«

Semm unterbricht: »*Was soll das heißen ›Event‹?!*«

Sell: »*Und was heißt hier ›Begeisterung vermitteln‹? Geht's hier um Arbeit oder um Party?*«

Peel: »*Unter Event verstehen wir eine Veranstaltung, die auch Spaß macht; die das Vermitteln von sachlichen Informationen und Diskussion von Problemen mit angenehmen Erlebnissen verbindet –*«

Pinn: »*– und außerdem dazu beiträgt, die Botschaft zu vermitteln, dass Kaizen eine tolle Sache ist, die es verdient …*«

Semm fällt ein: »*Und wenn ich es nicht für eine ›tolle Sache‹ halte, dieses Kaizen?! Ich halte es nämlich für die Ausgeburt unterbeschäftigter Manager! Wir* (Blick zu Sell) *sind aber nicht unterbeschäftigt, sondern überlastet. Und zwar mit Arbeit und Problemen!*«

Sell: »*– und mit der Suche nach Auslastung! Ich weiß ja nicht, wie es Ihnen in der Logistik geht?*« – Sell wendet sich mit hochgezogenen Augenbrauen an Lehr und Luff.

Lehr hüstelt; dann: »*Nun ja, äh, natürlich arbeiten wir auch unter erheblichem Druck. Aber wenn dieses Kaizen nun einmal der Leitgedanke ist, den die Produktion sich auf die Fahne geschrieben hat.*«

Sell und Semm winken ab. Schweigen.

Penn: »*Meine Herren, wie wäre es, wenn wir wieder zum Thema zurückkehren würden und …*«

Semm unterbricht: »*Wir sind beim Thema! Vom Sinn und Unsinn dieses Theaters nämlich!*«

Penn: »*Herr Semm, ich habe verstanden, dass Sie von dem Projekt Kaizen nicht viel halten. Andererseits ist das, wie Herr Lehr bereits erwähnte, die offizielle Linie, für die im Übrigen viel investiert wird an Kraft, Zeit und Geld und …*«

Semm: »*Sage ich ja! Eben zu viel!*«

Penn: »*Wir haben einen Auftrag und der lautet: ein Konzept für den Workshop entwerfen. Wir hatten uns darauf geeinigt, dass wir den Vorschlag aus der MEP vorstellen. Ich schlage vor, dass wir dort weitermachen.*«

Penn nickt seinem Kollegen Peel zu, der wieder zur Pinnwand geht und die ersten Stichwort-Karten ansteckt.

Peel: »*Wie gesagt, wir stellen uns ein Event vor, das Begeisterung und Motivation auslöst und dadurch Neugier weckt. Andererseits soll das Event informieren, Probleme aufgreifen und Maßnahmen zur Lösung erarbeiten. Wir glauben, dass wir diese Ziele auf verschiedenen Wegen erreichen können.*« (Herr

Peel lässt sich durch das missbilligende Kopfschütteln und Flüstern von Semm und Sell nicht irritieren.) »*Der eine Weg führt über Spiele, aufgeführte Sketche und andere Möglichkeiten der humorvollen oder fantasiereichen Präsentation. Hier wollen wir einerseits darüber informieren, was in unseren Abteilungen gut funktioniert, aber auch, wo Reibereien, typische Konflikte etc. auftauchen. Ich werde diesbezüglich gleich konkreter. Der zweite Weg soll …*«

Semm unterbricht: »*Moment mal: Spiele?! Sketche?! Soll das ein Kindertheater werden?!*«

Sell sekundiert: »*Mann oh Mann, müssen Sie Zeit in Ihrem Laden haben! – Wann, bitte schön, soll das alles den zusammengedichtet und geübt werden?! Und von wem überhaupt? Also wir kriegen unsere Leute nicht dazu, Kasperletheater zu spielen!*«

Semm grinst Sell zu.

Pinn: »*Aber bitte, hören Sie doch erst einmal zu! Wir sagen ja gar nicht, dass jede Abteilung einen Sketch vorführen muss! Das ist ja nur eine unter vielen Möglichkeiten, ein ernstes Thema spielerisch, leicht und humorvoll vorzutragen. Es gibt auch andere Möglichkeiten. Außerdem bleibt es ohnehin Ihnen überlassen, wie Sie Ihre Botschaften verpacken. Wir sind nur davon überzeugt, dass die Wahrscheinlichkeit, dass unsere Botschaft ankommt, mit dem fantasievollen Vortrag wächst!*«

Semm: »*Haben Sie mal überlegt, was für ein Aufwand da betrieben wird?! Wie stellen Sie sich das eigentlich vor: Soll ich meine Leute für das Tete-à-tete freistellen oder was?*«

Penn: »*Aber, Herr Semm, bitte! Wir schreiben Ihnen doch nichts vor. Wir präsentieren doch nur unsere Ideen und wollen sie zur Diskussion stellen. Vielleicht schwebt Ihnen ja was ganz anderes vor, mit weniger Aufwand?*«

Semm: »*Vorschreiben lasse ich mir von Ihnen sowieso nichts!*«

Sell: »*Am besten, wir machen ein paar Folien. Wir können sie ja schön bunt machen!*« – grinst Semm zu.

Penn, etwas gereizt, aber um Beherrschung bemüht: »*Okay, lassen wir das Provozieren jetzt. Noch einmal: Wir haben einen Auftrag und nur wenig Zeit. Ich bitte Sie alle, Herrn Peel zu Ende präsentieren zu lassen und danach den gesamten Vorschlag kritisch und konstruktiv unter die Lupe zu nehmen.*«

Herr Peel schafft es diesmal, seine Präsentation mit wenigen Unterbrechungen zu Ende zu bringen. Herr Penn beobachtet währenddessen die Herren Semm und Sell besonders aufmerksam, sobald sie Anstalten machen, dazwischenzufunken, hebt er die Hand in ihre Richtung und zischt: »<u>Bitte</u>!« – Nach dem Vortrag setzt sich Herr Peel und Herr Penn übernimmt wieder das Ruder. Er steht auf, blickt in die Runde: »*Vielen Dank. So, jetzt können wir …*«

Semm unterbricht: »*Also ehrlich! Werte Herren von der MEP: Ist das wirklich Ihr Ernst?! – Herr Luff, was halten Sie denn davon?*«

Luff: »*Nun ja, im Großen und Ganzen finde ich die Idee ganz gut. Es scheint eine runde Sache zu sein.*«

Sell: »*Eine ›runde Sache‹?! Haben Sie sich auch überlegt, was das für die Kosten bedeutet?!*«

Lehr: »*Also <u>darum</u> brauchen wir uns keine Sorgen zu machen. Die Kosten werden nicht auf unsere Kostenstellen abgewälzt.*«

Semm: »*Ach, es geht ja nicht nur um die direkten Kosten. Um den Aufwand geht es! Um die Zeit, die für den Unsinn verbraten wird. Ich brauche meine Leute am Arbeitsplatz und nicht in der Spielstube!*«

Penn, sichtlich um Fassung bemüht: »*Herr Semm, von den Spielen mal abgesehen: Was halten Sie denn von unserer Idee, wie wir den rein sachlichen Teil der Problemauflistung organisieren wollen?*«

Semm: »*Diese abteilungsübergreifenden Diskussionsrunden?! Pah, da kommt doch nichts bei raus! Hatten wir doch alles schon mal! Hat doch keinen Sinn, so eine Mammutveranstaltung!*«

In dieser Weise geht es weiter, bis das Ende der Sitzung naht.

Penn: »*Meine Herren, unsere Zeit läuft ab. Worauf wollen wir uns denn für das nächste Mal einigen?*«

Schweigen.

Penn: »*Ich schlage vor, dass jeder anhand der heutigen Debatte einen konkreten Vorschlag erarbeitet, der die Pros und Kontras von heute berücksichtigt und Zeiträume für die einzelnen Episoden am Workshop einplant. – Irgendwie müssen wir ja vorankommen. – Hat jemand eine andere – konstruktive – Idee?*«

Er schaut in die Runde und jeden dabei direkt an. Außer Gemurmel und abschätzigen Blicken und Gesten von Semm und Sell ist nichts zu vernehmen.

Penn: »*Gut, offensichtlich sind alle einverstanden. Dann bis zum nächsten Mal. Viel Erfolg.*«

Drittes Treffen

Zum dritten Meeting erscheinen Sell und Semm mit einer halbstündigen Verspätung. Lehr, der gerade den Vorschlag von ihm und Herrn Luff vorstellt, unterbricht sich selbst, als die beiden geräuschvoll den Raum betreten.

Penn: »*Bitte, Herr Lehr, fahren Sie fort. Die Neuankömmlinge können sich sicherlich anhand Ihrer Folie ein Bild von Ihrem Vorschlag machen.*«

Herr Lehr fährt fort. An der folgenden Diskussion des Vorschlags beteiligen sich Semm und Sell nicht, sondern sitzen zurückgelehnt, mit verschränkten Armen und aus dem Fenster schauend da. Nachdem die anderen die beizubehaltenden Ideen von den zu verwerfenden sortiert haben, richtet sich Penn an Semm und Sell: »*Möchten Sie jetzt Ihren Vorschlag präsentieren?*«

Semm: »*Nein.*«

Penn: »*Warum nicht?*«

Semm: »*Weil wir keinen haben. – Wir wollen uns von den anwesenden Genies inspirieren lassen.*«

Penn: »*Welche Inspirationen können Sie denn zum Besten geben?*«

Semm: »*Leider noch keine. Die Genies kommen erst noch zum Zuge.*«

Penn: »*Polemik beiseite: Haben Sie Vorschläge zu Teilaspekten oder finden Sie Haken in dem, was Sie bisher gehört haben?*«

Semm: »*Nein.*«

Penn atmet tief durch: »*Nun gut. Florian, dann trag doch bitte unsere Überarbeitung vor.*«

Herr Pinn steht auf, kündigt an, etwa fünfzehn Minuten zu benötigen, bittet um anschließende Stellungnahmen und beginnt. Bereits nach den ersten Sätzen inszenieren Semm und Sell ihr Unterbrechungsspiel. Zunächst pariert Herr Pinn noch konstruktiv, unterstützt von seinen Kollegen Peel und Penn. Sie bemühen sich, durch offene Fragen, durch Fragen nach Fehlern und besseren Ideen, den Konflikt auf eine sachliche Ebene zu bringen. Als Semm und Sell mit ihren Totschlag-Argumenten unbeirrt fortfahren, reißt Penn der Geduldsfaden. Unmissverständlich und in der Stimme auffallend leiser als gewöhnlich fordert er die beiden auf, die Killerphrasen doch zu unterlassen.

Semm: »*Oh, ›Killerphrasen‹! Sieh an, der Herr hat aufgepasst beim letzten Kommunikationsseminar!*«

Penn: »*Herr Semm, Sie wissen genauso gut wie ich, dass wir so nicht weiterkommen. Könnten Sie sich nicht überwinden, etwas zur Sache beizutragen? Falls Sie das nicht realisiert haben: Wir haben als Team einen Auftrag!*«

Luff: »*Aber meine Herren! Bitte beruhigen Sie sich doch! Wir sind heute …*«

Semm, Sell und Penn rufen, drohen und zischen durcheinander; Luff und Lehr versuchen zu schlichten; Pinn und Peel bemühen sich, Überzeugungsarbeit zu leisten – es ist das reinste Chaos. Plötzlich springt Semm auf, proklamiert lautstark, er habe Besseres und Wichtigeres zu tun – und verlässt die Sitzung, gefolgt von seinem Kollegen.

Viertes Treffen

Zum vierten Meeting erscheinen Semm und Sell nicht, sodass kein definitiver Beschluss zum Konzept gefasst wird. Die fünf Kollegen einigen sich darauf, den beiden Kontrahenten an der fünften und letzten Teamsitzung noch eine Chance zu geben, ihre Ideen einzubringen. Tun sie das nicht, so wird die verbliebene Gruppe den gemeinsamen Entwurf Frau Timm zuleiten. Außerdem verabreden sie, beim letzten Treffen – wenn die beiden Herren anwesend sein sollten – über das dritte und vierte Meeting, also das Verlassen und Nichterscheinen, kein Wort zu verlieren, sondern so zu tun, als sei nichts Ungewöhnliches gewesen.

Fünftes Treffen

Alle erscheinen pünktlich. Bevor ein anderer etwas sagen kann, stehen Senn und Sell auf, grinsen triumphierend und Semm verkündet:

Semm: »*So, werte Herren von der Spaßfront, wir haben unseren Vorschlag! Und im Gegensatz zu Ihnen können wir davon ausgehen, dass er große Zustimmung genießt! Wir haben ihn nämlich schon in den Abteilungen zirkulieren lassen! Selbstverständlich waren wir fair genug, auch Ihren (Blick zu Penn) Vorschlag rumgehen lassen und haben gefragt, ob die Leute basteln, Theater spielen, Quizrunden und all das Zeug machen wollen. Wollen Sie übrigens nicht. – Insofern ist alles klar: Unser Vorschlag ist akzeptiert und wird ja wohl umgesetzt.*«

Schweigen und Kopfschütteln bei den anderen. Während Lehr, Luff und Pinn den Rückzug antreten und resignierend in ihren Stühlen versinken, gehen Penn und Peel zum Angriff über. Das Verhalten sei anmaßend und unfair, heuchlerisch und destruktiv. Was sich die Herren Querulanten eigentlich einbildeten! Das Verhalten hätte auf jeden Fall Konsequenzen. – Nach etwa einer halbstündigen Riesenstreiterei fängt sich Penn:

Penn: »*Nun, dann wird Frau Timm eben zwei Entwürfe erhalten! – Damit ist für mich die Sitzung beendet.*«

Gefolgt von seinen Kollegen sowie den Herren Lehr und Luff verlässt er den Raum.

Übung

Bitte analysieren Sie den Konflikt anhand der besprochenen Konfliktquellen. Sie können sich dabei an dem Phasen-Modell der Gruppenentwicklung (s. Seite 140) orientieren. Analysieren Sie ferner den Prozess der Eskalation.

Anregungen

Ich wähle in meinem Vorschlag drei Perspektiven. Diese überschneiden sich zwar, legen aber unterschiedliche Schwerpunkte in der Betrachtung und schälen daher verschiedene Punkte heraus. Diese drei Perspektiven sind:

❖ Fokus Team. Ich arbeite hier mit dem Phasen-Modell der Gruppenentwicklung.
❖ Fokus Hauptakteure. Diese identifiziere ich als die Herren Penn und Semm.
❖ Fokus Eskalationsdynamik.

Wie in den vorangegangenen Fallbearbeitungen beschränke ich mich auf wesentliche Aspekte und vermeide es zu psychologisieren. Will heißen: Ich gehe von einer beobachtbaren Verhaltensweise zur nächsten.

Fokus Team

Phasen-Modell
Die Phasen werden nicht alle durchlaufen. Die Gruppe hängt bei der Storming-Phase, also Phase zwei, fest. Sie ist noch im Gang. Möglicherweise führt der – von Frau Timm definierte – Zeitdruck dazu, dass die Mitglieder des Teams sofort in Phase vier, also die Arbeitsphase (Performing) wollen; zumindest Herr Penn und seine Kollegen, aber auch Luff und Lehr.

In der zweiten Phase geht es vor allem um Macht- und Beziehungskonflikte, deren Hauptakteure Semm und Penn sind. Sie ringen um die Positionierung in der Gruppe; dabei geht der Machtkampf um die Rangordnung bzw. soziale Einflussnahme in aggressiver Weise von Semm (und, vermindert, von Sell) aus, während Penn und zum Teil seine Kollegen den konstruktiven Weg wählen. Angespornt wird Semm offensichtlich davon, dass Penn – so zumindest die Interpretation von Semm – als informeller Leader wirkt. Diesen Führungsanspruch lässt Semm nicht gelten. Er strebt nach Gegenmacht und sucht Allianzen mit Lehr und Luff; das misslingt, sodass er nur Sell auf seiner Seite hat. Demgegenüber hat Penn »Fans«, also Rückendeckung und aktive Verbündete, die ihn in seinem kooperativen Bestreben unterstützen. Zunächst findet er aktive Unterstützung nur bei seinen Kollegen Pinn und Peel, später auch bei Lehr und Luff, die ihre etwas zurückhaltende, kompromisslerische Linie aufgeben und sich auf die Seite von Penn/Pinn/Peel begeben. Dies gelingt Penn, ohne dass er aktive Allianzsuche betreibt, deren Ziel oder zumindest in Kauf genommene Wirkung Polarisierung und Parteibildung anvisiert.

Gruppenentwicklung

Konformität wird bei Lehr und Luff über die Gruppe Peel/Penn/Pinn erzeugt, und zwar durch deren konstruktive Bemühungen, mit den Kontrahenten umzugehen, dann durch die argumentative (kognitive) Vertretung der eigenen Auffassung und schließlich durch die Zielorientierung in der Moderation von Penn. Ferner wird die Konformität durch das polarisierende und rivalisierende Verhalten von Semm (und Sell) gefördert. Der »Gruppendruck« findet bei Lehr und Luff also internal statt; sie gesellen sich der Gruppe Penn/Pinn/Peel aus Überzeugung zu.

Führungsfunktionen im Team

Führungsfunktionen sind nicht ausgehandelt; die Gruppe kommt nicht in die Norming-Phase. Sie verbleiben somit im informellen Bereich. Sie werden primär von Penn ausgeübt (Lokomotion, Integration, Kohäsion); Penn ist dabei in Bezug auf Semm und Sell nicht, bezüglich Lehr und Luff erfolgreich. Das heizt die Reaktanzreaktionen von Semm (und, reduziert, von Sell) an.

Machtausübung

Macht im Sinn von »andere dazu zu bewegen, eigene Interessen auch gegen deren Willen durchzusetzen« wird von Semm so begriffen, zumindest andeutungsweise versucht er sich durchzusetzen; er ist indes diesbezüglich nicht erfolgreich. Die Gründe: Er erfüllt die Bedingungen, die dafür nötig sind, dass ihm Macht zugeschrieben wird, nicht. Ihm wird die Anerkennung verweigert, vor allem, weil er seine Position nicht kognitiv begründet und nachvollziehbar dargelegt, sondern pauschalisiert und mit Killerphrasen arbeitet; dadurch erscheint seine Opposition nicht legitimiert. Hinzu kommt seine rivalistische

Verhaltensausrichtung, die eine Gegenbewegung kennzeichnet (und nicht eine Zuwendungsbewegung, wie sie Penn zeigt). Seine etwaigen Machtansprüche gegen den Willen der anderen durchzudrücken, kann ihm nicht gelingen, weil er über keine Sanktionsmittel verfügt.

Macht im Sinne des sozialen Einflusses: Teammitglieder darauf hinführen, den Teamauftrag zu erfüllen, gelingt Penn. Ihm wird Macht als Einwirkungschance zuerkannt, weil er kooperativ verfährt, auf kognitivem Wege Resonanz sucht und das Teamziel im Visier hat. Im Vergleich zu Semm wird ihm geglaubt, nicht primär persönliche Machtinteressen saturieren zu wollen, sondern den Erfolg aller zu erwirken. Seine Bemühungen, die Lokomotions-, Kohäsions- und Integrationsfunktionen auszuüben und dies im Dienst der Gruppe, werden mit Vertrauen quittiert. Daher genießt er die Akzeptanz des Mächtigen. Dies bemerken Semm und Sell, deren Gegenmachtbestrebungen folglich zunehmen und das Interesse am Kollektiverfolg abnimmt.

Normen/Konformität – Persönlichkeitsvariablen

Siehe auch die Notizen zu »Gruppendruck« (s. Seite 154ff.), »Sozialer Vergleich« (s. Seite 135ff.) und »Machtausübung« (s. Seite 143ff.).

Zur »Machtausübung« ist hinzuzufügen: Penn/Pinn/Peel gelingt der Zugang zu Lehr und Luff ohne Druck- oder Machtmaßnahmen und damit offensichtlich im impliziten Wertekanon, den auch Lehr und Luff vertreten. Sie verkörpern (verbunden mit der kognitiven Argumentation und fairen Verhandlungsweise) die Hauptstärken, die erfolgreiche Minoritäten aufweisen: kognitive Konsistenz, Autonomie in der Ideen- und Argumentationswelt, hohe Investition und Fairness.

Da die Hauptakteure, Semm und Penn, beide souverän sind, ein starkes Selbstvertrauen haben, aber divergente, ja widersprüchliche Grundorientierungen leben (Ab- bzw. Gegenwendung, rivalistisch und Hinwendung, kooperativ), ergibt das eine explosive Mischung, die Konfliktgefahr ist hoch und wird realisiert.

Kommunikations-, Rollenstruktur

Die Kommunikationsstruktur ist nicht problematisch (Netzwerk), sondern die Kommunikationsweise. In Meetings, weil neben Bewertungs- und Beurteilungskonflikten Akzeptanz- und Wertkonflikte das Feld beherrschen. Und auch außerhalb der Meetings. Konfliktträchtig wird die Kommunikation durch die antagonistische Grundorientierung: Während die fünf (Penn/Pinn/Peel, Lehr/Luff) um gemeinsame Klärungen und Synergie, um Sach-, Zielorientierung und konstruktive Wendung des Konfliktgeschehens und damit um eine Win-Win-Lösung ringen, fahren Semm und Sell die Win-Lose-Strategie. Sie kapseln sich ab und fixieren sich schnell auf eigene Klärung, das heißt: um Zielerfüllung ausschließlich nach ihren Vorstellungen, und weiten die Reichweite des Konflikts dadurch aus, dass sie außerhalb des Teams Unterstützung suchen (Einbezug von Umwelt). Ihr Ziel (das Wollen) verlagert sich zunehmend darauf, über die Gegner-Gruppe zu siegen, dies, indem sie einen eigenen Vorschlag entwerfen, den sie aber von der Umwelt absegnen lassen und nicht dem Team zufügen. Sie haben sich in der Kommunikation auf Kampf, Gegnerschaft versteift.

Die Rollen sind weder in der Gruppe geklärt, noch sind sie definiert und verteilt. Sie wirken im Unabgesprochenen, im Informellen, gehorchen dem persönlichen Selbstbild und sind unterschiedlich akzeptiert. Semm entfaltet offensichtlich die Rolle (und das Selbstbild) als Macher, nüchterner Pragmatiker, puristischer Organisator und durchsetzungsfähiger, geradliniger Chef. Dieses Selbstbild findet er in der Gruppe nur bedingt bestätigt: von Sell uneingeschränkt; von Lehr und Luff zunächst tendenziell, aber mit Vorbehalten; von Penn/Peel/Pinn nur in der Hinsicht, dass er als kraftvoller Gegner auftaucht. In den Augen von Penn und seinen Kollegen wird er eher als Störer und »Gegner aus Prinzip« beurteilt; sie versuchen dennoch, ihn zu integrieren und durch ihren kommunikativen Stil in seinem Selbstbild zumindest teilweise: als zu respektierende Person, zu integrieren.

Rollenstruktur

Mit zunehmender Eskalation, die er als Reaktion auf das schlechte Abschneiden im sozialen Vergleich (s.u.) inszeniert, muss es Semm hinnehmen, dass er keine Anerkennung in seinem Selbst- und Rollenverständnis erhält und keine Chance, Machtansprüche verwirklicht zu sehen. Diese Reaktanzhandlungen münden schließlich (zusammen mit Sell) in seinen Austritt aus dem Team und dienen ihm zu Wiederherstellung seines Selbstwertgefühls.

Penn ist, wie erwähnt, schnell in der Rolle des Teamleiters mit den entsprechenden Funktionen (s.o.) und wird darin akzeptiert. Die positive Resonanz bewirkt, dass er sich diese Rolle zunehmend zu Eigen macht.

Entscheidungsprozesse

Das Konflikthafte liegt hier in der Unverträglichkeit der Denk- und Handlungsansätze, die zur Erfüllung des Teamauftrags führen sollen. Semm (und Sell) denken eher nach dem funktionalen Modell der Entscheidungsfindung, also direkt, nüchtern, sachlich, puristisch, pragmatisch, während Penn und Kollegen eher dem genetischen Modell zuneigen. Sie machen »Umwege« über die Fantasie, ziehen andere als nur rationale, kognitive Wege des Denkens und Lernens in Erwägung.

Diese Widersprüchlichkeit mündet in Beurteilungs- und Bewertungskonflikte und determiniert die Unterschiedlichkeit, mit der sie die Erfolgswahrscheinlichkeit ihrer verschiedenen Wege zum Ziel einschätzen.

Diese Divergenz wiederum hat unvereinbare Initiativen im Gefolge: Semm und Sell holen sich draußen (außerhalb des Teams) Schützenhilfe; ihr Interesse an einer Einigung mit der Gruppe sinkt ab auf null. Penn und Kollegen geben bis zum Schluss nicht auf, einen kollektiven Konsens zu finden.

Kontrollprozesse

Kontrollbewusstsein: Dies ist bei Semm recht ausgeprägt. Das heißt, er geht davon aus, dass er seine Umwelt, zu der auch Personen gehören, steuern und Bedingungen schaffen kann, die seinen Zielvorstellungen gerecht werden (dazu s.o.: Selbstbild, Selbstansprüche). Er wird in diesem Anspruch an die Wirkung und Macht seiner Person in der Gruppe indes enttäuscht. Nach Bemühungen im Feld (in der Gruppe), die für ihn frustrierend sind, wendet er sich deshalb nach außen, wo er – nach seiner Auffassung – erfolgreich steuernd wirkt und dies triumphierend verkündet.

Bei Penn ist das Kontrollbewusstsein nicht eindeutig identifizierbar. Er scheint allerdings in die konträre Richtung zu gehen und der Auffassung zu sein, dass Menschen (und Umwelt) prinzipiell nicht in dem strikten Sinne kontrollierbar sind und Steuerung als soziale Einflussnahme vor allem über Überzeugungsarbeit möglich wird. Das Kontrollbewusstsein determiniert folglich die Kontrolltechniken.

Kontrolltechniken: Semm (und Sell) probieren, über Gegnerschaft und Kampf um Sieg zu kontrollieren, indem sie (Techniken) mit Nüchternheit und Pragmatismus, Polemik und Killerphrasen, Abwertung der Sache (das Thema) und von Personen agieren. Penn und Kollegen greifen im Dienst des Teamerfolgs zu kooperativen Maßnahmen, insbesondere Argumentation und Kreativität, Moderation und Integration sowie Fairness als Grundhaltung.

Fokus: Hauptakteure Semm und Penn

Sozialer Vergleich – Selbstwertgefühl, persönliche Grundhaltung

Offensichtlich ist der soziale Vergleich für beide wichtig. Er manifestiert sich in divergenten Grundausrichtungen. Semm: rivalistisch, abwendungsorientiert; Penn: kooperativ, hinwendungsorientiert. Grundeinstellung zu Konflikt: Semm betrachtet einen Konflikt eher als Kampfsituation, aus der er als Sieger hervorgehen will. Penn betrachtet ihn eher als kooperative Situation, in der alle gewinnen sollen: Gewinn aller als Chance zur Weiterentwicklung.

Bei beiden Personen kann man sagen, dass das Gesetz beobachtbar ist: Je wichtiger einem Gruppenmitglied der soziale Vergleich ist, desto intensiver die Anstrengungen, das subjektive Anspruchsniveau zu erfüllen. Während es sich bei Semm aggressiv zeigt, offenbart es sich bei Penn in kooperativer Absicht.

Ferner wird die Tendenz bestätigt: Je weniger sich die Kontrahenten bewusst machen, wie der Konflikt »eigentlich« (im wörtlichen Sinn) motiviert ist, desto destruktiver verläuft der Konflikt. Beide finden keinen Zugang, weil sie so tun, als ginge es allein und vordergründig um den Teamerfolg. Der Unterschied liegt in der Offenbarungsweise: aggressiv bis hinterlistig bei dem einen, bemüht und kooperativ beim anderen. Das Abschneiden des sozialen Vergleichs fällt entsprechend aus: Innerhalb der Gruppe erhält Semm schlechte, Penn gute Noten. Penn kann sein Selbstwertgefühl innerhalb des Teams bestärkt finden. Semm kann das nicht und deshalb sucht er draußen nach dieser Gelegenheit und findet dort, was er sucht.

Der Ausgang des Zweikampfes um Anerkennung und Bestätigung kennt innerhalb der Gruppe einen Verlierer und einen Gewinner; hier decken sich Selbst- und Fremdbild; denn Semm weiß um seine Niederlage, Penn um seine Akzeptanz. Außerhalb der Gruppe kennt der Kampfausgang zumindest einen Sieger. Dieses Bewusstsein hat zumindest Semm und wohl auch sein Kollege, Sell. Vielleicht gibt es draußen Personen oder Gruppen, die dieses Urteil teilen; innerhalb des Teams wird diese Bewertung nicht geteilt (Selbst- und Fremdbild sind nicht kongruent). Die Resignation und der Kampfbeginn an der letzten Sitzung können allerdings als Verschiebung des Referenzrahmens für die Bewertung betrachtet werden. In diesem Fall anerkennen die fünf Personen den Sieg von Semm/Sell als Durchsetzung ihres Interesses. Da die kooperative Crew aber selbst über einen Vorschlag (Teamergebnis) verfügt, hält sich das Bedürfnis nach Vergeltung als Gruppe (!) vermutlich im Zaum. Klar ist: Innerhalb des Teams erliegt die kooperative der rivalistischen Strategie.

Fokus Eskalationsdynamik

1. Treffen: Ansätze von Stufen 1 und 2 mit Akzent auf Stufe 1: Semm/Sell sind bereits in klarer Opposition zum Workshop; Pinn/Penn/Peel sind ebenso klar dafür; Lehr/Luff präferieren einen Mittelweg mit dem Tenor: Wir müssen ja, also machen wir.

2. Treffen: Schwerpunkt Stufe 2: Verhärtung und Polarisierung mittels Polemik und Untertönen; heißer und manifester Konflikt. Beteiligte sind vor allem Semm und Penn, wobei Semm (und Sell) ihre bekundete Gegnerschaft mit Schwarzweißdenken verbinden und versuchen, mit Luff eine Allianz zu bilden; sie starten Attacken auf das Ziel der anderen und beginnen, Personen abzuwerten und sie und ihr Anliegen lächerlich zu machen; sie fixieren sich auf die Kampfstrategie. Penn/Peel unternehmen, mit einigen polemischen Ausrutschern, den Versuch, die Debatte konstruktiv zu wenden; Penn tritt zunehmend als Moderator in der Lokomotionsfunktion auf und probiert die Rückkehr zur kooperativen Strategie. Lehr und Luff bemühen sich um Schlichtung bzw. Verdecken des Konflikts mittels der Kompromiss-Schiene.

3. Treffen: Stagnation auf Stufe 2: Verfestigung und Verschärfung der bei dem zweiten Treffen zu beobachtenden Verhaltensrichtungen mit den gleichen Verhaltensstrategien. Semm/Sell prononcieren ihre Haltung der Opposition mit ihrem Zuspätkommen, das ein eskalierendes Moment ist.

4. Treffen: Kennzeichen von Stufen 2 und 3 durch das Fortbleiben von Semm/Sell. Inzwischen haben Lehr und Luff ihre moderate, noch parteilose Haltung zugunsten der Kooperation und Parteilichkeit mit Pinn/Peel/Penn verschoben. Diese Fünfergruppe zieht nicht – wie Semm und Sell – auf Stufe 3, sondern gibt den beiden die Chance für die Integration, verweigert also die Kampfstrategie.

5. Treffen: Stufe 3 in Bezug auf »Taten statt Worte« vonseiten Semm und Sell. Dies wird von den anderen als eindeutiger Verstoß gegen unausgesprochene Normen bezüglich Kooperation, Transparenz und Fairness interpretiert, das heißt: als Intrige, Betrug, Verrat und Hinterlist gedeutet, begangen an den Personen, der Gruppe und dem Teamauftrag. Die Reaktion der Adressaten des Coups von Semm und Sell fällt unterschiedlich aus: Resignation, Rückzug, Kapitulation bezüglich der Gruppenkohäsion, des Teamkonsenses und Teamerfolgs sowie Auflehnung; dieser jedoch als Ausdruck von Enttäuschung, nicht als Übergang zu einem Kampf, in der Sache die eigenen Vorstellungen (doch noch) durchzusetzen. Insofern erscheint die Auflehnung als Ausdruck von Kapitulation: Verzicht auf Kooperation und Sich-Abfinden mit dem Dissenz.

Schlussbemerkungen

Um den Bogen zum Beginn des Buches zu schlagen: Ich glaube, werte Lese- *Ein Rückblick*
rinnen und Leser, Sie können sich inzwischen gut vorstellen, woher die Wolken kommen, unter welchen Bedingungen sie ein Gewitter auslösen und was
zu tun ist, um sie zu vertreiben und die Sonne wieder scheinen zu lassen.

Ich hoffe, ich habe mich als Reiseleiterin der Exkursion bewährt und Sie
über einige Etappen zum versprochenen Ziel geführt. Auf unserer Reise haben
wir breit gestreute Erkenntnisse zusammengefasst, sie praktisch bezogen be-
reichert, anwendungsorientiert illustriert und dabei:

❖ erforscht, welche verborgenen Kräfte in uns wirken, wenn wir einen
   Konflikt erleben,
❖ aufgestöbert, wie Glaubenssätze und Überzeugungen, Gefühle und
   Wahrnehmungen, Gedanken und Handeln zusammenspielen und sich
   wechselseitig determinieren,
❖ entdeckt, welche Prozesse im Innern und in der zwischenmenschlichen
   Interaktion dazu führen, dass ein Konflikt entsteht und eskaliert,
❖ aufgespürt, welche Möglichkeiten der Entschärfung und Befriedung
   wir nutzen können.

Unser Ziel war es,

❖ die Wahrscheinlichkeit zu erhöhen, dass wir wissen, was wir (im Konfliktfall) tun
❖ und zu erschließen, was wir tun können, um Handlungsfähigkeit zu sichern bzw. (wieder) herzustellen.

Der Schwerpunkt der Expedition lag auf der Vermittlung, Illustration und
Diskussion von Erkenntnissen, die die kurative Seite des Konfliktgeschehens
fokussieren und die präventive vernachlässigen.

Selbstverständlich gibt es Möglichkeiten, Konflikten vorzubeugen, das
heißt, die Auftretenswahrscheinlichkeit zu verringern. Zwei Überlegungen be-
wegten mich dazu, die prophylaktische Seite im Hintergrund zu lassen und
sie nur en passant zu beleuchten.

Der erste Grund geht direkt aus dem Ziel des Buches hervor, nämlich persönliche Konfliktfähigkeit zu steigern. Die Beschäftigung mit präventiven Handlungen fragt nach Maßnahmen im *Vorfeld* von Konflikten. Folglich trainiert sie nicht die Fähigkeit, sich *im* Konflikt konstruktiv zu behaupten. Der zweite Grund ruft ins Bewusstsein, dass eine erhöhte Sensibilität für Konfliktanzeichen sowie ein vertieftes Verständnis für die Zusammenhänge einzelner Faktoren »auto-matisch« die Wahrnehmung für Konfliktpotenziale schärft. Je mehr wir verstehen, welche Bedingungen und Prozesse die Konfliktentstehung wahrscheinlich machen, und je mehr wir erfahren, welche Interventionen konfliktschwangere Situationen entdramatisieren, desto eher suchen wir (gezielt) nach Möglichkeiten, Konflikten vorzubeugen. Insofern sagte ich oben, die Kompetenz, sich präventiv zu verhalten, wachse beiläufig mit.

Persönliche Worte　　Einige *persönliche Anmerkungen* seien mir gestattet: Ich glaube, die folgende Devise ist sehr wertvoll, dem persönlichen Lebensentwurf bewusst eine positive, im Sinne Epikurs: glückliche Richtung zu geben: *Wie Menschen in die Welt hineinschauen, determiniert sowohl, wie sie sich fühlen, was sie sehen, wie sie ihr persönliches Leben »an die Hand nehmen« und es gestalten, als auch, wie sie auf andere Menschen zu- und wie sie mit ihnen umgehen.* – Es sind die »Grund-Haltungen«, die den »Grund-Stein« legen, auf dem wir wandeln.

Ein weiterer Glaubenssatz lautet: Je neugieriger wir sind, desto mehr suchen wir Erkenntnisse und desto vielfältiger verknüpfen wir unsere Kenntnisse neu. Je ausgeprägter wir unsere analytische Kompetenz nutzen, desto flexibler können wir mit Informationen über uns, unsere Mitmenschen und unserer Wirklichkeit umgehen. Neugier ist eine Grundhaltung der Zuwendung. Sie motiviert, verstehen zu wollen, und mündet in die Fertigkeit, mit unterschiedlichen Perspektiven zu spielen. Wir öffnen uns für das Andere und für den Anderen. Gleichzeitig wachsen die Achtung vor sich selbst wie vor Mitmenschen und unsere Fähigkeit, wohlwollend und großmütig zu sein.

Konflikte, die uns sehr nahe gehen, weil wir verletzt werden, rufen in uns zuweilen Gefühle der Rache hervor. In einem Interview, das zum Thema Rache mit dem international bekannten deutschen Psychoanalytiker Horst-Eberhard Richter geführt wurde, antwortete dieser auf die Frage, was der Tod der Rache sei:

»Die Entschuldigung, um die man bittet, und die Verzeihung, die man gewährt. Dadurch wird der Kreislauf der Rache gestoppt.« (Die Zeit Nr. 28, 8) In diesem Sinne kann der Kategorische Imperativ von Immanuel Kant unser Verhalten gerade auch in Konfliktsituationen leiten: Was du nicht willst, dass man dir tu, das füg auch keinem andern zu.

Anhang

Definitionen, Checklisten, Übersichten und Tipps

Konflikterleben

Ein Konflikt ist *nicht objektiv* vorhanden, sondern ein *subjektives* Erleben. In diesem Sinne gilt: *Jeder Konflikt beginnt in uns selbst*!

Der Konflikt

Minimaldefinition: Es sind Tendenzen, die *gleichzeitig* auftreten, dabei in gegensätzliche bzw. *unvereinbare* Richtungen weisen und deren Verwirklichung voneinander abhängt. Sie können *nicht zum selben Zeitpunkt* realisiert werden. »Tendenzen« können innere Regungen sein: Gefühle und Gedanken, Wünsche und Ziele, Absichten und Entscheidungen, Bewertungen und Beurteilungen. Ferner kann es sich um Verhaltensweisen und Handlungen, Personen und Gruppen handeln.

Konfliktfähigkeit

Ziele: Die Chancen, die dem Konflikt innewohnen, zu erkennen und zu verwirklichen. Sowie: Handlungsfähigkeit aller Beteiligten im Rahmen ihrer Interessen (wieder) herstellen. Dazu müssen wir:

❖ *Ambivalenzen* im Fühlen, Wahrnehmen und Denken, im Wollen und Handeln erkennen.
❖ Eine *bejahende Einstellung* zum Konflikt entfalten.
❖ Die *Vernetztheit* von Grundeinstellung, Wahrnehmung und Verhaltensweisen berücksichtigen.
❖ Die *Eigendynamik* des Konflikts vergegenwärtigen.
❖ *Wissen und Können* aneignen, um die Auseinandersetzung strukturiert zu analysieren und konstruktiv handeln zu können.
❖ Uns *bewusst* machen, wie unsere
  – *Grundeinstellung:* Welche mentale und emotionale Wertung hat für mich ein Konflikt?;

– *Sensibilität:* Wie wachsam ist mein Frühwarnsystem für Anzeichen eines Konflikts?;
– *Reaktionstypik:* Wie agiere ich normalerweise in Konfliktsituationen? ausgeprägt ist.

Die *persönliche* Grundausrichtung legt den Grundstein für die Art und Weise, wie wir uns in einem Konflikt verhalten.

Konfliktquellen/-potenziale

Wahrnehmung und Deutung:

❖ Jeder Mensch deutet die Welt durch seine individuellen Wahrnehmungsfilter. Sie entscheiden, wie er etwas bewertet.
❖ Menschen tendieren dazu, den besonderen Zusammenhang, in dem sie etwas wahrnehmen, zu missachten.
❖ Menschen neigen dazu, ihre persönliche Sichtweise als Faktum (Wirklichkeit) zu nehmen und auf diese Interpretation hin zu reagieren.
❖ Menschen tendieren dazu, nur eine einzige Deutung eines Ereignisses oder Verhaltens zuzulassen und auf ihr zu beharren.

Fazit: Jeder Mensch erschafft seine Wirklichkeit. Dabei spielen Bedürfnisse, Stimmungen, Grundeinstellungen und Vorstellungen eine zentrale Rolle.

Die Individualität jeder Wirklichkeit hält uns vielmehr an, die Perspektiven anderer verstehen zu wollen und zu überlegen, wie wir trotzdem gemeinsam handeln können.

Konfliktquellen

Gefühle und Einstellungen

Menschen unterscheiden sich darin, wie sie grundsätzlich mit sich selbst und anderen umgehen.

❖ *Hinwendung:* Ich suche Nähe und Sympathie. Finde ich sie, fühle ich mich angenommen und in meinem Selbstwertgefühl genährt.
❖ *Abwendung:* Ich suche Nähe und Sympathie nur, wenn ich sie brauche. Ich benötige die Bestätigung der anderen nicht ständig, um mich in meinem Selbstwertgefühl bestärkt zu fühlen.
❖ *Gegenwendung:* Ich suche weder Nähe noch Sympathie. Ich finde mein Selbstwertgefühl darin, im Vergleich zu anderen als besser dazustehen.

- ❖ *Kooperativ:* Ich lege in sozialen Beziehungen Wert auf Partnerschaft, wechselseitigen Nutzen und Förderung.
- ❖ *Individualistisch:* Primär geht es mir um mein eigenes Wohl. Kann ich das verwirklichen, ohne andere zu behindern oder zu schädigen – gut. Lässt es sich nicht vermeiden – auch gut.
- ❖ *Rivalistisch:* Ich bin mir selbst der Nächste. Meine Interessen kann ich am sichersten realisieren, wenn ich meine Ziele auf Kosten anderer durchsetze.

Treffen Menschen aufeinander, deren Grundausrichtungen konträr bzw. unverträglich sind, wächst die Konfliktwahrscheinlichkeit.

Verhaltensweisen und ihre Interpretation:

- ❖ Wir deuten ein Verhalten als unüblich und beurteilen es negativ.
- ❖ Wir werden von einem Verhalten negativ überrascht.
- ❖ Wir nehmen ein Verhalten als feindselig wahr.
- ❖ Wir übersehen häufig: Verhaltensweisen bergen Konflikte in sich, weil wir ihnen Motive unterstellen.
- ❖ Aktion und Reaktion verlaufen als Verhaltenskreisläufe. Jede Aktion ist eine Reaktion. Jeder handelt aufgrund der Wirkung, die das Verhalten des anderen in ihm auslöst. Der Anfang oder die »Ursache« eines Ereignisses oder Handlungsverlaufs sind nicht eindeutig identifizierbar.

Gruppendynamik: Auswirkungen individuellen Verhaltens auf die Gruppe und umgekehrt

- ❖ Wir streben danach, ein positives Selbstwertgefühl zu erhalten, zu bewahren oder zu stärken.
- ❖ Dies versuchen wir zu erreichen, indem wir uns mit den Gruppenmitgliedern vergleichen.
- ❖ Die Selbstbeurteilung über soziale Vergleichsprozesse ist ein unvermeidlicher psychologischer Prozess.
- ❖ Das persönliche Selbstbild bestimmt das individuelle Verhalten.
- ❖ Wenn Selbst- und Fremdbild und das daran gekoppelte Verhalten Zeichen von Unverträglichkeit zeigen, kommt es zum Konflikt.
- ❖ Gruppen tendieren dazu, Abweichung von den impliziten wie expliziten Normen zu ahnden.
- ❖ Empfinden Abweichler die Korrekturbestrebungen als unangemessen, kommt es zu Reaktanz: Gegenmacht-Handlungen.

Eskalierende Dynamik seelisch-geistiger Prozesse des Wahrnehmens und Denkens, Fühlens und Wollens:

❖ *Vereinseitigung:* Wir sehen zunehmend nur noch unsere eigenen Wünsche und Ziele. Wir nehmen das (für) wahr, was uns nutzt, und ignorieren, was uns schadet.

❖ *Vereinfachen:* Wir reduzieren komplizierte Zusammenhänge auf leicht überschaubare Ursache-Wirkungs- und Täter-Opfer-Beziehungen.

❖ *Schwarzweißmalen:* Wir glorifizieren uns selbst zu Engeln und diabolisieren die Kontrahenten. Wir denken in den Kategorien von gut und böse, unschuldig und schuldig.

❖ *Ambivalenz:* Wir schwanken zwischen Zuwendung und Abwendung, Vertrauen und Misstrauen, Sympathie und Antipathie.

❖ *Dissonanzreduktion:* Wir verringern das Hin und Her in unserem Inneren, indem wir polarisieren und bewerten: Wir sind sachlich und konstruktiv; die anderen sind unsachlich und destruktiv.

❖ *Empathie:* Unsere Bereitschaft, dem anderen Gehör zu schenken, ihn verstehen zu wollen und seine Perspektive einzunehmen, nimmt ab.

❖ *Fixieren:* Wir beharren auf unseren Vorstellungen und fixieren uns darauf, sie durchzusetzen. Das anfängliche »Sowohl-als-auch« mutiert zum »Entweder-oder«.

❖ *Junktim:* Wir verknüpfen das Ziel mit einem bestimmten Weg. Zweck und Mittel, geraten in eine notwendige, unauflösbare oder zwingende Bindung: entweder so oder gar nicht.

Auswirkungen der eskalierenden Dynamik seelisch-geistiger Prozesse des Wahrnehmens und Denkens, Fühlens und Wollens auf unser Verhalten:

Die Prozesse verleiten uns zu Verhaltensweisen, deren Wirkung wir nicht wollen. Sie beeinflussen einander, verstärken sich und führen dazu, dass:

❖ das, was und wie wir nonverbal kommunizieren (wir zeigen), und
❖ das, was und wie wir verbal kommunizieren (wir sagen), und
❖ das, was und wie wir handeln (uns verhalten),

entgegen unserer Absicht ist. In diesem Fall provozieren wir *ungewollte* Wirkungen. Wir verlieren Steuerungs- und Gestaltungskompetenz.

Konflikteskalation

Die vier Ebenen des Konfliktgeschehens:

❖ Konflikte *starten* gewöhnlich als *sachbezogene Dissonanzen*: Es geht um Entscheidungen, was wie zu tun oder zu lassen ist (erste Ebene).
❖ Mit langen Debatten nehmen Spannungen zu. In der Folge wächst das wechselseitige Misstrauen. Beide Ebenen (Sach- und Beziehungsebene) werden vermischt: »Der versteht mich nicht nur nicht, sondern will es auch gar nicht.« (zweite Ebene)
❖ Die Einigelung der Parteien in ihre eigenen Welten mündet in *unterschiedliche Vermutungen*, Behauptungen und Erklärungen darüber, wie es zu dem Konflikt gekommen ist und *um was es geht*. Die Unverträglichkeit in der Begründung des Konflikts kennzeichnet die dritte Ebene, den Konflikt über den Konflikt.
❖ Folgerichtig steigen die Parteien auf die vierte Ebene, die des Konflikts über die Konfliktlösung. Denn die unterschiedlichen Analysen und Diagnosen bringen *unterschiedliche und unvereinbare Vorstellungen über die Lösung* des Konflikts hervor.

Konfliktdiagnose und Konfliktbehandlung

Die vier Fragekreise der Diagnose:

❖ Welche Konfliktinhalte, -punkte werden von den Parteien vorgebracht?
❖ Wie beschreiben die Parteien den Verlauf und den aktuellen Stand des Konflikts?
❖ Wer ist am Konfliktgeschehen direkt, wer indirekt beteiligt?
❖ Wie beurteilen die Parteien den Konflikt grundsätzlich, und welche Möglichkeiten sehen sie, ihn konstruktiv auszutragen?

Fünf Strategien der Konfliktbehandlung

1. Flucht/Rückzug,
2. Kampf/Durchsetzung,
3. Unterdrückung/Kapitulation,
4. Kompromiss,
5. Integration/Kooperation.

Diese Strategiestile unterscheiden sich in dem Grad der Berücksichtigung der eigenen bzw. der Interessen der Gegenpartei.

1. Bei Flucht/Rückzug überlasse ich den Kontrahenten das Feld und lasse mich auf den Konflikt nicht ein.
2. Bei Kampf/Durchsetzung engagiere ich mich ausschließlich auf die Durchsetzung meiner Interessen. Ich will siegen.
3. Bei Unterdrückung/Kapitulation, stelle ich meine Bedürfnisse zurück und lasse zu, dass die Kontrahenten ihre Ziele erreichen.
4. Beim Kompromiss versuche ich, mich mit den Kontrahenten auf einen Weg und eine Lösung zu einigen, die allen Beteiligten zwar Verzicht abringt, gleichzeitig aber Gewinn bringt.
5. Bei der Integration/Kooperation arbeiten alle mit offenen Karten. Das Ziel ist eine synergetische Lösung, die die Interessen aller einbezieht.

Tipps für den Umgang mit Konflikten

Umgehen mit inneren Konflikten:

- ❖ Konzentrieren Sie sich auf die *positiven Aspekte* des Konflikts.
- ❖ Prüfen Sie, welche Möglichkeiten Sie haben, um ihre Interessen zu verwirklichen. Beleuchten Sie die *unterschiedlichsten Perspektiven*.
- ❖ Reflektieren Sie, welche *Bedeutung* die Faktoren, die zu dem inneren Konflikt führen, für Sie, Ihr *Selbstwertgefühl* und Ihren *Lebensentwurf*, haben. Richten Sie Ihre Entscheidung an dieser Beurteilung aus.
- ❖ Rufen Sie sich in Erinnerung, dass Stimmungen, Wünsche, Einstellungen und Erfahrungen einerseits sowie Normen sozial erwünschten Verhaltens andererseits innere Konflikte erzeugen können. *Analysieren* Sie das Verhältnis und wählen Sie Ihren Schwerpunkt.
- ❖ Überlegen Sie, welche *Änderungen in Ihren Einstellungen, Ansprüchen, Zielen* es wahrscheinlicher machen, Ihr Anliegen zu verwirklichen.
- ❖ Betrachten Sie *innere Konflikte als normal*.

Umgehen mit zwischenmenschlichen und sozialen Konflikten:

Rufen Sie sich die *vier Ebenen des Konfliktgeschehens* ins Gedächtnis und fragen Sie gezielt:

- ❖ Sind wir noch beim Thema, an den sachlichen Aspekten des Konflikts?
- ❖ Habe ich Vorbehalte und Misstrauen gegenüber meinen Kontrahenten aufgebaut? Bemerke ich Anzeichen, dass dies bei ihnen passiert ist? Inwieweit wirkt die Beziehungsdimension in die Sachdimension ein?

* Streiten wir um dieselben Aspekte im Konflikt? Kenne ich wirklich die Motive, Interessen und Ziele meiner Kontrahenten? Kommuniziere ich klar und deutlich? Wie überprüfe ich das Verständnis der anderen bezüglich meiner Anliegen, bzw. ob ich die anderen richtig verstehe?
* Wie verhält sich die Verknüpfung von Weg und Ziel? Haben sich Zielvorstellungen und Lösungsideen weit voneinander entfernt? Wo bestehen Verständigungsmöglichkeiten?

Gehen Sie die vier Fragekreise der Konfliktdiagnose und Konfliktbehandlung durch und untersuchen Sie genau:

* Welche Konfliktinhalte werden von den Parteien vorgebracht?
* Wie beschreiben die Parteien Verlauf und aktuellen Stand des Konflikts?
* Wer ist am Konfliktgeschehen direkt, wer indirekt beteiligt?
* Wie beurteilen die Parteien den Konflikt grundsätzlich und welche Möglichkeiten sehen sie, ihn konstruktiv auszutragen?

Umgehen mit zwischenmenschlichen und sozialen Konflikten:

Wenden Sie bei der Erarbeitung des Konfliktgeschehens das Prinzip des Harvard-Verhandlungskonzeptes an:

* Diskutieren Sie Motive und Bedürfnisse! Streiten Sie nicht um Positionen.
* Überlegen Sie sich Ihre beste Alternative. Differenzieren Sie in Haupt- und Nebenziele, in End- und Zwischenziele.

Das Prinzip der Ich-Botschaften:

* Formulieren Sie eigene Wahrnehmungen, Bewertungen und Beurteilungen von Verhaltensweisen Ihrer Kontrahenten so, dass Ihr Gegenüber Ihre Reaktionen nachvollziehen kann.
* Wenden Sie alle Methoden der konstruktiven Gesprächsführung an, die Sie kennen.

Bitte vergegenwärtigen Sie sich in heftigen Konflikten:

* Ein *gravierender Konflikt* benötigt zu seiner Lösung mehrere Gespräche.
* Jeder Konflikt setzt *Emotionen* frei.
* *Gefühle brauchen Raum:* Zeit <u>und</u> Geduld <u>und</u> Verständnis <u>und</u> Toleranz, um sich der konstruktiven Seite des Fühlens, Denkens und Wollens wieder zu öffnen.

Literaturhinweise

Berkel, K.: Konflikttraining; (Sauer-Verlag) Heidelberg 1990, 4. Aufl.

Creighton, J.L.: Schlag nicht die Türe zu! Konflikte anhalten lernen; (RoRoRo) Reinbek b. Hamburg 1992

Ernst, H.: Die neuen Intelligenzen: Was wir morgen können müssen; in: Psychologie Heute, April 1999, 20–25

Fisher, R., S. Brown, Gute Beziehungen: Die Kunst der Konfliktvermeidung, Konfliktlösung und Kooperation; (Campus) Frankfurt a.M. 1989

Fisher, R./Ury, S./Patton, B.: Das Harvard-Konzept. Sachgerecht verhandeln – erfolgreich verhandeln; (Campus) Frankfurt [18]1999

Gamber, P.: Konflikte und Aggressionen im Betrieb: Problemlösungen mit Übungen, Tests und Experimenten; (mvg) Landesberg am Lech [2]1995

Glasl, F.: Konfliktfähigkeit statt Streitlust; (Am Goetheanum) Frankfurt a.M. 1998

Glasl, F.: Konfliktmanagement. Ein Handbuch für Führungskräfte, Beraterinnen und Berater; (Haupt; Freies Geistesleben) Bern, Stuttgart [6]1999

Glasl, F.: Selbsthilfe in Konflikten. Konzepte, Übungen, Praktische Methoden; (Freies Geistesleben, Haupt) Stuttgart, Bern 1998

Gomez, P./Ruegg-Stürm, J.: Teamfähigkeit aus systemischer Sicht – zur Bedeutung und den organisatorischen Herausforderungen von Teamarbeit; in: Klimecki, R./Remer, A. (Hrsg.): Personal und Strategie. Mit flexiblen und lernbereiten Human-Ressourcen Kernkompetenzen aufbauen; (Luchterhand) Neuwied 1997

Gordon, Th.: Managerkonferenz; (Heyne) München [3]1990

Hornung, A.: Kreativitätstechniken: Mehr Brainpower durch neue Ideen; (Buch und Zeit) Köln 1996

Horsch, E.: Das »Innere Team«. Wie Selbstgespräche unsere Kommunikation steuern; in: Psychologie Heute, März 1999, 56–60

Kempf, W./Frindte, W./Sommer, G./Spreiter, M. (Hrsg.): Gewaltfreie Konfliktlösungen; (Asanger) Heidelberg 1993

Kriz, J.: Selbstorganisation als Grundlage lernender Organisationen, in: Wieselhuber 38; Partner, Handbuch lernende Organisation: Unternehmens- und Mitarbeiterpotentiale erfolgreich erschließen; (Gabler) Wiesbaden 1997, 187–195

Lange, L.: Zur Psychologie der Reue. Glücklich ist, wer vergisst …; in: Psychologie Heute, April 1999, 64–67

Lück, H.E.: Die Feldtheorie und Kurt Lewin; (Beltz) Weinheim 1996

Mahlmann, R.: Selbsttraining für Führungskräfte. Ein Leitfaden zur Analyse der eigenen Führungspersönlichkeit und eine Anleitung zum »persönlichen Change Management«; (Beltz) Weinheim und Basel [2]2001

Nuber, U.: Das Konzept »Resilienz«. So meistern Sie jede Krise; in: Psychologie Heute, Mai 1999, 20–27

Rosenstiel, L. v.: Grundlagen der Organisationspsychologie; (Schäffer Poeschel) Stuttgart [4]2000

Saum-Aldehoff, T.: Das Selbst – ein Archiv; in: Psychologie Heute, März 1999, 44–49

Scheibel, G.: Konflikte verstehen und lösen. Handbuch für Betroffene und Berater; (Brendow) Moers 1996

Schulz von Thun, F.: Miteinander reden 3; (RoRoRo) Reinbek b. Hamburg 1998

Schwartz, D.: Gefühle erkennen und positiv beeinflussen; (mvg) Landsberg a. Lech [6]1997

Thomas, A.: Grundriss der Sozialpsychologie; (Hofgrefe) Göttingen 1992

Ury, L.W./Brett, J.M./Goldberg, St. B.: Konfliktmanagement. Wirksame Strategien für den sachgerechten Interessenausgleich; (Campus) Frankfurt 1991

Watzlawik, P.: Vom Unsinn des Sinns oder Vom Sinn des Unsinns; (Piper) München [7]2000

Witte, E.-H.: Lehrbuch der Sozialpsychologie; (Beltz) Weinheim [2]1994

Bildnachweis